데이터 과학자 DATA SCIENTISTS

파이썬을 활용한 탐색적 데이터 분석

Python EDA

Exploratory Data Analysis Using Python

고승곤 지음

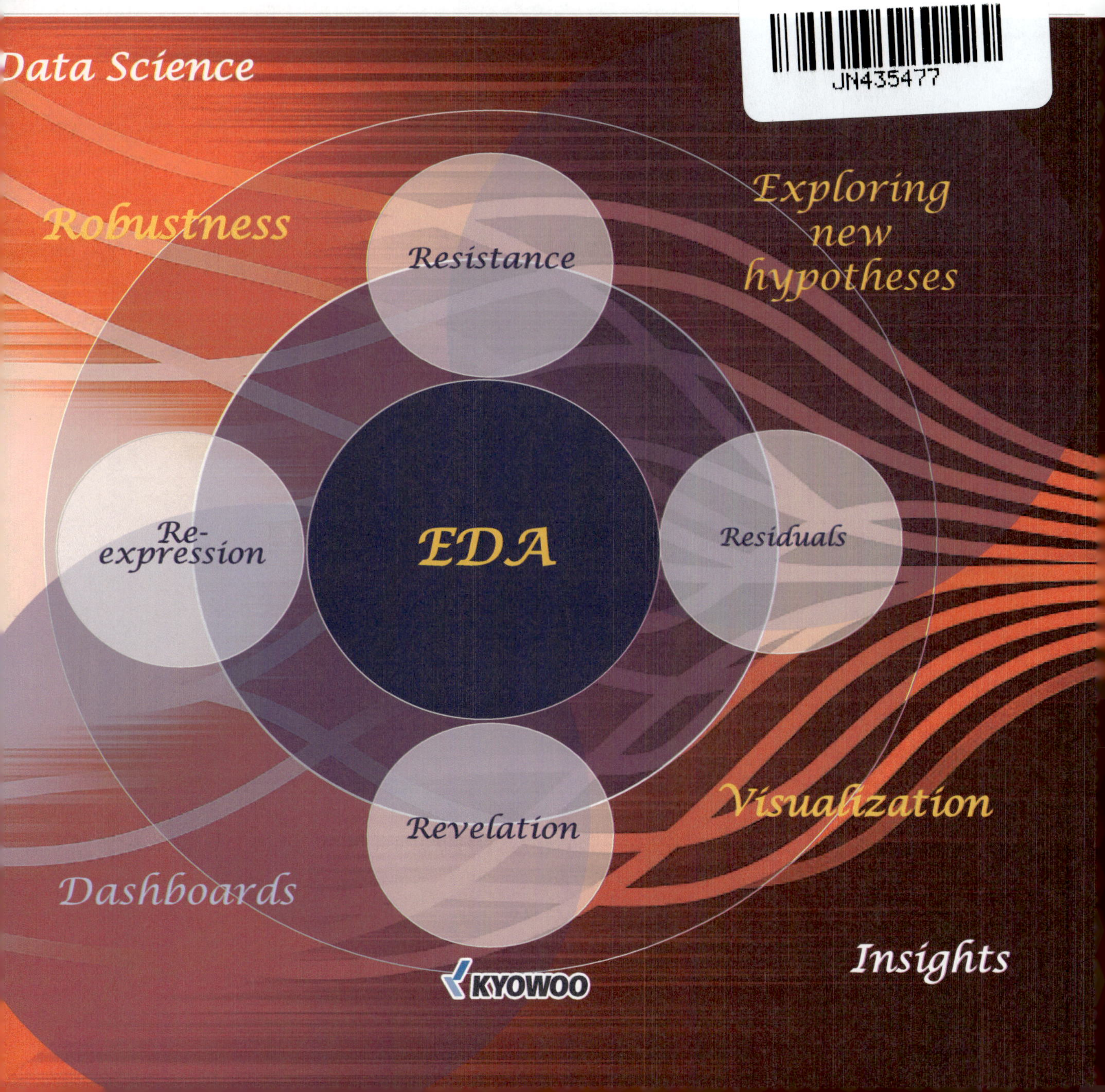

KYOWOO

시작하며

최근 우리는 새로운 변화를 맞이하고 있습니다. 디지털 전환(Digital Transformation;DX)이 산업과 사회 전반에 걸쳐 변화를 이끌고 있다면, 이제는 AI Transformation이 그 속도와 영향력에서 전례 없는 변화를 주도하고 있습니다.

데이터 과학(Data Science)은 방대한 데이터를 처리하고 패턴을 탐지하며 이를 다양한 분야에 응용하는 학문이며, 이의 기본 역량은 **데이터 리터러시(Data Literacy)**와 **통계학(Statistics)** 입니다. 여기에 AI 기술과 알고리즘적 사고가 결합될 때, 변화의 시대가 요구하는 가장 중요한 역량이 될 것입니다.

탐색적 데이터 분석(Exploratory Data Analysis; EDA)은 데이터의 구조와 특성, 패턴을 탐색하는 과정입니다. 이는 데이터 리터러시의 기초적인 구현이며 데이터 과학의 핵심 단계이기도 합니다. 따라서 EDA는 변화의 시대에 능동적으로 문제를 해결할 수 있는 필수 역량이라고 할 수 있습니다.

이 책은 EDA의 핵심 개념인 4R's - resistance, residual-based, re-expression, revelation - 에 기반하여 정리하였고, 이를 여덟 가지 주제로 분류하여 통계적 이론과 실습을 통해 개념을 이해하고 실무에 쉽게 응용할 수 있도록 하였습니다. 실습을 구성하면서 pandas, matplotlib, seaborn 등 널리 활용되는 Python 라이브러리를 사용하였고, 라이브러리에서 직접 제공되지 않는 기능은 사용자 정의 함수로 구현하여 효율적인 프로그래밍을 실행 할 수 있도록 하였습니다. 또한 설명된 내용의 모든 code와 output을 순차적으로 제시하여 쉽게 따라할 수 있도록 하였습니다.

수업에 사용한다면, 통계학과 2학년 또는 3학년 수준의 한 학기 강의 교재로 사용하거나 데이터 분석 과목의 보조 교재로 적합하다고 생각합니다. 또한 현업 데이터 분석가의 역량 강화를 위한 세미나 교재로 사용한다면, 각 단원을 별도로 진행하되 실무적으로 유용한 시각화 장을 사례와 함께 다룬다면, 약 8–10회 정도의 세미나가 적절하지 않을까 생각합니다.

끝으로, 이 책에서 제공하는 예제 코드는 반드시 직접 입력해 보기를 권합니다. 스스로 타이핑해 보지 않은 코드는 학습 효과가 떨어지고, 실제 활용 능력으로 연결되기 어렵기 때문입니다.

매번 느끼는 것이지만, 책을 적는다는 것은 긴 시간 동안의 극심한 노동을 요구하는 작업입니다. 예전의 경험에 비추어 보았을 때, 이러한 노력 끝에 출간된 책이라 하더라도 여전히 부족한 점과 뜻하지 않은 실수가 존재할 수 있습니다. 이는 앞으로 꾸준히 보완해 갈 것임을 약속드립니다. 아울러 파이썬 함수 작성과 최종본 검토를 위해 바쁜 시간을 내어 주신 LG 전자(주) 박현진 책임, 흔쾌히 출판을 허락해 주신 교우사 오판근 사장님 그리고 출판 과정에 함께해 주신 모든 관계자분들께 깊이 감사드립니다.

2025년 6월

저자 고승곤

차례

그림 차례

표 차례

1 개요 Introduction

탐색적 데이터 분석은 탐정 활동이다. [1].

Exploratory data analysis is detective work
— numerical, counting or graphical detective work.
J. W. Tukey(1977)

[그림 출처] https://www.oneeducation.org.uk

데이터 분석(Data Analysis)은 통계학(Statistics)과 다양한 응용 분야간의 중요한 연결고리이다. 이는 원시 데이터(raw data)로 부터 새로운 사실(fact), 실행 가능한 통찰(insights) 그리고 유용한 지식(knowledge)으로 전환하기 위한 도전적인 활동이며(고승곤 2014), 크게 탐색적(Exploratory) 단계와 확증적(Confirmatory) 단계로 구분된다(Mallows and Tukey 1982)[2].

[1] Tukey, J. W.(1977). Exploratory data analysis, Reading, MA

[2] Mallows, C. L., & Tukey, J. W. (1982). An overview of techniques of data analysis, emphasizing its exploratory aspects. Some recent advances in statistics, 33, 111-172.

탐색적 단계는 사전 가정 없이 데이터의 특징과 내재한 구조적 관계를 파악하기 위한 작업들로 구성된다. 이러한 작업은 있는 그대로 데이터를 해석하고 숫자들의 패턴을 검토하는 과정을 통하여 데이터에 대한 전반적인 이해를 돕는다. 따라서 탐색적 단계에서는 특정 가설 또는 사실을 증명하기 보다는 새롭게 증명되어야 할 가설(hypotheses)을 선별하는 것을 주 목적으로 한다.

확증적 단계는 탐색적 단계에서 수집된 정보에 대한 실증적 **평가** 그리고 도출된 가설의 **검증**을 목적으로 한다. 이들 각 단계는 [그림 1.1]과 같이 상호 보완적이며 순환적이다. 이러한 과정은 반복적으로 적용될 수 있으며 필요에 따라 추가 데이터 그리고/또는 새로운 데이터의 수집을 필요로 할 수 있다(허명회 2012).

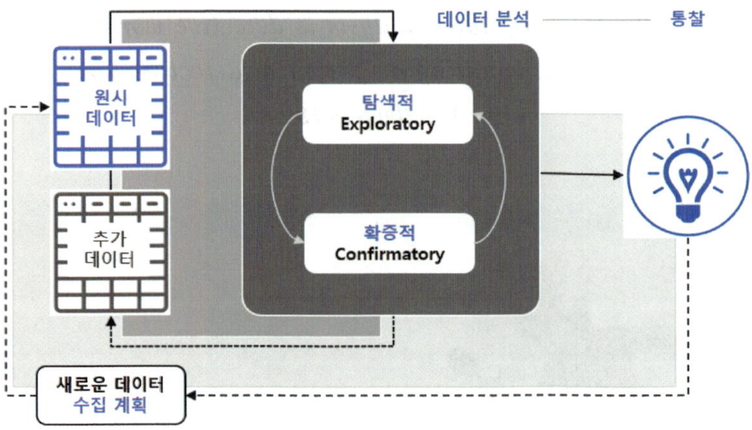

그림 1.1: 통찰 확보를 위한 데이터 분석의 실행 구조

그림 1.2: EDA 정립에 기여한 Tukey 교수의 중요 저서들

탐색적 데이터 분석(Exploratory Data Analysis; 이하 EDA)은 프린스턴 대학의 (Princeton University) John W. Tukey교수에 의하여 정립된 개념과 방법으로 [그림 1.2]의 중요 저서들과 다양한 논문을 통하여 이론적 근거와 활용 방법을 제시하였다[Michael Friendly (2022)]

(Mosteller and Tukey 1977)[Hoaglin, Mosteller, and Tukey (1983)](Hoaglin, Mosteller, and Tukey 2011)[3,4,5,6].

일반적으로 통계 분석은 특정 분포(일반적으로 정규 분포)를 가정한 모집단으로 부터의 임의 추출된 표본을 가정한다. 이때 평균(mean)은 다음의 목적 하에서 가장 바람직한 추정값이 된다.

$$\min_{\mu} \sum_{i=1}^{n} (y_i - \mu)^2 \;\; \rightarrow \;\; \hat{\mu} = \frac{\sum_{i=1}^{n} y_i}{n}$$

또한 계산된 평균값 $\hat{\mu}$를 이용하여 (1) 모집단 평균(μ)이 포함될 것으로 예상되는 $(1-\alpha)\times 100\%$ 신뢰 구간(Confidence Intervals)을 정의하는 구간 추정(Interval Estimation)을 실행하거나 (2) 사전 정의된 가설에 대하여 유의 수준 α 하에서의 가설 검정(Hypothesis Testing)을 적용하여 모집단 평균 μ에 대한 정보를 확증한다. 이와 같이 모집단에서 정의되는 관심 모수(parameter(s))에 대한 확증적 결과를 도출하는 과정을 확증적 데이터 분석(Confirmatory Data Analysis; 이하 CDA)라고 부른다. 이는 관찰된 데이터를 생성할 수 있는 확률 모형을 정의하고 해당 확률 모형의 알려지지 않은 모수들을 추정하는 방법으로 데이터로부터 정보를 도출한다(고승곤 2020).

EDA는 CDA를 적용하기 전에 데이터에 내재한 기본 패턴과 구조를 탐색하고 CDA를 통하여 실증해야할 정보와 가설을 도출하는 것을 목적으로 적용된다. EDA는 간단한 통계 계산과 다양한 도표 표현(graphical displays)을 통하여 데이터에 대한 이해도와 실무 적용도를 높이기 위하여 제안된 것으로 다음과 같은 점에서 CDA와 구별된다.

- 모집단(Population)에 대한 가정을 전제하지 않는다.
- 주어진 데이터로 부터 정보 도출에 집중한다.
- 추론적인 목표를 설정하지 않는다.

또한 다음과 같은 실행적(practical) 요소를 강조한다.

- 데이터 분석의 시작은 적용 범위(scope)와 유용성(usefulness)을 추구해야 한다.
- 데이터 분석의 과정은 불충분한 증거가 더 자주(shall more often) 올바른 답을 제시할 수 있도록 적당히 자주 오류를 범할 용의(willing to err moderately often)가 있어야 한다.
- 데이터 분석의 해석에서 수리적 결과는 입증의 근거가 아닌 판단의 근거로 사용해야 한다.

---

[3] Remembrances of Things EDA, Michael Friendly, Published for Tukey Dayv, June 16, the 107th anniversary of John Tukey's birth <https://nightingaledvs.com/remembrances-of-things-eda/>

[4] Mosteller, F., & Tukey, J. W. (1977). Data analysis and regression. A second course in statistics. Addison-Wesley series in behavioral science: quantitative methods.

[5] Hoaglin, D. C., Mosteller, F., & Tukey, J. W. (1983). Understanding robust and exploratory data anlysis. Wiley series in probability and mathematical statistics.

[6] Hoaglin, D. C., Mosteller, F., & Tukey, J. W. (Eds.). (2011). Exploring data tables, trends, and shapes. John Wiley & Sons.

1.1 4R's

EDA에서는 (1) 결과를 숫자 또는 그림으로 직접 확인 하는 것 (2) 단순하고 직관적인 계산 방법 적용 (3) 적합성과 함께 잔차에 대한 심도있는 고찰 (4) 순차적이고 반복적인 적용에 의한 더욱 개선된 이해와 해석 그리고 (5) 공식적이던 비공시적이던 단지 확률(probability)만으로 판단하지 않아야 함을 강조하면서 [그림 1.3]과 같이 4 가지 핵심 개념인 4R's를 제시하였다(Hoaglin, Mosteller, and Tukey 1983)[7].

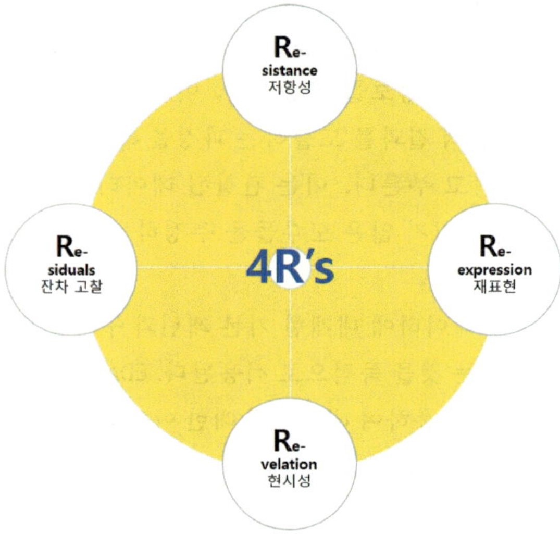

그림 1.3: EDA의 핵심 주제: 4R's

1. 저항성(Resistance)

   분석 결과는 정확하지 못한 관찰 또는 이상점(outliers)에 둔감(robust)해야 한다. 평균(mean)과 표준편차(standard deviation)와 비교할 때, 순서 통계량(order statistic)의 순위(rank)에 기반한 중앙값(median) 또는 사분위수(quartiles) 등이 잘못 측정된 값 그리고/또는 이상점들의 포함 여부에 대하여 영향을 덜 받는다. 따라서 이러한 통계량을 사용한다면 그 결과는 비정상적인 값에 대하여 저항성(resistance)을 가질 뿐만 아니라 데이터를 객관적으로 설명하는데 유용할 수 있다.

[표 1.1]의 2 종류의 데이터 세트 A와 B는 가장 큰 값을 제외하고는 모두 동일한 값으로 구성되었다. 이들 데이터로 부터 각각 평균과 중앙값을 계산해 보면, 평균은 극단값(extreme value)의 영향을 받지만, 중앙값은 영향을 받지 않는 것을 확인할 수 있다. 또한 [표 1.2]는 A에서의 값 95

[7] Hoaglin, D. C., Mosteller, F., & Tukey, J. W. (1983). Understanding robust and exploratory data anlysis. Wiley series in probability and mathematical statistics.

를 950으로 잘못 입력된 경우의 평균과 중앙값이다. 이 경우 역시 평균보다 중앙값이 영향을 적게 받는 것을 확인할 수 있다.

표 1.1: 극단값 포함 여부에 대한 평균과 중앙값의 변화 I(가상 데이터)

	데이터	평균	중앙값
A	75 83 84 94 95 101 104 106 109 120	97.1	98.0
B	75 83 84 94 95 101 104 106 109 500	135.1	98.0

표 1.2: 극단값 포함 여부에 대한 평균과 중앙값의 변화 II(가상 데이터)

	데이터	평균	중앙값
A	75 83 84 94 95 101 104 106 109 120	97.1	98.0
B	75 83 84 94 950 101 104 106 109 500	182.6	102.5

2. 잔차(Residuals) 고찰

   특정 모형(model)을 적합(fitting)하는 것은 주 경향성을 파악하는 것으로 간단하고 유용한 정보를 제공하지만 항상 부분적인 요약이라는 한계가 있다. 또한 주 경향성에서 설명되지 못한 대부분의 중요한 근거는 잔차 = 데이터 - 적합에 포함된다. 따라서 잔차에 대한 심도있는 고찰은 항상 의도하지 않았던 새로운 사실을 확인할 수 있는 근거를 제공한다.

[그림 1.4]는 2021년 국내 연봉 상위 100 직업(단위:만원)을 조사한 것이다[8]. 고려된 100개 직업의 평균은 약 5,712(만원)이며, 중앙값은 5,211(만원)이다. 약 500(만원)의 차이가 작지 않다면, 고려된 100개의 연봉 중에는 값이 큰 극단값이 존재함을 예상할 수 있다. [그림 1.4]의 각 직업별 연봉을 $x_i, i = 1, 2, \ldots, 100$라고 할 때, 통계적 모형(statistical model)은 다음과 같다.

$$y_i = \mu + \epsilon_i,\ i = 1, 2, \ldots, 100$$

[8] 2021년 한국의 직업 정보(고용노동부) https://www.moel.go.kr

여기서 μ는 평균 또는 중앙값으로 **주 경향성** 그리고 ϵ_i, $i = 1, 2, \ldots, 100$은 **잔차(residuals)**를 나타낸다. 만일 특정 직업 y_i에 관심이 있다면, 주 경향성인 μ 보다는 **잔차**인 ϵ_i를 고찰하는 것이 유용함을 확인할 수 있다.

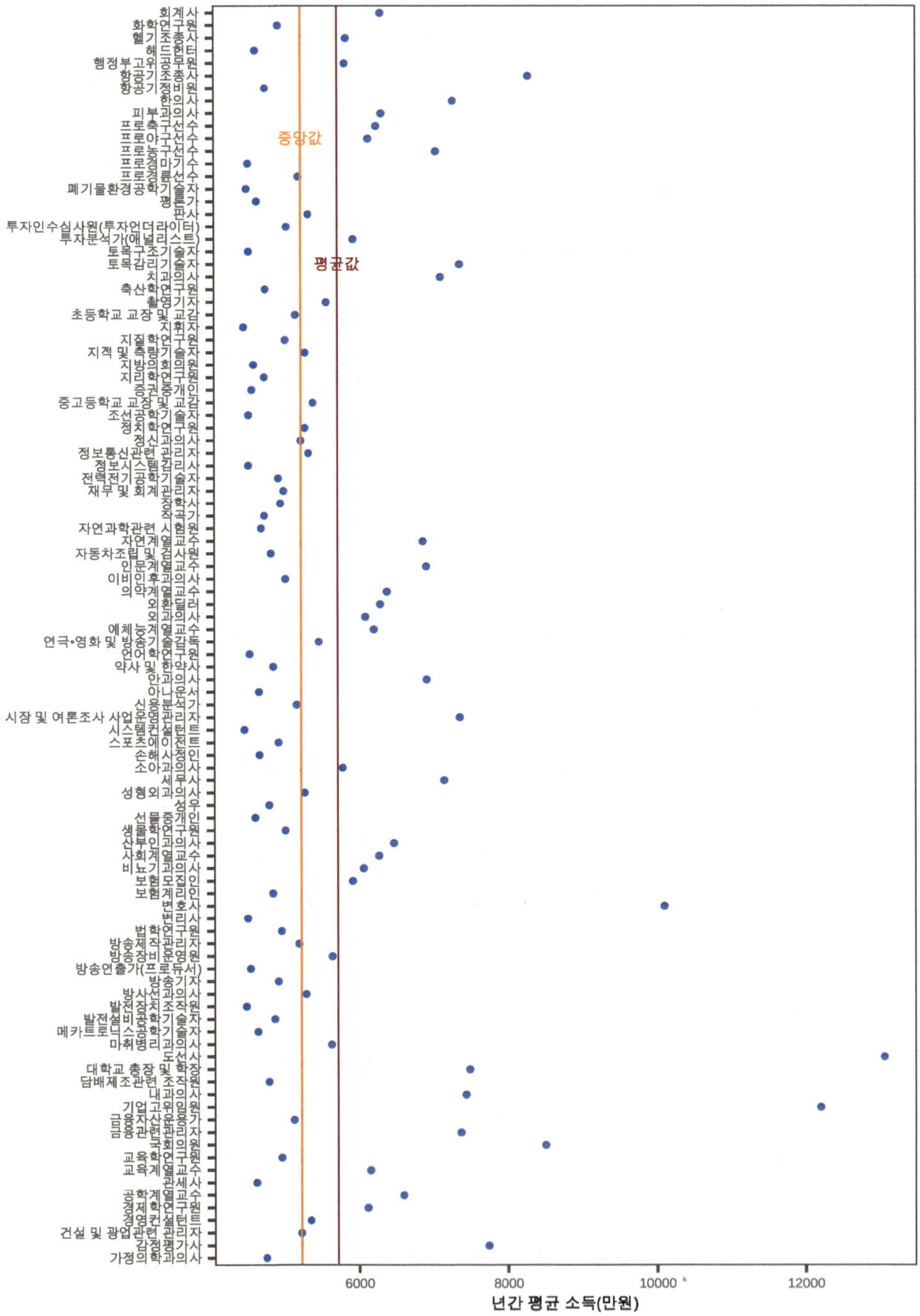

그림 1.4: 국내 년간 소득 상위 100위 내의 직업(단위: 만원)

3. 재표현(Re-expression)

데이터에 사용된 단위(unit) 또는 척도(scale)는 실무적인 측정 용이성에 기초한다. 하지만 이러한 단위/척도가 데이터를 요약하거나 분석할 때도 적합하다는 보장은 없다. 실제로 많은 경우에 분석과 해석을 위하여 원시 데이터를 로그(logs) 또는 제곱근(square roots)을 이용하여 새로운 척도로 재표현하여 사용한다. 이러한 재표현은 (1) 분포의 대칭성 (2) 분산의 안정성 (3) 관계의 선형성 그리고 (4) 관련 변수의 가법성을 확보하여 쉬운 분석과 유용한 해석을 도출 수 있다. 또한 재표현 사다리(ladder of re-expression)는 어떤 변환을 사용할 것인가에 대한 기준과 방법을 결정하는데 도움을 준다.

[그림 1.5]는 28 종의 육상 서식 동물들의 몸무게(weights; kg)와 뇌 무게(brain; g)를 조사한 것이다(Jerison 1973)[9].

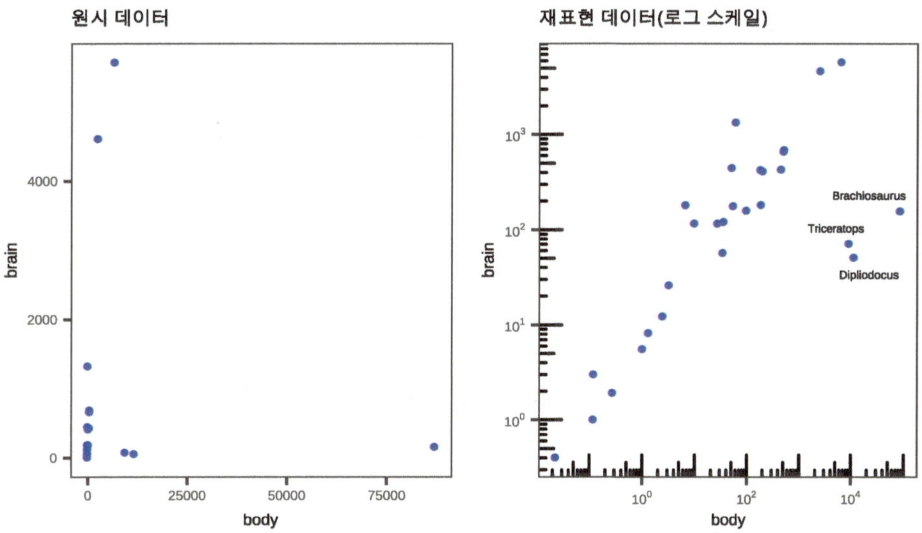

그림 1.5: 28 종의 몸무게(Kg)와 뇌무게(g)간의 관계

[그림 1.5]의 [원시 데이터]에서는 2 개의 변수 간의 패턴을 확인할 수 없다. 하지만 2 개의 변수에 $\log_{10}(\cdot)$ 변환을 적용한 [재표현 데이터]에서는 일부 데이터 - Brachinosaurus, Triceratops, Dipliodocus - 를 제외하고는 선형에 가까운 패턴이 존재함을 확인할 수 있다. 또한 변환된 데이터는 다음의 통계적 모형을 이용하여 몸무게와 뇌무게 간의 주요약과 잔차를 파악하여 보다 정제된 정보를 도출할 수 있다.

[9] Jerison, H. J. (1973). Evolution of the Brain and Intelligence, Academic Press. 그는 EQ (Encephalization Quotient) 개념을 도입하여, 평균적인 동물에 비해 인간과 일부 고등 포유류는 뇌가 비정상적으로 크다는 점을 강조하였다. 이를 입증하기 위해 Jerison은 몸무게 (X)와 뇌무게 (Y) 간의 상대 성장 관계(allometric relationship)을 로그-로그 스케일 모형으로 표현하였다.

$$log_{10}(\text{brain}_i) = \beta_0 + \beta_1 log_{10}(\text{body}_i) + \epsilon_i,\ i = 1, 2, \dots, 28$$

참고로 Tufte는 [그림 1.5]를 보완하여 [그림 1.6]과 같이 현시성(presentational clarity)을 강조하고자 하였다. 그는 단순한 비교를 넘어, 여러 생물종의 뇌-몸 비율을 한눈에 파악할 수 있도록 시각 구조를 재배열하고, 동시적 비교가 가능한 공간적 맥락을 구성하였다. 특히 각 생명체의 위치와 아이콘 자체가 직관적으로 정보를 전달하도록 설계되었다(Tufte 1990)[10].

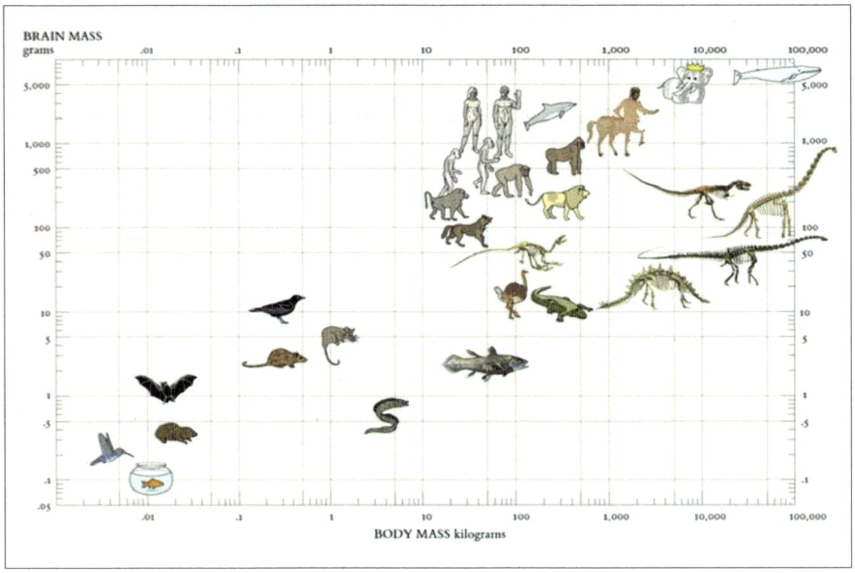

그림 1.6: [그림 1.5]의 현시성 보완(Tufte, 1990)

4. 현시성(Revelation)

   EDA는 데이터에 내재된 패턴을 찾거나 적합도를 평가하기 위해 그래프의 활용을 특히 강조한다. 그래프는 숫자만으로는 전달하기 어려운 다양한 정보를 시각적으로 표현하고 전달할 수 있다. 그래프는 데이터의 구조와 특성을 효율적으로 검토할 수 있고 수량화된 데이터의 요약-비교-관계를 탐색하는 데 유용하며, 도출된 분석 결과를 명확하고 직관적으로 전달하여 명확한 의사 소통을 도울 수 있다.

[10] Tufte, E. R. (1990). Envisioning Information. Cheshire, CT: Graphics Press.

EDA의 매력 중 하나는 간단하고 유용한 방법들 - [그림 1.7]과 같은 집계(tally) 방법과 줄기-잎(stem-and-leaf) 그림 등 - 을 제공한다는 것이다. 이러한 방법들은 현재 다양한 그래픽 소프트웨어(graphics software)의 등장으로 보다 쉽게 적용할 수 있게 되었다. EDA의 개념과 방법들은 데이터 시각화(visualization)를 위한 다양한 동적(dynamic) 그리고 대화형(interactive) 그래픽 소프트웨어의 성장에 지대한 영향을 주었다. 다시 말해, 새로운 그래픽 소프트웨어의 개발로 인하여 EDA가 중요해 진 것이 아니라, EDA에서 제시된 개념과 방법들을 쉽고 다양하게 적용할 수 있도록 데이터 시각화 소프트웨어가 발전하고 있다는 것이다(M. Friendly 2008)[11].

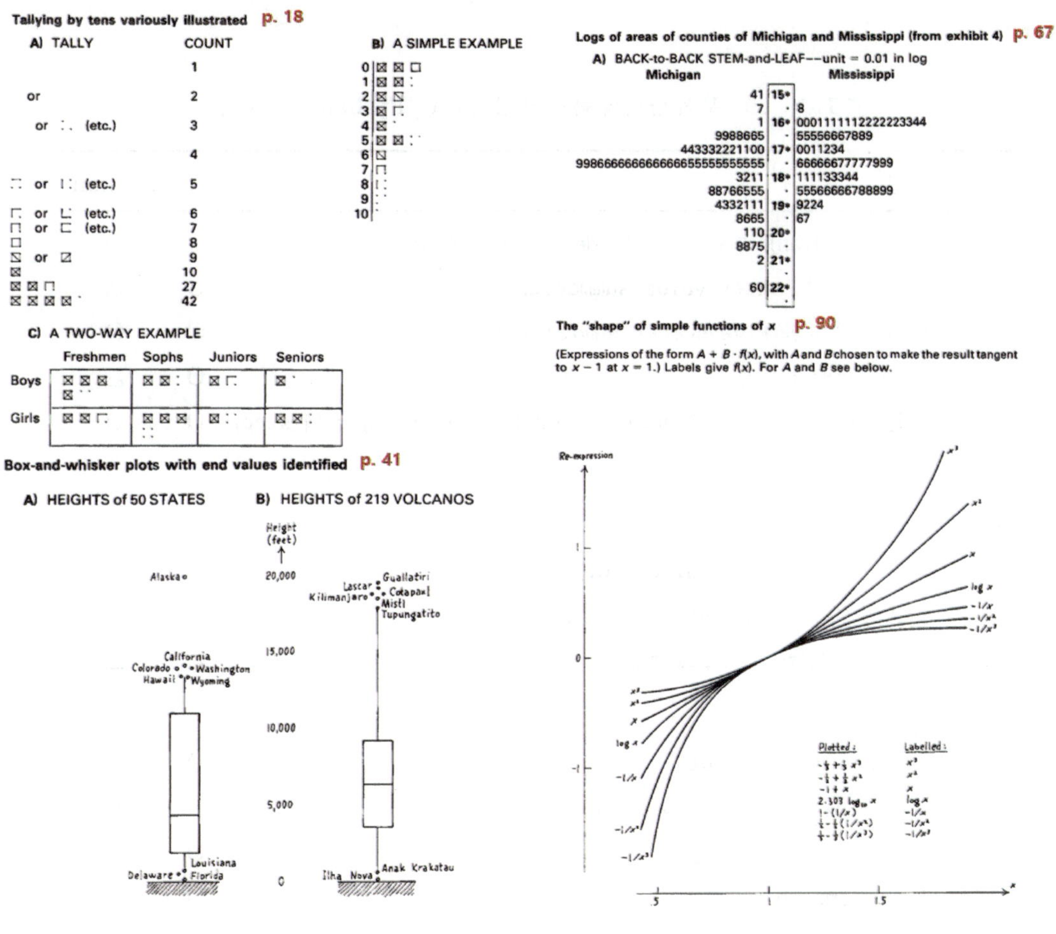

그림 1.7: Tukey의 요약, 비교 그리고 관계 도출과 관련된 아이디어(1977)

[11] Friendly, M. (2008). A brief history of data visualization. In Handbook of data visualization (pp. 15-56). Springer, Berlin, Heidelberg.

1.2 EDA의 중요 방법

EDA의 방법들은 컴퓨터의 활용이 제한되었던 1970~1990년대에 소개되었다. 이들은 수작업(pencil-and-paper)을 전제로 소개되었지만, 현재의 컴퓨터 환경을 기초로 하는 데이터 분석에서도 중요한 역할을 한다. 핵심적인 개념을 이해할 수 있는 방법들을 목적에 따라 정리해 보면 [표 1.3]과 같고, 각 방법별로 R과 Python의 패키지 또는 모듈의 지원 여부를 표시하였다. R의 경우 모든 방법을 구현할 수 있는 패키지가 존재하며, Python은 기본 요약값을 제외하고는 직접 제공하는 모듈이 존재하지 않는다. 따라서, △인 경우에는 사용자 정의 함수(User_defined Functions)를 생성하여 분석해야 한다. 이 책에서는 이를 위하여 eda_tools.py 모듈을 제공한다.

표 1.3: EDA 분석 방법의 목적별 정리와 R/Python 지원 여부

목적	방법	R	Python
요약	중앙값(median), 순서 통계량(order statistics)	O	O
	문자 값 요약(letter value summaries)	O	△
	다섯 숫자 요약(five-number summaries)	O	O
	삼 평균(tri-mean)	O	△
	사분위수 범위(Inter Quartile Range), 펜스(fences), 스텝(step)	O	O
비교	박스 그림(Box Plot)	O	O
	문자값 그림(letter value plot)	O	△
	산포-수준 그림(spread-level plot)	O	△
	중앙값 정제(median polish)	O	△
관계	대칭도(symmetry plot)	O	△
	3-요약 점(three-summary points)	O	△
	직선화(straightening)	O	△
	평활화(smoothing)	O	O
변환	재표현의 사다리(ladder of re-expression)	O	△

2 줄기-잎 그림 Stem-and-Leaf Plot

단순한 그래프만큼 데이터 분석가에게 깊은 통찰을 전달해 준 도구는 없다.[1]

The simple graph has brought more information to the data analyst' s mind than any other device.

J. W. Tukey(1962)

탄천 산책로 벚꽃 나무의 줄기와 잎

```
# 1 | 2: represents 120
#  leaf unit: 10
#             n: 45
#     1     4. | 8
#     8     5* | 1134444
#    16     5. | 56667779
#    22     6* | 011224
#   (7)     6. | 5678889
#    16     7* | 01123344
#     8     7. | 56699
#     3     8* | 002
```

줄기-잎 그림(stem-and-leaf plot)은 수작업(pencil-and-paper) 방식으로도 쉽게 작성할 수 있는 EDA 도구이다. 이는 데이터의 개별 값을 유지하면서 전체적인 분포 형태를 시각적으로 파악할 수 있게 해준다[2]. 각 데이터 값은 줄기(stem)와 잎(leaf)의 형태로 표현되며, 이러한 단순한 표기법을 통해 히스토그램(histogram)과 유사한 정보를 제공함과 동시에 개별 관측값을 그대로 확인할 수 있는 장점을 갖는다.

[1]Tukey, J. W. (1962). The future of data analysis. The annals of mathematical statistics, 33(1), 1-67.

[2]데이터 세트(data set)은 특별히 구분할 필요가 있는 경우를 제외하고 간단히 데이터로 표현한다.

줄기-잎 그림을 활용하면 다음과 같은 데이터 탐색이 가능하다.

줄기-잎 그림을 통해 탐색 가능한 데이터의 특성

- 전체 분포의 대칭성과 치우침(skewness)의 확인
- 데이터의 최댓값과 최솟값, 범위(range), 산포도(spread)
- 중심 경향(central tendency)의 시각적 식별
- 군집(cluster) 또는 하위 집단(subgroup)의 존재 여부
- 일반적인 패턴/분포에서 벗어난 이상값(outlier) 존재 여부

이와 같은 특성으로 인해 줄기-잎 그림은 특히 소규모의 데이터에서 유용하게 활용될 수 있으며, 구체적인 통계 분석을 적용하기 전에 데이터의 구조를 직관적으로 이해하는 데 도움이 된다. 다음의 데이터를 이용하여 **줄기-잎** 그림의 작성 방법과 주의 사항을 확인해 보자.

예제 1. 데이터($n = 11$): 64, 34, 15, 16, 21, 32, 41, 33, 17, 53, 22

1. 데이터의 개별값을 줄기(stem)와 잎(leaf)으로 구분한다.
   - 10의 자리를 줄기로 그리고 1의 자리를 잎으로 구분한다.
   - (예) $64 = 6 \times 10 + 4$

표 2.1: 줄기와 잎의 구분

데이터	구분	줄기-잎
64	6 / 4	6 - 4
34	3 / 4	3 - 4
15	1 / 5	1 - 5
16	1 / 6	1 - 6
⋮	⋮	⋮
53	5 / 3	5 - 3
22	2 / 2	2 - 2

2. 순차적으로 **줄기**와 잎을 작성한다[3].

[3] **Python**에서 `math.floor()` 또는 `numpy.floor()`를 이용하여 버림 작업을 할 수 있다.

- 줄기는 작은 값에서 큰 값으로 위에서 아래로 작성한다.
- 만일 1.23에서 1을 줄기로 하고 23이 잎으로 정의되는 경우에는 마지막 자릿수를 반올림하지 않고 버림(round down)하여 원자료의 값을 최대한 유지한다.
- 각 잎은 동일 간격으로 작성한다.
- 줄기내에서 잎의 순서는 정보 탐색의 관점에서 순차적(오름차순 또는 내림 차순)으로 나열한다.

```
1 | 567
2 | 12
3 | 234
4 | 1
5 | 3
6 | 4
```

3. 각 줄기의 도수(counts)를 기록한다.

- 제 1 도수에는 각 줄기 별 단순 도수를 적는다.
- 제 2 도수(depth)에는 위/아래에서의 누적 도수를 적고, 중앙값을 포함하는 줄기 도수는 ( )로 표시한다.

```
[도수]
 3   3    1 | 567
 5   2    2 | 12
(3)  3    3 | 234
 3   1    4 | 1
 2   1    5 | 3
 1   1    6 | 4
```

4. 데이터 수를 확인하고 그림의 단위(unit)를 표기한다.

- 줄기와 잎을 결합했을 경우의 값의 단위를 명시한다.
- (예) 1 | 5 = 15이므로, 단위는 1
- 단순 도수의 합이 전체 데이터의 수와 동일한지 확인하고, 동일하다면 밑줄 또는 체크(✓) 표시를 한다.

```
단위: 1

3  3   1 | 567
5  2   2 | 12
(3) 3  3 | 234
3  1   4 | 1
2  1   5 | 3
1  1   6 | 4

       11(v)
```

5. 데이터의 특징을 확인하고, 필요한 경우, 줄기의 확장 또는 축소를 고려한다.

완성된 줄기-잎 그림을 고찰해 보면, 주어진 데이터는 대칭성을 갖지 않으며, 10 ~ 30 구간에 데이터가 밀집되어 있으며 이상점(outliers)으로 판단할 수 있는 값은 존재하지 않는다. 일반적으로 줄기-잎 그림에서 줄기와 잎은 십진법 자리수 단위 또는 소수점(decimal points)을 기준으로 구분한다. 필요한 경우, 줄기의 크기는 정수 값 $k > 0$에서 $\{1, 2, 5\} \times 10^k$로 재정의할 수 있다. 만일 현재의 줄기 기준 단위가 변별력이 없다면, 줄기의 크기를 1/2 또는 1/5로 재구분하여 세분화 할 수 있다. 재구분된 줄기는 [표 2.2]와 같이 표기한다.

표 2.2: 줄기 크기의 재 구분

숫자		1/2 구분	1/5 구분
0	zero	*	*
1	one	*	*
2	two	*	t
3	three	*	t
4	four	*	f
5	five	.	f
6	six	.	s
7	seven	.	s
8	eight	.	.
9	nine	.	.

예제 2. 수작업 연습

다음은 30명으로 구성된 특정 학급의 중간고사 점수이다. 이를 이용하여 (1) 줄기 크기 = 10 그리고 (2) 줄기 크기 = 5를 갖는 줄기-잎 그림을 작성하시오.

```
68 84 63 52 63 50 74 91 72 78 71 76 80 94 73
83 65 74 74 72 78 79 80 84 65 82 65 87 67 76
```

1. 줄기 크기 = 10

   - 줄기-잎의 구분: $68 = 6 \times 10 + 8$

```
단위: 1

   2   2   5 | 02
   9   7   6 | 3355578
(12)  12   7 | 122344466889
   9   7   8 | 0023447
   2   2   9 | 14

     30(v)
```

작성된 줄기 잎 그림은 대칭 구조를 가지고 있으며, 특별한 군집(cluster) 또는 이상점(outliers)은 존재하지 않는다[4]. 최고점은 94점, 최저점은 50점 그리고 중앙값은 74임을 확인할 수 있으며, 학생 개개인이 자신의 점수가 전체 분포에서 어디에 위치하는지도 확인이 가능하다. 학생들은 학급 전체의 분포와 개인의 점수이외에 예상 학점에 더 관심을 가질 수 있다. 학점이 5점 단위로 부여된다는 사실에 기초하여 줄기의 크기를 5로 가정하여 새로운 줄기-잎 그림을 생성해 보면 다음과 같다.

2. 줄기 크기 = 5

   - 줄기의 크기를 10에서 5로 $1/2$ 줄이는 경우는 [표 2.2]에서와 같이 $\{0, 1, 2, 3, 4\}$는 해당 줄기 숫자에 * 그리고 $\{5, 6, 7, 8, 9\}$는 해당 줄기 숫자에 ·을 표기한다.

```
단위: 1

2  2   5* | 02
```

[4] 군집(cluster)이란 거리, 밀도, 또는 분포 기반의 유사성에 따라 구분되는 그룹을 말하며, 이상점(outlier)이란 대부분의 데이터와 비교해 극단적으로 다른 값을 갖는 소수의 데이터들을 말한다.

```
      0   5. |
   4  2   6* | 33
   9  5   6. | 55578
 (7)  7   7* | 1223444
  14  5   7. | 66889
   9  6   8* | 002344
   3  1   8. | 7
   2  1   9* | 14

     30(v)
```

줄기의 크기를 10에서 5로 1/2줄인 줄기-잎 그림을 보면 대부분의 학생이 60점 이상의 점수를 받았고, 2명의 학생이 50점대 초반임을 확인할 수 있다. 또한 70점대 초반과 80점대 초반에 학생들의 점수가 밀집되어 있음을 확인할 수 있다.

[그림 2.1]은 동일한 데이터를 이용한 히스토그램(histogram)이다(Pearson 1895)[5]. 이는 분포의 구조를 대략적으로 확인할 때 유용한 그림이지만, 줄기-잎 그림 처럼 관심 대상이 되는 구체적인 값을 확인할 수 없다는 단점을 갖는다. 또한 줄기-잎 그림은 히스토그램과 같이 대략적 분포의 구조를 확인할 수 있지만, 줄기 값의 변경이 제한된다는 단점을 갖는다.

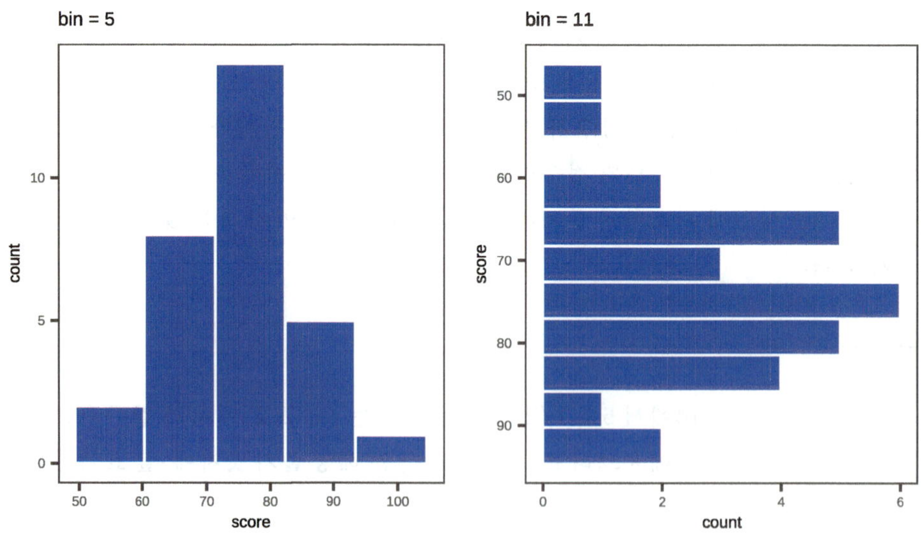

그림 2.1: 30명의 점수의 히스토그램(bins = 5, 11)

[5]Pearson, K. (1895). "Contributions to the Mathematical Theory of Evolution. II. Skew Variation in Homogeneous Material". Philosophical Transactions of the Royal Society A: Mathematical, Physical and Engineering Sciences. 186: 343–414.

2.1 Python의 활용 Using Python

Python에서 줄기-잎 그림을 작성하는 모듈은 현재까지 제공되지 않는다. 따라서, 사전 정의된 함수를 이용하여 이를 구현할 수 있다. 이는 eda_tools.py에 저장되어 있다[6].

사용자 정의 함수 불러오기

```
%run eda_tools.py                                # JupyterLab
reticulate::py_run_file("eda_tools.py")          # RStudio
```

stem_leaf(x, unit=1, m=1, trim_outliers=False, na_rm=True, depths=True)

표 2.3: eda_tools.stem_leaf()의 인수

인수	설명	기본값
x	분석 대상 숫자 벡터 (정수 또는 실수로 구성)	필수
unit	잎의 단위: 10의 거듭제곱으로 정의	1
m	잎 세분화 방식: 1(기본), 2(상하 절반), 5(상세 5구간)	1
trim_outliers	이상치 (IQR 기준) 제거 여부: TRUE 시 제거	False
na_rm	NA 및 NaN 값 제거 여부	True
depths	도수의 깊이 정보(제 2 도수)를 출력할지 여부	False

practice tools 실습 **1.** *2021*년 전세계 *TOEIC* 응시자들의 점수 <toeic.2021.csv>

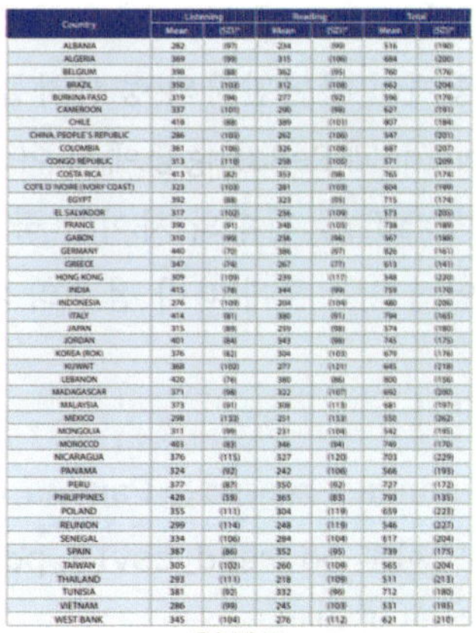

6R에서는 aplpack:: 패키지(package)가 제공하는 함수(function)들을 이용하여 줄기-잎 그림을 생성할 수 있다(H.P. Wolf, 2021). <https://cran.r-project.org/web/packages/aplpack/index.html>

다음은 2021년 전세계 TOEIC 응시자들의 점수 - Listening, Reading, Total - 를 국가별로 구분하여 정리한 데이터이다[7]. 참고로 TOEIC 점수는 [표 2.4]와 같이 등급을 구분한다.

표 2.4: TOEIC 점수에 따른 영어 숙련도 단계

점수	단계
905-990	International Professional Proficiency 어떤 상황에서도 효과적으로 의사 소통할 수 있는 수준
785-900	Working Proficiency Plus 항상은 아니지만 수용 가능하고 효과적인 언어로 대부분의 작업 요구 사항을 충족시킬 수 있는 수준
605-780	Limited Working Proficiency 대부분의 사회적 요구와 제한된 작업 요구 사항을 충족시킬 수 있는 수준
405-600	Elementary Proficiency Plus 예측 가능한 대면 대화를 시작하고 유지할 수 있으나 사회적 요구를 제한적으로 충족시킬 수 있는 수준
255-400	Elementary Proficiency 친숙한 주제에 대하여 간단한 대면 대화 정도만을 유지할 수 있는 수준
10-250	Basic Proficiency 즉각적인 생존 욕구 정도를 만족시키는 수준

주어진 데이터로 부터 다음과 같은 정보에 관심이 있을 수 있다. 이와 같은 정보를 탐색하는 과정에서 주어진 데이터 이외에 추가 데이터 수집이 필요할 수 있다.

- 전세계 국가에서 응시하는 응시자들의 국가별 TOEIC 총점 평균의 분포는 어떠한가?
- 어떤 국가(들)가 가장 높은 또는 낮은 총점을 달성하고 있는가?
- 고려된 국가 중에서 대한민국의 응시자들은 어느 정도 수준을 달성하고 있는가?
- 실제로 Listening과 Reading중에서 어느 과목의 점수가 높은가(또는 낮은가)?
- Listening과 Reading 점수의 차이는 국가별로 비슷한가?
- 국가별 공식 언어의 종류에 따라 점수의 차이가 존재하는가? 등

✿ 데이터 불러오기

- `import pandas as pd`는 Pandas 라이브러리를 pd라는 약어(alias)로 불러오는 명령어로, 이후 `pd.read_csv()`, `pd.DataFrame()` 등 다양한 데이터 처리 함수를 사용할 수 있게 한다.

[7] TOEIC은 전 세계 160개국 이상 국가, 14000여 개의 기관 및 업체에서 채용, 승진 해외 파견 등에 활용하는 글로벌 시험으로 Test of English for International Communication의 약자이다. 이는 Listening(청해)과 Reading(독해)로 구분하여 실시하며, 전체 응시자의 점수를 10~990점의 범위로 표준화하여 제공한다. <https://www.ets.org/toeic/test-takers/scores.html>, TOEIC® Scores and Conversion Table <www.ets.org>

- data_path = "데이터 저장 위치 경로"는 데이터 파일이 저장된 폴더 경로를 변수 data_path에 저장하여 파일 경로를 반복해서 사용할 때 활용한다.
- pd.read_csv()는 CSV 형식의 파일을 읽어 DataFrame 형식으로 불러오는 함수이며, 경로를 문자열로 지정해 외부 데이터를 현재의 분석 환경으로 불러온다.

```
import pandas as pd
data_path = "E:/_data/eda/"                          # 데이터 경로 지정
toeic = pd.read_csv(data_path + "toeic.2021.csv")
```

데이터 구조 및 결측값 확인

- . 연산자는 객체의 속성이나 메서드에 접근할 때 사용한다. 예를 들어, df.shape는 데이터프레임의 행과 열 크기를 반환한다.
- df.info()는 Pandas에서 각 열의 데이터 타입, 결측값 수, 메모리 사용량 등을 요약하여 데이터 구조를 파악한다.
- isnull() 또는 isna()는 결측값을 판별한다.
- sum()과 함께 사용하면 결측값의 개수를 계산할 수 있으며, df.isna().sum().sum()으로 전체 NA 수를 구한다.
- head(n)과 tail(n)은 데이터의 앞 또는 뒤 n개 행을 출력한다.

```
print(toeic.info())                        # 데이터 구조 및 변수 정보 확인
```

```
<class 'pandas.core.frame.DataFrame'>
RangeIndex: 45 entries, 0 to 44
Data columns (total 4 columns):
 #   Column     Non-Null Count  Dtype
---  ------     --------------  -----
 0   country    45 non-null     object
 1   listening  45 non-null     int64
 2   reading    45 non-null     int64
 3   total      45 non-null     int64
dtypes: int64(3), object(1)
memory usage: 1.5+ KB
None
```

```
print(toeic.isna().sum().sum())            # 전체 결측값의 수 확인
```

```
0
```

```
print(toeic.head(6))                        # 처음 6개의 행 출력
```

```
        country  listening  reading  total
0       ALBANIA        282      234    516
1       ALGERIA        369      315    684
2       BELGIUM        398      362    760
3        BRAZIL        350      312    662
4  BURKINA FASO        319      277    596
5      CAMEROON        337      290    627
```

✿ 총점(total)에 대한 줄기-잎 그림

- 줄기-잎 그림의 단위(units)를 1로 지정하는 경우, 10의 자리가 줄기가 된다.

```
stem_leaf(toeic["total"], unit=1, m=1)
```

```
1 | 2: represents  12
leaf unit:   1
n:  45

   1    1  48  | 0
   1    0  49  |
   1    0  50  |
   3    2  51  | 16
   3    0  52  |
   4    1  53  | 1
   8    4  54  | 2678
   9    1  55  | 0
  12    3  56  | 567
  15    3  57  | 134
  15    0  58  |
  16    1  59  | 6
  17    1  60  | 4
  19    2  61  | 37
  21    2  62  | 17
  21    0  63  |
  22    1  64  | 5
( 1)    1  65  | 9
  22    1  66  | 2
  21    1  67  | 9
```

```
20    3  68  | 147
17    1  69  | 2
16    1  70  | 3
15    2  71  | 25
13    1  72  | 7
12    2  73  | 89
10    2  74  | 59
 8    1  75  | 9
 7    2  76  | 05
 5    0  77  |
 5    0  78  |
 5    2  79  | 34
 3    2  80  | 07
 1    0  81  |
 1    1  82  | 6
```

현재의 줄기-잎 그림은 빈도가 0인 줄기가 다수 발생하여, 줄기의 크기가 적절하지 않다고 판단된다. 하지만 이를 통하여 **총점(total)**의 최저점은 480 그리고 최고점은 826임을 확인할 수 있다. 해당 국가를 확인해 보면 다음과 같다.

```
toeic[toeic["total"] == 826]                         # 총점이 826인 행 선택
```

```
   country   listening  reading  total
16  GERMANY         440      386    826
```

```
toeic[toeic["total"] == 480]                         # 총점이 480인 행 선택
```

```
     country   listening  reading  total
20  INDONESIA         276      204    480
```

또한 다음과 같이 최대/최소 점수를 직접 확인할 수 있다.

최대/최소 점수의 확인

- max()는 Pandas Series의 최대값을 반환하며, 조건 필터링을 통해 해당 점수와 일치하는 행을 선택한다.
- min()은 최소값을 반환하며, 조건 필터링을 통해 해당 점수와 일치하는 행을 선택한다.

```
toeic[toeic["total"] == toeic["total"].max()]                # 최대 점수인 국가
```

```
    country  listening  reading  total
16  GERMANY        440      386    826
```

```
toeic[toeic["total"] == toeic["total"].min()]                # 최소 점수인 국가
```

```
      country  listening  reading  total
20  INDONESIA        276      204    480
```

동일한 방법으로 전체 국가와 대한민국의 총점에 대한 중앙값을 확인할 수 있다.

결과값의 출력

- 표현식(expression)으로 명령을 정의하는 경우, 인터프리터(예: Jupyter, IPython, RStudio Python chunk)에서는 자동으로 출력되지만, .py 파일에서는 아무것도 출력하지 않는다.
- 표현식으로 정의되는 값은 명시적으로 print()를 적용하여 그 값을 출력한다.

```
toeic["total"].median()
```

```
659.0
```

```
print(toeic["total"].median())                    # 전체 국가의 total 중앙값
```

```
659.0
```

```
korea = toeic[toeic["country"] == "KOREA (ROK)"]  # 특정 국가의 행만 필터링
print(korea["total"].median())                    # 해당 국가의 total 중앙값
```

```
679.0
```

전체 총점의 중앙값은 659점이며, 대한 민국은 총점은 679점으로 전체 총점의 중앙값 보다 20점이 높다.

순위(rank)의 확인

- rank(ascending=False, method="min")은 각 국가의 총점 total에 대해 '내림차순 기준의 순위'를 부여한다. 이때, 동점자는 'min 방식'으로 동일한 순위를 부여한다.
- int(korea["rank"].iloc[0])는 첫번째 행의 순위 값을 정수형으로 반환한다.
- print(f"...")는 문자열로 출력한다.
- len(toeic)은 toeic 데이터프레임의 전체 행 개수를 반환한다.

```
toeic["rank"] = toeic["total"].rank(ascending=False, method="min")
korea = toeic[toeic["country"] == "KOREA (ROK)"]
rank_val = int(korea["rank"].iloc[0])
print(f"KOREA (ROK) 순위: {rank_val}위 / {len(toeic)}개국")
```

```
KOREA (ROK) 순위: 21위 / 45개국
```

대한민국은 전체 국가 45개국 중에서 21번째로 높은 점수를 나타낸다.

줄기 크기의 변경 I

- 100의 자리를 줄기로 하는 경우, 10의 자리가 잎이 되고 1의 자리는 사용하지 않는다.
- 줄기와 잎의 구분: $4 \times 100 + 8 \times 10$, $8 \times 100 + 6 \times 10$, ... 등으로 구분 된다.
- 이때, 줄기-잎 그림의 단위(units)는 10이 된다.

```
stem_leaf(toeic["total"], unit=10, m=1)
```

```
1 | 2: represents 120
leaf unit:  10
n:  45

   1     1  4  | 8
  16    15  5  | 113444456667779
(13)    13  6  | 0112245678889
  16    13  7  | 0112334456699
   3     3  8  | 002
```

생성된 줄기-잎 그림을 보면, 500~700점 대에서 집중도가 높다.

줄기 크기의 변경 II

- 현재의 줄기의 수가 적어 집중도가 높은 구간이 발생하므로, 줄기의 크기를 1/2로 줄여서 재작성한다.
- 이때, 지정값은 m = 2가 된다.

```
stem_leaf(toeic["total"], unit=10, m=2)
```

```
1 | 2: represents 120
leaf unit:  10
n:  45

  0    0  4* |
  1    1  4. | 8
  8    7  5* | 1134444
 16    8  5. | 56667779
 22    6  6* | 011224
( 7)   7  6. | 5678889
 16    8  7* | 01123344
  8    5  7. | 56699
  3    3  8* | 002
  0    0  8. |
```

생성된 줄기-잎 그림을 보면, 중앙값을 중심으로 낮은 점수들이 더 많이 분포되어 있으며 500점대에서 집중도가 높음을 확인할 수 있다.

줄기 크기의 변경 III

- 집중도가 높은 구간을 확인하기 위하여 줄기의 크기를 '1/5'로 줄여서 재작성한다.
- 이때, 지정값은 m = 5가 된다.

```
stem_leaf(toeic["total"], unit=10, m=5)
```

```
1 | 2: represents 120
leaf unit:  10
n:  45

  0    0  4* |
  0    0  4t |
```

```
    0    0  4f |
    0    0  4s |
    1    1  4. | 8
    3    2  5* | 11
    4    1  5t | 3
    9    5  5f | 44445
   15    6  5s | 666777
   16    1  5. | 9
   19    3  6* | 011
   21    2  6t | 22
 ( 2)    2  6f | 45
   22    2  6s | 67
   20    4  6. | 8889
   16    3  7* | 011
   13    3  7t | 233
   10    3  7f | 445
    7    2  7s | 66
    5    2  7. | 99
    3    2  8* | 00
    1    1  8t | 2
    0    0  8f |
    0    0  8s |
    0    0  8. |
```

전체 점수의 분포는 540~570(5f~5s) 대에서 집중도가 높으며, 680~750(6.~7f) 대 역시 집중도가 높다. 점수가 높은 국가와 낮은 국가를 고찰해 보면, 800점을 넘는 국가는 3 개국 - GERMANY, CHILE, LEBANON - 이며 각각 독일어(Germanian), 스페인어(Spanish) 그리고 아랍어(Arabic)을 공식 언어로 사용하고 있다. 총점이 530 보다 작은 국가는 3 개국 - ALBANIA, INDONESIA, THAILAND - 이며, 각각 알바니아어(Albanian), 인도네시아어(Indonesian), 타이어(Thai)를 공식 언어로 사용하고 있다. 자국어를 사용하는 국가의 점수가 낮은 것인지 여부를 전체 국가에 대하여 탐색해 볼 필요가 있다.

```
toeic[toeic["total"] >= 800]                          # 총점이 800점 이상인 국가들
```

```
   country  listening  reading  total  rank
6    CHILE        418      389    807   2.0
16 GERMANY        440      386    826   1.0
26 LEBANON        420      380    800   3.0
```

```
toeic[toeic["total"] <= 530]                              # 총점이 530점 이하인 국가들
```

```
      country  listening  reading  total  rank
0     ALBANIA        282      234    516  43.0
20  INDONESIA        276      204    480  45.0
41   THAILAND        293      218    511  44.0
```

□

동일한 방법으로 각 국가의 reading 점수와 listening 점수 역시 확인할 수 있다.

```
stem_leaf(toeic["reading"], unit=10, m=5)
```

```
1 | 2: represents 120
leaf unit:  10
n:  45

   2    2  2* | 01
   5    3  2t | 333
  13    8  2f | 44455555
  19    6  2s | 666777
  22    3  2. | 889
 ( 5)   5  3* | 00011
  18    5  3t | 22223
  13    7  3f | 4444555
   6    2  3s | 66
   4    4  3. | 8888
```

```
stem_leaf(toeic["listening"], unit=10, m=5)
```

```
1 | 2: represents 120
leaf unit:  10
n:  45

   0    0  2* |
   0    0  2t |
   0    0  2f |
   1    1  2s | 7
   7    6  2. | 888999
```

```
  15    8  3* | 00111111
  19    4  3t | 2233
 ( 4)   4  3f | 4455
  22    8  3s | 66677777
  14    5  3. | 88999
   9    6  4* | 001111
   3    2  4t | 22
   1    1  4f | 4
   0    0  4s |
   0    0  4. |
```

전체적으로 청해(listening)의 점수가 독해(reading)의 점수보다 높아 보인다. 따라서, 두 점수의 차이를 계산하여 확인해 볼 필요가 있다.

```python
toeic["diff"] = toeic["listening"] - toeic["reading"]
stem_leaf(toeic["diff"], unit=1, m=1)
```

```
1 | 2: represents  12
leaf unit:   1
n:  45

   3    3  2  | 479
   8    5  3  | 45568
  20   12  4  | 012225778999
 (10)  10  5  | 0114445678
  15    6  6  | 013599
   9    5  7  | 01225
   4    3  8  | 002
   1    1  9  | 1
```

중앙값은 (10)으로 표시된 줄기 5에 위치하며, 이는 대부분 국가에서 Listening 점수가 Reading 점수보다 약 50점 정도 더 높다는 것을 의미하고, 가장 빈도가 많은 값은 줄기 4, 5, 6 구간에 집중되어 있으며, 이는 Listening 점수가 Reading보다 40~69점 차이로 높은 국가들이 많다는 것을 보여준다. 이러한 분포는 TOEIC 시험에서 국가별 청해/독해 능력 간의 불균형 또는 국가적 특성에 대한 정보를 제공한다.

주어진 데이터에서는 [표 2.5]와 [표 3.4]와 같이 몇 가지 추가적인 정보를 확인할 수 있다.

- 총점 평균이 높은 국가들의 경우, INDIA를 제외하고 listening과 reading의 점수 차이가 상대적으로 적다.

표 2.5: 총점 상위 10개국의 Listening과 Reading 간의 점수 차이

country	listening	reading	total	difference
GERMANY	440	386	826	54
CHILE	418	389	807	29
LEBANON	420	380	800	40
ITALY	414	380	794	34
PHILIPPINES	428	365	793	63
COSTA RICA	413	353	765	60
BELGIUM	398	362	760	36
INDIA	415	344	759	71
MOROCCO	403	346	749	57
JORDAN	401	343	745	58

- 대한민국의 경우에는 listening은 평균(또는 중앙값) 보다 높은 점수를 달성했지만, reading 과목에서는 평균(또는 중앙값)과 비슷한 점수를 보이고 있다. 또한 두 점수간 차이는 다른 국가들과 비교할 때 상대적으로 크다.

표 2.6: Listening과 Reading의 점수 차이가 큰 10개국

country	listening	reading	total	difference
KUWAIT	368	277	645	91
PANAMA	324	242	566	82
GREECE	347	267	613	80
MONGOLIA	311	231	542	80
THAILAND	293	218	511	75
INDONESIA	276	204	480	72
KOREA (ROK)	376	304	679	72
INDIA	415	344	759	71
HONG KONG	309	239	548	70
EGYPT	392	323	715	69

줄기-잎 그림은 단순 평균 이상의 분포 구조를 시각적으로 파악할 수 있다. 최근 다양한 그래픽 소프트웨어의 발전으로 이러한 데이터를 보다 효과적으로 시각화(Visualization) 할 수 있는 다양한 방법이 개발되었다. 이에 관해서는 시각화를 다루는 장에서 구체적인 방법을 설명하기로 한다. [그림 2.2]는 국가별 총점과 과목별 평균 점수를 나타낸 것이다. 거의 모든 국가에서 Listening 보다는 Reading 점수가 낮음을 확인할 수 있다. 대한민국은 오렌지색 가로 점선으로 표시하였다.

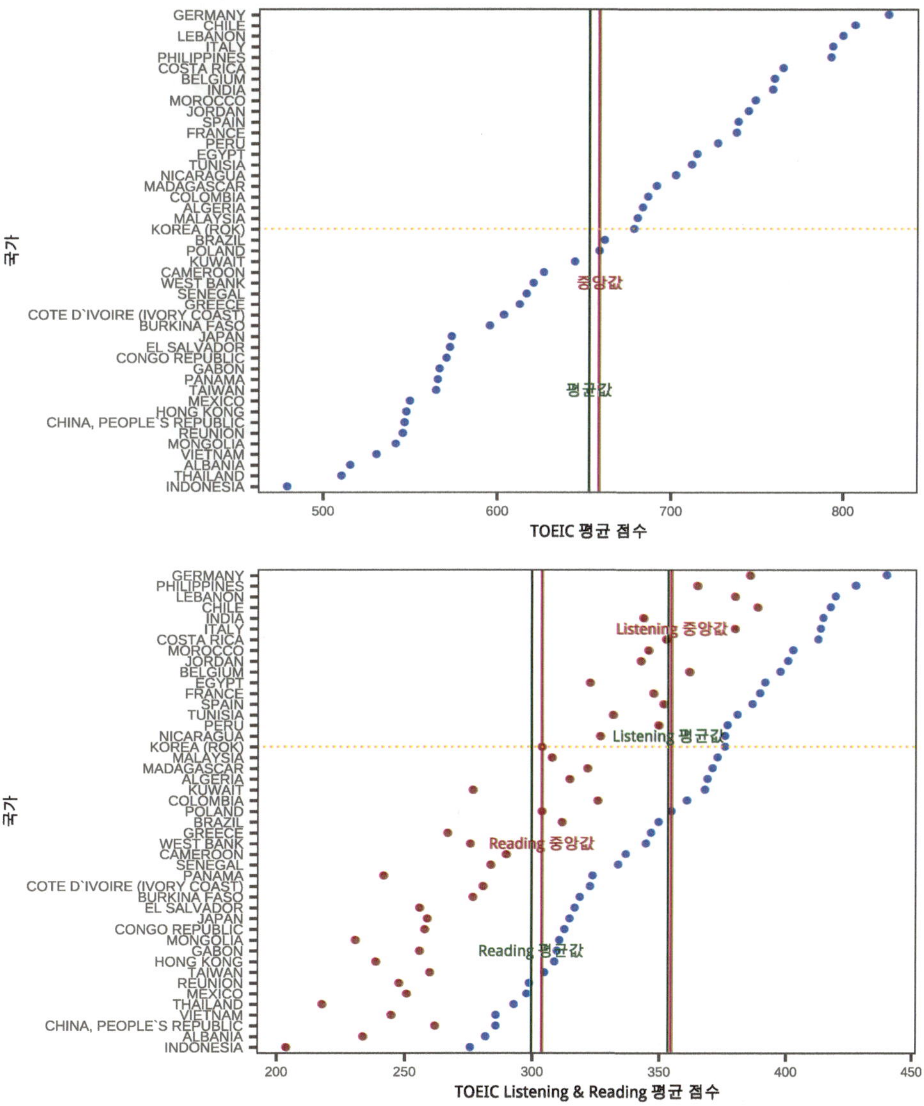

그림 2.2: 2021년 국가별 TOEIC 점수 비교

3 문자 값 요약 Letter Value Summaries

배치(batch)를 요약하는 데에는 평균이나 중앙값 같은 단일 숫자만으로는 부족하다.[1,2]

Summarizing a batch *needs to be better than*
just one number such as mean or median.
J. W. Tukey(1993)

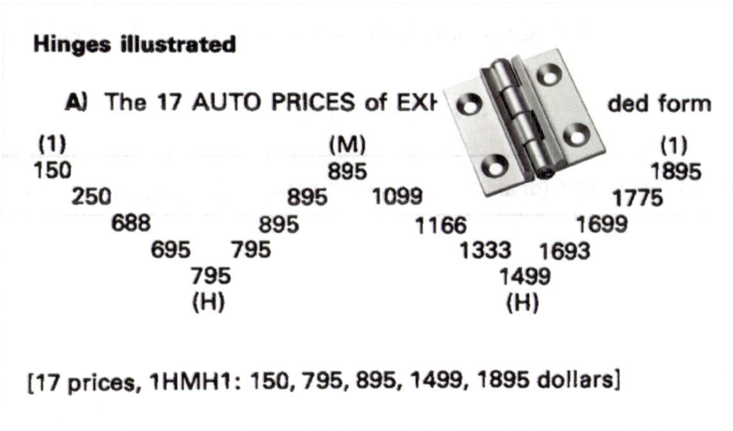

[Tukey, 1977, p.34] Hinge = Fourth = Quartile

데이터로 부터 올바른 정보를 도출하기 위해서는 그림을 통하여 대략적인 분포 구조와 이상점 여부 등을 확인함과 동시에 **차원 축소(dimension reduction)**의 관점에서 의미 있는 숫자(들)로 **요약(summarization)**할 수 있어야 한다. 하지만 특정 집단의 정보를 하나의 값 - **평균, 중앙값** 등 - 만으로 요약하는 것은 중요한 정보를 누락할 가능성을 높인다. **문자값(letter values)**은 이러한 단점을 보완할 목적으로 개발된 **수치 요약 방법**으로 데이터의 중심 성향(central tendency), 산포(spread), 대칭(symmetry) 여부 그리고 추가적인 고찰을 필요로 하는 데이터 식별 등으로 확장 적용할 수 있다.

[1] J. Tukey(1993), Exploratory Data Analysis: Past, Present, and Future. No. 302. Department of Statistics, Princeton University

[2] EDA에서 **배치(batch)**는 하나의 데이터 세트를 의미한다.

먼저 다음의 $n = 5$ 데이터를 작은값에서 큰값으로 재배열해 보자.

[원 데이터] 55, 41, 98, 78, 62 → (재배열) → [순서화된 데이터] 41, 55, 62, 78, 98

이렇게 작은 값에서 큰값으로 나열된 값들의 집합에서 k^{th} 순위를 갖는 값을 k^{th} 순서 통계량(order statistics)이라고 한다[3]. 순서화된 데이터를 이용하여 2 종류의 순위 - 내림 순위(downward rank; drank)와 올림 순위(upward rank; urank) - 를 정의할 수 있다. 이를 이용하여 개별 데이터 $x_i, i = 1, 2, \dots, n$의 깊이(depth)를 정의할 수 있다.

깊이(depth)

데이터의 오름 순위와 내림 순위 중 작은 값을 깊이라고 한다.

$$\text{depth}(x_i) = \min\{\text{drank}(x_i), \text{urank}(x_i)\}, i = 1, 2, \dots, n$$

앞서 고려된 $n = 5$ 데이터의 올림 순위, 내림 순위 그리고 깊이는 [표 3.1]과 같다.

표 3.1: 순위와 깊이 비교

데이터	내림 순위(drank)	올림 순위(urank)	깊이(depth	비고고
41	5	1	1	LO
55	4	2	2	
62	3	3	3	
78	2	4	2	
98	1	5	1	HI

여기서, 올림 순위에서 가장 작은 값을 LO 그리고 가장 큰 값을 HI로 표기하고, 만일 $n > 1$개의 데이터를 고려한다면 다음의 관계가 항상 성립한다[4].

$$\text{drank} + \text{urank} = \text{n} + 1$$

문자 값(letter value)은 중앙값(median; M)을 기초로 개별 데이터의 깊이를 이용한 분위수(quantile)를 [표 3.2]와 같이 정의한다[5]. 여기서 한쪽 꼬리 확률은 연속 분포를 가정하고 계산한 것이다. 중앙값을 제외한 나머지 문자값들은 모두 하한(Lower)과 상한(Upper)을 가지며, 이들의 평균을 해당 문자값의 중앙(mid)이라고 하고 이들의 차이를 해당 문자값의 산포

---

[3] 일반적으로 순서 통계량은 $x_{(1)}, x_{(2)}, \cdots, x_{(n)}$ 으로 표기한다.

[4] LO와 HI는 각각 $x_{(1)}, x_{(n)}$ 또는 x_{min}, x_{max} 로 표기하는 것이 일반적이다. 여기서는 이를 혼용하여 사용한다.

[5] $[\cdot]$은 해당 값의 정수 부분만 선택한다. 예를 들면, $[15.5] = 15$와 같다.

(spread)라고 한다. 이러한 문자값들은 은 데이터의 값(value)이 아니라 순위와 깊이에 따라 정의되므로, 중앙값과 같이 저항성(resistance)을 갖는다.

표 3.2: 문자 값과 이들의 mid(중앙)와 spread(산포)

문자 값	이름	깊이 depth	중앙 mid	산포 spread	한쪽 꼬리 확률
M	중앙값	([n]+1) / 2	–	–	$1/2 = 0.5$
F(H)	4분위수	$([\text{depth}(M)]+1)/2$	$(F_L+F_U)/2$	F_U-F_L	$1/4 = 0.25$
E	8 분위수	$([\text{depth}(F)]+1)/2$	$(E_L+E_U)/2$	E_U-E_L	$1/8 = 0.125$
D	16 분위수	$([\text{depth}(E)]+1)/2$	$(D_L+D_U)/2$	D_U-D_L	$1/16 = 0.0625$
C	32 분위수	$([\text{depth}(D)]+1)/2$	$(C_L+C_U)/2$	C_U-C_L	$1/32 = 0.03125$
B	64 분위수	$([\text{depth}(C)]+1)/2$	$(B_L+B_U)/2$	B_U-B_L	$1/64 = 0.015625$
A	128 분위수	$([\text{depth}(B)]+1)/2$	$(A_L+A_U)/2$	A_U-A_L	$1/128 = 0.007813$
Z	258 분위수	$([\text{depth}(A)]+1)/2$	$(Z_L+Z_U)/2$	Z_U-Z_L	$1/256 = 0.003906$
Y	512 분위수	$([\text{depth}(Z)]+1)/2$	$(Y_L+Y_U)/2$	Y_U-Y_L	$1/512 = 0.001953$
X	1024 분위수	$([\text{depth}(Y)]+1)/2$	$(X_L+X_U)/2$	X_U-X_L	$1/1024 = 0.000098$

예를 들어, $n = 30$ 이라면, depth(M) = 15.5가 되고, 이는 올림 순위의 15번째 그리고 16번째 값의 평균으로 정의된다. 4 분위수 F의 경우에는 depth(F) = ([15.5] + 1)/2 = 8으로 올림 순위와 내림 순위의 8번째 값으로 각각 L(Lower)와 U(Upper)인 2개의 값을 갖게 된다.

데이터의 수가 충분히 큰 경우에는 정의된 모든 문자 값을 활용할 수 있다. [그림 3.1]은 여러 가지 분포 형태에 대한 mid와 spread의 관계를 보여준다. 만일 data(a)와 같이 각 분위수의 mid 값이 거의 동일하다면 데이터의 구조가 좌우 대칭(symmetric)이라는 증거가 된다. data(b)와 같이 mid와 spread간의 관계가 양(+)의 기울기에 가깞다면, 분포는 양(+)의 왜도(skewness)를 갖고 data(c)와 같이 음(-)의 기울기에 가깝다면 분포는 음(-)의 왜도를 갖는다. 단, 이러한 진단은 단봉(unimodal) 구조에만 적용 가능하다.

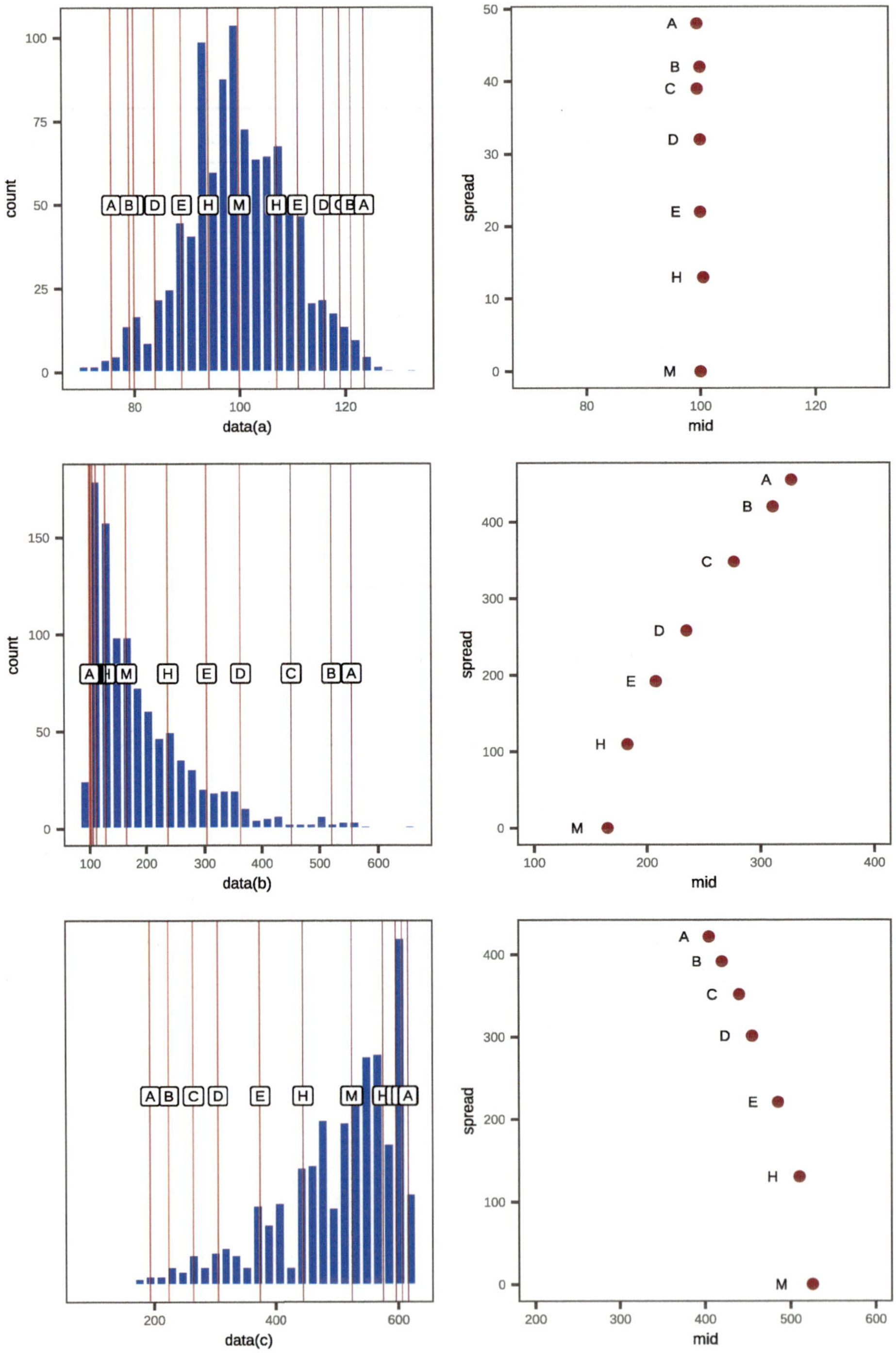

그림 3.1: 분포의 형태에 따른 문자값과 (mid, spread)간의 관계

3.1 문자 값의 응용

문자값을 활용한 가장 간단한 요약 방법은 5-숫자 요약(5-number summary)이다. 이는 데이터의 전체적인 구조에 대한 대략적인 정보를 확인할 수 있고, 상자 그림(box plot)의 기초가 된다.

5-숫자 요약(5-number summary)

$$\{\mathrm{LO},\ \mathrm{F_L},\ \mathrm{M},\ \mathrm{F_U},\ \mathrm{HI}\}\quad \text{또는}\quad \{x_{min},\ Q_1,\ \mathrm{M},\ Q_3,\ x_{max}\}$$

[그림 3.2]는 Tukey 교수가 제안한 5-숫자 요약을 표현하는 기준 형식이다. 네모 상자에 일정한 형식을 이용하여 정보를 쉽게 구별할 수 있도록 배치하였다. 예시를 보면 2021년 직업별 평균 연봉 데이터는 총 621개의 직업에 대하여 조사되었으며, 중앙값은 3137만원이다. 그리고 중앙의 50% 직업의 연봉은 약 2400만원에서 3900만원 사이 이며 최소 연봉은 1036만원 그리고 최대 연봉은 13057만원임을 확인할 수 있다. 만일 더 많은 문자값을 반영하고자 한다면, 사각형에서 선이 없는 아래 쪽으로 확장해 가면서 적용할 수 있다.

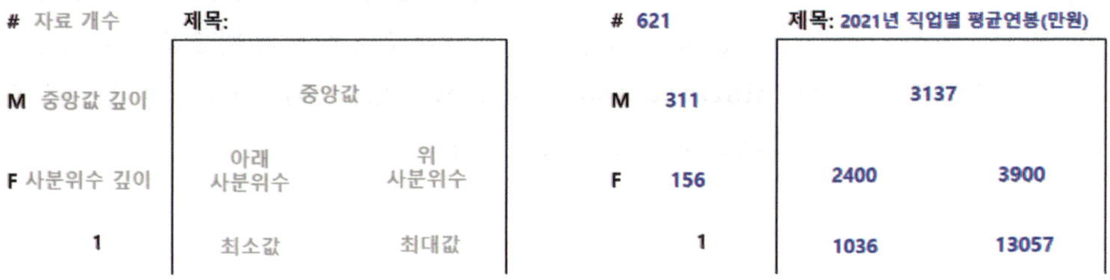

(a) 5-숫자 요약표, Tukey(1977) p. 33 (b) 5-숫자 요약표(예시)

그림 3.2: 5-숫자 요약 방법

데이터의 중심 성향을 판단하는데 사용되는 일반적인 통계량은 평균($\bar{x}$)이지만, 탐색적 단계에서는 다음의 이유로 중앙값(M)을 선호한다.

- 중앙값은 상/하위 50%에 해당하는 값으로 평균보다 해석이 직관적이다.
- 중앙값은 극단값의 영향을 덜 받는다.

실제로 평균은 주어진 모든 데이터를 이용하여 계산되지만, 중앙값은 순위(rank)를 기초로 1개(또는 2개)의 값만을 사용한다는 단점이 있다. 이를 보완하기 위하여 중앙값과 2개의 사분위수를 반영한 삼평균(tri-mean; TM)을 사용할 수 있다[6]. 이는 순위에 기초하므로 일부 극단값들에 대한 저항성을 갖는다.

[6] 이를 Tukey's tri-mean이라고 하고, F_L과 F_U는 각각 Q_1과 Q_3로도 표기한다.

삼평균(tri-mean)

$$TM = \frac{F_L + 2M + F_U}{4} = \frac{1}{2}\left(M + \frac{F_L + F_U}{2}\right)$$

표준편차(standard deviation; s)는 가장 널리 사용되는 산포를 나타내는 값이다. 하지만 이는 평균과 같이 일부 극단값들의 영향을 크게 받는다. 이러한 이유로 탐색적 단계에서는 표준 편차와 범위(range, R) 보다는 저항성을 갖는 사분위수-범위(fourth-spread)를 선호한다[7]. 이는 전체 데이터 중심 부분 50%의 데이터를 포함하는 범위를 말한다.

사분위수 범위(fourth-spread)

$$spr(F) \equiv d_F = F_U - F_L$$

분포의 형태(shape)는 탐색적 단계 뿐만 아니라 거의 모든 데이터 분석에서 고려해야할 중요한 정보이다. 단봉(unimodal) 구조의 가정하에서 분포의 형태에 대한 요약 값으로 왜도와 첨도를 사용한다. 왜도(skewness)는 데이터가 좌우 대칭의 형태로 부터 양(+) 또는 음(-)으로 치우친 정도를 나타내는 값이고, 첨도(kurtosis)는 데이터의 꼬리 부분의 비중을 나타내는 값으로 일반적으로 정규분포(normal distribution)를 기준으로 양(+)과 음(-)을 판단한다. 탐색적 단계에서는 문자 값을 응용하여 왜도와 첨도를 정의한다[8].

왜도(skewness)

$$S = \frac{(F_U - M) - (M - F_L)}{(F_U - M) + (M - F_L)}, \quad -1 < S < 1$$

- $S \approx 0$, 데이터의 분포는 좌우 대칭의 형태이다.
- $S > 0$, 데이터의 분포는 오른쪽 긴꼬리 형태이고, 1에 가까울수록 그 정도가 심하다.
- $S < 0$, 데이터의 분포는 왼쪽 긴꼬리 형태, -1에 가까울수록 그 정도가 심하다.

---

[7] 대부분의 데이터 분석에서 이를 Inter-Quartile Range라고 부르고, IQR로 표기한다.

[8] 일반적으로 적률 함수 $m_k = E(X-\mu)^k, \quad k = 2, 3, \ldots$ 를 이용하여, 왜도는 $S = \frac{m_3}{m_2^{3/2}}$ 그리고 첨도는 $K = \frac{m_4}{m_2^2} - 3$를 사용한다. 이들은 모두 극단값의 영향을 많이 받는다.

첨도(kurtosis)

$$K_{E/F} = \frac{E_U - E_L}{F_U - F_L} - 1.704 = \frac{spr(E)}{spr(F)} - 1.704$$

또는

$$K_{D/F} = \frac{D_U - D_L}{F_U - F_L} - 2.274 = \frac{spr(D)}{spr(F)} - 2.274$$

- $K \approx 0$, 데이터의 분포는 정규분포와 유사한 꼬리 부분의 비중을 갖는다.
- $K > 0$, 데이터의 분포는 정규분포보다 **꼬리 부분의 비중이 높고**, 값이 클수록 그 정도가 심하다.
- $K < 0$, 데이터의 분포는 정규분포보다 **꼬리 부분의 비중이 낮고**, 값이 작을수록 그 정도가 심하다.

이상점(outliers)이란 집단 또는 패턴을 벗어난 소수의 데이터 값을 말한다. 이는 잘못 측정되거나 다른 집단으로 부터 혼합된 데이터일 가능성이 높으므로 탐색적 단계에서 이를 선별하여 검토할 수 있어야 한다. 만일 이러한 검토 없이 분석 방법을 적용한다면, 중심 성향과 산포의 척도의 값이 대표성을 갖지 않으며 전체적인 경향성 또한 왜곡될 수 있다. 이러한 이상점을 체계적으로 선별하기 위한 한계값으로 Tukey's **펜스(FENCES)**를 사용한다.[9].

펜스(FENCES)

$$FENCE_L = F_L - \text{STEP} = F_L - [k \times (F_U - F_L)]$$

$$FENCE_U = F_U + \text{STEP} = F_U + [k \times (F_U - F_L)]$$

여기서 $\text{STEP} = k \times d_F = k \times (F_U - F_L),\ k = 1.5,\ 2.0,\ 2.5,\ 3.0,\ 3.5$

일반적으로 $k = 1.5$를 적용하여 이상점을 구별하고, $k = 3.0$인 경우에는 극단 이상점(far outliers)으로 진단한다. 지정된 FENCES를 벗어난 이상점들은 데이터의 적절성 여부를 확인하고, 필요하다면 제거/수정/보완을 해야 한다. 만일 이러한 대책을 적용할 수 없다면, 반드시 강건성을 갖는 분석 방법을 적용해야 한다.

[9] 정의된 펜스를 `inner fences`라고 하고, $2 \times STEP$을 적용한 펜스를 `outer fences`라고 한다.

3.2 정규 분포와 문자값

정규분포(normal distribution)은 단일 연속형 변수의 분포로 가장 널리 사용되는 분포이다. 이를 기준으로 문자값과 이를 응용한 다양한 요약값들을 비교해 보기로 한다. [그림 3.3]은 중심에서 50% 확률을 갖는 **표준 정규 확률 변수** Z의 범위이다.

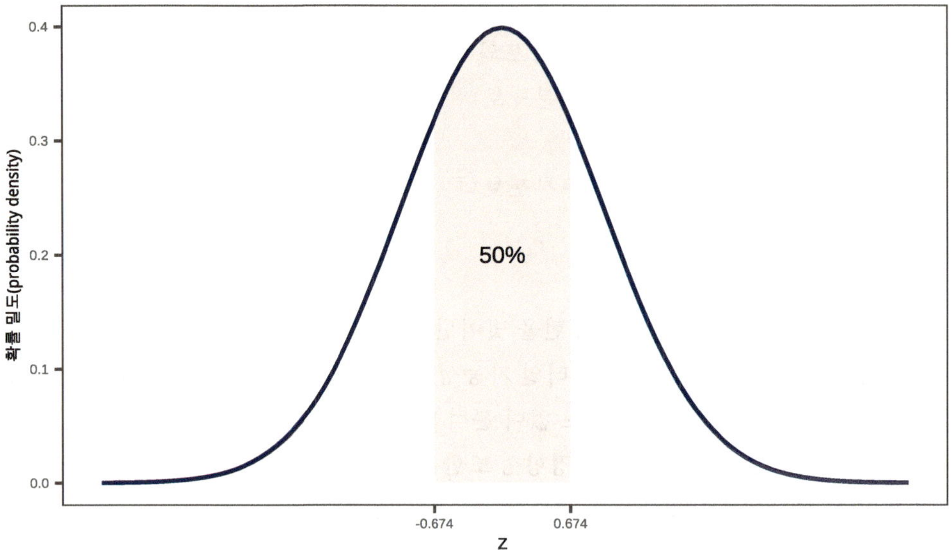

그림 3.3: 표준 정규 분포의 중앙의 50% 확률값을 갖는 범위

따라서 정규 분포 $N(\mu, \sigma^2)$ 일 때의 사분위수 범위 d_F는 다음과 같다.

$$d_F = F_U - F_L = \mu + 0.6745\sigma - (\mu - 0.6745\sigma) = 1.349\sigma$$

이를 이용하여 사분위수 범위를 이용한 가표준편차 (pseudo-sigma) $\tilde{\sigma}_F$를 정의할 수 있다. 이는 사분위수 범위로 정의되므로 일반 표준편차와 달리 저항성을 갖는다.

$$\tilde{\sigma}_F = d_F/1.349$$

[표 3.3]은 8분위수(E), 16분위수(D) 등을 이용하여 가표준편차를 확장 적용한 결과이다.

만일 서로 다른 분위수들로 부터 정의된 가표준편차들이 다음과 같이 비슷한 값을 갖는다면, 고려하고 있는 데이터의 분포가 좌우 대칭(symmetric)이라는 강한 증거가 된다.

$$\tilde{\sigma}_F \approx \tilde{\sigma}_E \approx \tilde{\sigma}_D \approx \tilde{\sigma}_C$$

또한 정규분포를 가정하고 데이터의 이상점 진단을 위하여 $k = 1.5$하에서 FENSES를 정의하면 다음과 같다.

표 3.3: 분위수를 이용한 가표준편차(peudosigma)의 확장

분위수	정규분포의 분위수 범위	가표준 편차
8분위수(E)	$(\mu + 1.15\sigma) - (\mu - 1.15\sigma) = 2.30\sigma$	$\tilde{\sigma}_E = \text{spread}(E)/2.30$
16분위수(D)	$(\mu + 1.535\sigma) - (\mu - 1.535\sigma) = 3.07\sigma$	$\tilde{\sigma}_D = \text{spread}(D)/3.07$
32분위수(C)	$(\mu + 1.863\sigma) - (\mu - 1.863\sigma) = 3.73\sigma$	$\tilde{\sigma}_C = \text{spread}(D)/3.73$

$$
\begin{aligned}
F_L - STEP &= \mu - 0.6745\sigma - 1.5(1.349)\sigma \\
&= \mu - 2.6980\sigma \\
F_U + STEP &= \mu + 0.6745\sigma + 1.5(1.349)\sigma \\
&= \mu + 2.6980\sigma
\end{aligned}
$$

따라서, 이론적으로 정규분포 하에서의 Tukey's fences를 벗어날 확률은 0.007 이다. 하지만 표본의 경우에는 그 크기에 따라 이상점이 발생할 비중은 서로 달라질 수 있다. 일반적으로 표본의 크기가 큰 경우에는 k값을 1.5보다 크게 가정하고 이상점을 진단하는 것이 효과적이다.

3.3 Python의 활용 Using Python

5-숫자 요약과 문자 값 그리고 문자값의 응용에서의 왜도와 첨도 등은 계산 과정이 간단하므로 직접 함수를 작성하여 사용한다. 이는 사용자 정의 함수 `eda_tools.py`에 정의되어 있다[10].

사용자 정의 함수 불러오기

```
%run eda_tools.py                                      # JupyterLab
reticulate::py_run_file("eda_tools.py")                # RStudio
```

`fivenum(x, na_rm=True)`

인수	설명	기본값
x	분석 대상이 되는 수치형 벡터 또는 리스트	필수
na_rm	결측값(NA 또는 np.nan)을 제거할지 여부를 지정하는 논리값	True

[10] R에서는 `stats::`, `tukeyedar::`의 패키지에서 다양한 요약값들의 함수들을 제공한다.

lsum(x, l=5, all=True)

인수	설명	기본값
x	수치 벡터 또는 수치 리스트로 요약할 대상 데이터	필수
l	요약할 문자 값 수준(최대 9까지 허용)	5
all	산출값에 spread, lower, upper 포함 여부	True

실습 2. *2021*년 국내 *621*개 직업의 평균 연봉 <occupation.csv>

다음은 2021년 국내 621개 직업의 평균 연봉(단위:만원)과 해당 직업 종사자들이 생각하는 미래의 일자리 증가에 대한 전망(%)을 조사한 것이다[11].

데이터 불러오기

```
import pandas as pd
data_path = "E:/_data/eda/"                          # 데이터 경로 지정
job21 = pd.read_csv(data_path + "occupation.csv")
```

데이터 구조 확인

변수와 케이스의 수 그리고 변수의 유형을 확인하고, 결측값(missing values; NA)의 존재 여부를 확인한다.

[11] 한국고용정보원 <http://www.work.go.kr/>, KOSIS 국가 통계포털 <https://kosis.kr/>

```
job21.info()
```

```
<class 'pandas.core.frame.DataFrame'>
RangeIndex: 621 entries, 0 to 620
Data columns (total 3 columns):
 #   Column    Non-Null Count  Dtype
---  ------    --------------  -----
 0   job       621 non-null    object
 1   annual    621 non-null    int64
 2   positive  621 non-null    float64
dtypes: float64(1), int64(1), object(1)
memory usage: 14.7+ KB
```

```
job21.isna().sum().sum()                                          # 결측값 총합
```

```
0
```

```
job21.head(6)
```

```
       job  annual  positive
0  119구조대원   3316      0.78
1   CRM전문가   3710      0.67
2   ERP전문가   3739      0.59
3   GIS전문가   3534      0.58
4     IT강사   1795      0.14
5   IT컨설턴트   4303      0.69
```

데이터는 직업명을 기록한 job, 평균 연봉을 기록한 annual 그리고 직업에 대한 긍정 전망 비율인 positive의 변수들과 621개의 케이스로 구성되어 있으며 결측값은 존재하지 않는다. annual을 이용하여 줄기-잎 그림을 그려보면 다음과 같다.

✿ 대략적 분포 구조 확인

```
stem_leaf(job21["annual"], unit = 100, m = 5)
```

```
 1 | 2: represents 1200
 leaf unit: 100
```

```
n: 621

  11   11  1* | 00011111111
  19    8  1t | 23333333
  34   15  1f | 444444455555555
  50   16  1s | 6666667777777777
  72   22  1. | 8888888899999999999999
 105   33  2* | 000000000000000000111111111111111
 155   50  2t | 22222222222222222222333333333333333333333333333333
 201   46  2f | 4444444444444444444444555555555555555555555555
 239   38  2s | 66666666666666666666777777777777777777
 281   42  2. | 888888888888888888888888888889999999999999
(46)   46  3* | 0000000000000000000011111111111111111111111111
 294   45  3t | 222222222222222222222223333333333333333333333
 249   49  3f | 4444444444444444444444444555555555555555555555555
 200   31  3s | 6666666666666667777777777777777
 169   28  3. | 8888888888888899999999999999
 141   14  4* | 00000000111111
 127   21  4t | 222222222333333333333
 106   21  4f | 444444444444455555555
  85   13  4s | 6666667777777
  72   14  4. | 88889999999999
  58    7  5* | 0011111
  51   10  5t | 2222223333
  41    2  5f | 45
  39    3  5s | 667
  36    4  5. | 8899
  32    5  6* | 00111
  27    7  6t | 2222233
  20    2  6f | 45
  18    0  6s |
  18    3  6. | 899
  15    3  7* | 011
  12    4  7t | 2333
   8    2  7f | 44
   6    1  7s | 7
   5    0  7. |
   5    0  8* |
   5    1  8t | 2
   4    1  8f | 5
```

```
3    0  8s |
3    0  8. |
3    0  9* |
3    0  9t |
3    0  9f |
3    0  9s |
3    0  9. |
3    1  10* | 1
2    0  10t |
2    0  10f |
2    0  10s |
2    0  10. |
2    0  11* |
2    0  11t |
2    0  11f |
2    0  11s |
2    0  11. |
2    0  12* |
2    1  12t | 2
1    0  12f |
1    0  12s |
1    0  12. |
1    1  13* | 0
0    0  13t |
0    0  13f |
0    0  13s |
0    0  13. |
```

중앙값은 약 3,000(만원) 정도이며, 1,000~5,000(만원)의 구간에서 대략적으로 좌우 대칭 구조를 갖고 값들이 집중되어 있다. 평균 연봉이 높은 직업이 다수 존재한다. 좀 더 정확한 분위수를 확인하기 위하여 5-숫자 요약을 계산해 보면 다음과 같다.

5-숫자 요약과 최대/최소값 확인

```
fivenum(job21["annual"])
```

```
{'min': 1036, 'Q1': 2400, 'median': 3137, 'Q3': 3900, 'max': 13057}
```

```
max_val = job21["annual"].max()
min_val = job21["annual"].min()
print(f"최소값 = {min_val}, 최대값 = {max_val}")
```

```
최소값 = 1036, 최대값 = 13057
```

중앙값은 3,137(만원)이며, 최소 연봉은 1,036(만원)그리고 최대 연봉은 13,057(만원)으로 약 12배의 차이를 보인다. 설문조사원이 최소 평균 연봉을 받고 있으며, 도선사가 최대 연봉을 받고 있음을 확인할 수 있다.

```
job21[(job21["annual"] == max_val) | (job21["annual"] == min_val)]
```

	job	annual	positive
138	도선사	13057	0.60
265	설문조사원	1036	0.53

전체 직업 중 2400(만원) ~ 3900(만원)의 범위에 중앙의 50%에 해당하는 평균 연봉이 분포하고 있으며, 상위 25%에 해당하는 연봉의 범위는 3,900(만원)~13,057(만원) 범위으로 단일 집단으로 판단하기 어렵다. 이를 세분화하기 위하여 문자값을 확장하여 적용하면 다음과 같다.

문자값 계산

```
lsum(job21["annual"], l=9)
```

	letter	depth	percent	lower	mid	upper	spread
0	M	311	50.081	3137.0	3137.0	3137.0	0.0
1	H	156	25.121	2400.0	3150.0	3900.0	1500.0
2	E	78	12.560	2039.0	3376.5	4714.0	2675.0
3	D	39	6.280	1688.0	3642.5	5597.0	3909.0
4	C	20	3.221	1409.0	3938.0	6467.0	5058.0
5	B	10	1.610	1195.5	4277.0	7358.5	6163.0
6	A	5	0.805	1144.0	4576.0	8008.0	6864.0
7	Z	3	0.483	1084.0	5592.0	10100.0	9016.0
8	Y	2	0.322	1054.0	6628.5	12203.0	11149.0

여기서, `percent`는 각 문자값의 한쪽 비중을 백분율로 표현한 것이다. 계산된 백분율(percent)을 보면, 평균 연봉이 1,054(만원) 이하 또는 12,203(만원) 이상은 고려된 전체 직업 중에서 약

0.32 %임을 확인할 수 있다. 또한, 문자값 수준이 M에서 H, E, D, …와 같이 점점 깊어질수록 mid 값이 꾸준히 증가하고 있으며, 동시에 spread 값 또한 점점 커지는 양상을 보인다. 이러한 패턴은 중앙값에서 멀어질수록 해당 구간의 값들이 더 크고, 그 범위(산포)도 넓어지고 있음을 의미한다. 다시 말해, 데이터가 오른쪽(상위 값)으로 갈수록 값의 분산이 커지며 더 넓게 퍼져 있다는 것을 보여준다. 이러한 패턴은 데이터의 분포가 양의 왜도를 갖는다고 해석할 수 있다.

문자값의 응용: tsk(x, na_rm=True)

- 함수 tsk()는 단일 벡터로 부터 삼평균과 문자값에 기초한 왜도(S)와 첨도(K)를 구하는 함수이다.

```
result = tsk(job21["annual"])
print(result)
```

```
   tri-mean      s     ke    kd
0    3143.5  0.017  0.043  0.32
```

삼평균은 3,144(만원)으로 중앙값인 3,137(만원)과 큰 차이가 없다. 왜도 $S = 0.017$로 오른쪽으로 긴 꼬리를 갖고 있는 것으로 판단된다. 계산된 2 개의 첨도는 $K = 0.043, 0.32$으로 꼬리의 비중이 정규분포와 비교할 때 큰 것을 알수 있다. 이러한 분포의 형태는 문자값 요약에서의 mid와 spread간의 관계를 통하여 확인할 수 있다. [그림 3.4]를 보면, 각 문자값의 mid가 증가할수록 spread 역시 증가하는 것을 볼 수 있다. 이는 [그림 3.1]에서 확인했듯이 양의 왜도를 갖는 분포 형태임을 알 수 있다.

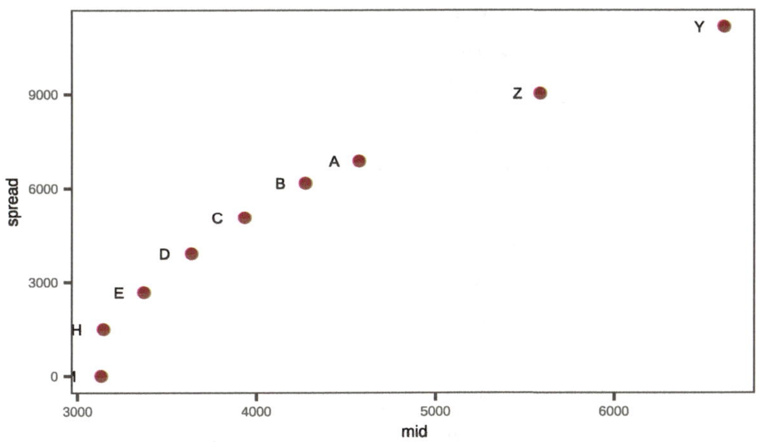

그림 3.4: 직업별 연봉 데이터의 개별 문자값에 대한 mid와 spread간의 관계

마지막으로 이상점 판별을 위한 한계값 설정에 대하여 알아보자. 다음의 함수 fence는 단일 벡터에 대하여 주어진 $k > 0$값에 따라 Tukey's FENSE를 벗어나는 값들을 식별해 준다.

fence(x, na_rm=True)

```
fence_result = fence(job21["annual"], k = 1.5)
print(fence_result)
```

```
(150.0, 6150.0)
```

$k = 1.5$를 가정했을때 펜스의 하한은 150(만원) 그리고 상한은 6150(만원)으로 결정되었다. 연봉이 150(만원)보다 작은 직업은 없으므로, 연봉이 6150만원을 넘는 28개 직업들이 검토 대상이 된다. 이를 확인해 보면 다음과 같다.

```
outliers = job21[job21["annual"] >= 6150]
outliers = outliers.sort_values(by="annual", ascending=False)
print(outliers.to_string(index=False))
```

```
           job   annual   positive
          도선사  13057       0.60
        기업고위임원  12203       0.63
          변호사  10100       0.59
         국회의원   8500       0.33
        항공기조종사   8276       0.79
         감정평가사   7740       0.43
     대학교 총장 및 학장   7486       0.23
         내과의사   7438       0.70
        금융관련관리자   7370       0.29
        토목감리기술자   7359       0.67
시장 및 여론조사 사업운영관리자   7358       0.75
          한의사   7267       0.77
          세무사   7146       0.47
         치과의사   7100       0.42
        프로농구선수   7039       0.52
         안과의사   6913       0.56
        인문계열교수   6907       0.18
        자연계열교수   6862       0.50
        공학계열교수   6596       0.52
        산부인과의사   6467       0.16
        의약계열교수   6378       0.59
```

```
   피부과의사   6309       0.37
     회계사   6298       0.36
    외환딜러   6288       0.69
  사회계열교수   6269       0.40
  프로축구선수   6239       0.66
 예체능계열교수   6204       0.19
  교육계열교수   6154       0.22
```

Python은 함수 내에서 다른 함수를 호출할 수 있다. 따라서, 개별 작성된 함수들은 하나의 함수로 통합하여 그 결과를 확인할 수 있다. 다음은 문자값의 응용에서 설명된 다양한 요약값들의 통합 함수이다.

함수의 정의: 기존 함수의 통합

- def는 define의 줄임말로, 새로운 함수를 정의할 때 사용한다.
- 함수 이름과 괄호 안의 인자 목록을 지정한 뒤, 콜론(:)으로 정의 블록이 시작된다.
- 함수 본문은 들여쓰기(space 4칸) 이후에 작성하며, 이는 블록 구조를 구분하는 데 필수적이다.
- return은 함수의 실행 결과를 지정하여 반환하고, 함수의 실행을 종료한다. 반환값이 지정되지 않으면 기본적으로 None이 반환된다.

```python
def letter_ext(x, k=1.5, na_rm=True):
    tsk_result = tsk(x)                                  # 기존 tsk() 함수
    fence_result = fence(x, k=k, na_rm=na_rm)            # 기존 fence() 함수
    return {"tsk": tsk_result, "fence": fence_result}
```

함수의 실행과 결과의 확인 방법은 다음과 같다.

```python
result = letter_ext(job21["annual"])
print(result)                                            # 전체 결과
```

```
{'tsk':    tri-mean      s     ke     kd
0    3143.5  0.017  0.043  0.32, 'fence': (150.0, 6150.0)}
```

```python
print(result["tsk"])                                     # 선택 결과: tsk
```

```
   tri-mean      s     ke     kd
0    3143.5  0.017  0.043  0.32
```

```
print(result["fence"])                                    # 선택 결과: fence
```

```
(150.0, 6150.0)
```

만일 특정 평균 연봉의 직업을 탐색하고자 한다면 해당 직업들을 선별한 후 검토할 수 있다. 예를 들어, 평균 연봉 5000(만원)~5500(만원)을 고려한다면 해당 직업은 다음과 같다.

```
filtered = job21[(job21["annual"] >= 5000) & (job21["annual"] <= 5500)]

print(filtered.sort_values(by="annual"))
```

표 3.4: 평균 연봉 5000–5500(만원)을 갖는 직업군

직업	연봉	긍정률
이비인후과의사	5000	0.48
투자인수심사원(투자언더라이터)	5017	0.63
금융자산운용가	5111	0.87
초등학교 교장 및 교감	5138	0.40
신용분석가	5152	0.43
프로경륜선수	5178	0.19
방송제작관리자	5179	0.59
건설 및 광업관련 관리자	5211	0.31
정신과의사	5211	0.78
성형외과의사	5260	0.81
정치학연구원	5268	0.30
지적 및 측량기술자	5268	0.32
방사선과의사	5279	0.33
판사	5315	0.88
정보통신관련 관리자	5317	0.55
경영컨설턴트	5341	0.79

중고등학교 교장 및 교감	5380	0.08
연극 • 영화 및 방송기술감독	5460	0.40

□

데이터로 부터 원하는 평균 연봉의 직업을 결정하였다면, 추가로 해당 직업을 얻기 위하여 어떤 준비 과정이 필요한지를 추가로 탐색해볼 필요가 있다. 또한 미래 전망 역시 고려해야 한다. [그림 3.5]는 각 직업의 평균 연봉과 해당 직업에 종사하는 사람들을 대상으로 설문 조사된 미래 전망과의 관계이다. 먼저 전체 직업의 평균 연봉과 미래 전망을 확인한 후에 그림에서 구별되지 않는 평균 연봉의 범위를 5000(만원)~5500(만원) 만을 선별하여 다시 그림에 표기하였다.

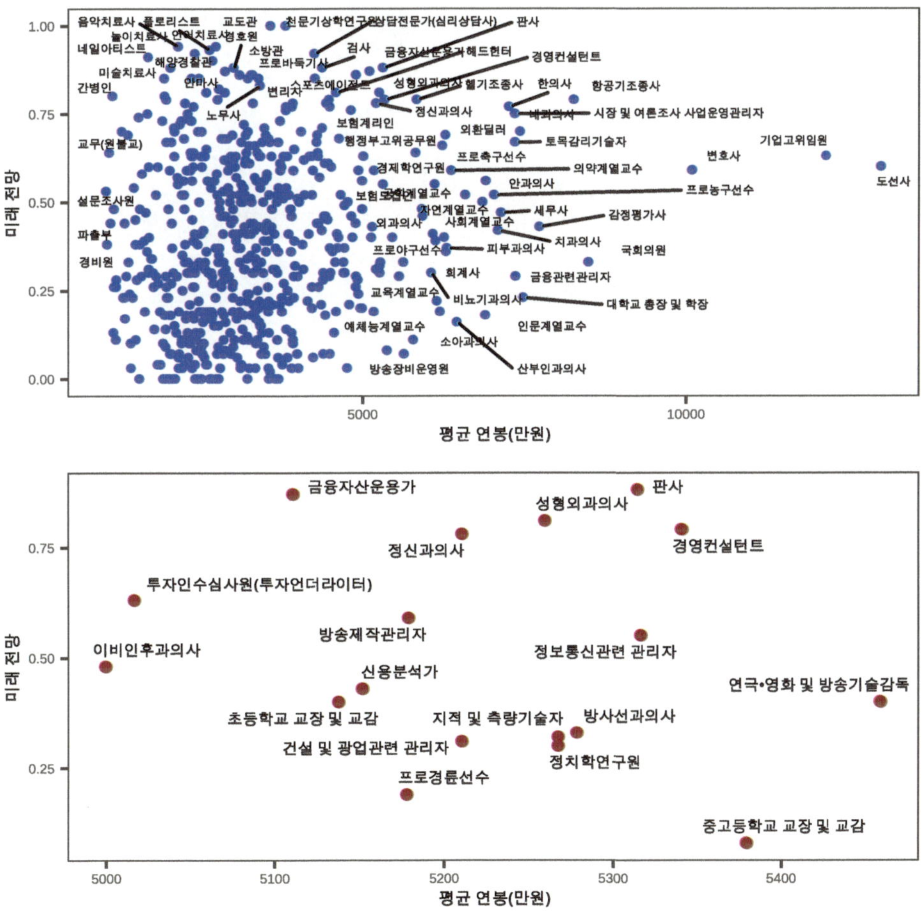

그림 3.5: 직업별 평균 연봉과 미래 전망

4 박스 그림과 그 응용
Box Plots and Their Applications

그림만큼 잊고 있던 질문들을 다시 떠올리게 해주는 것도 없다.[1].

There is nothing better than a picture
for making you think of questions you had forgotten to ask (even mentally).
J. W. Tukey(1977)

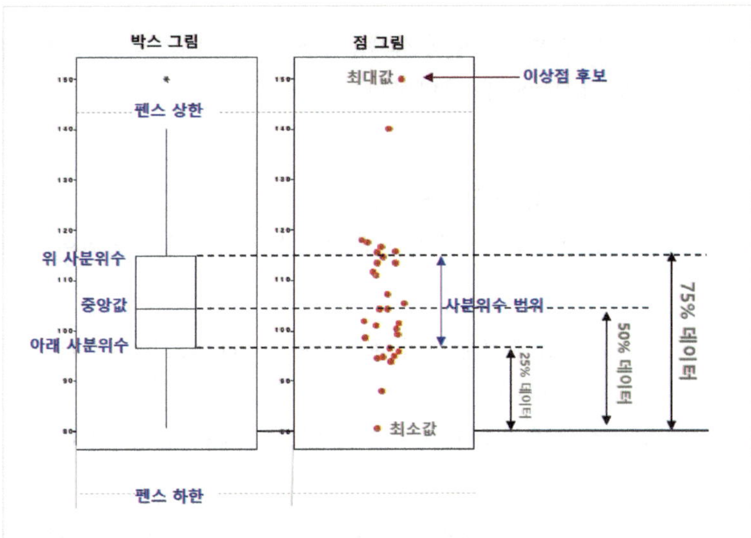

박스 그림(box plot) 또는 박스-수염 그림(box-whisker plot)은 [제 3 장]의 문자 값과 그 응용에서 다루었던 중앙값, 사분위수, 범위 등의 요약값들을 시각적으로 표현한 그림이다. 이 그림은 개별 집단의 중심과 산포를 한눈에 파악할 수 있을 뿐 아니라, 여러 집단 간의 분포 차이를 직관적으로 비교하는 데에도 유용하다. 특히 이상값(outlier)을 체계적으로 표현함으로써, 데이터의 전반적인 구조와 특징을 이해하는데 도움이 된다. 따라서 박스 그림은 탐색적 자료 분석뿐만 아니라 통계적 의사결정의 사전 판단에도 널리 활용된다.

[1] Tukey, J. W.(1977). Exploratory data analysis, Reading, MA

기본적인 박스 그림은 다음과 같은 순서로 도시한다.

박스 그림(box plot)의 생성

1. 중앙값과 사분위수를 계산한다.
2. 사분위수 상한과 하한을 박스(box)로 감싸고 중앙값의 위치에 선을 넣는다.
3. $k = 1.5$를 가정하고 펜스(fence)의 상한과 하한을 계산한다.
4. 펜스의 상한과 하한 내의 마지막 값까지를 박스의 중앙에서 선으로 연결한다.
5. 펜스의 상한과 하한을 벗어나는 값들은 다른 기호로 그 값을 표시(*)한다.

박스 그림에서 표현 가능한 정보와 장점과 단점은 다음과 같다.

박스 그림(Box Plots)의 정보와 장단점

표현 가능한 정보

- 연속형 데이터의 분포 특징 - 중심 성향, 산포 등 - 을 시각적으로 표현한다.
- 데이터의 이상점(outliers)을 진단한다.

단점

- 고려된 데이터의 수(n)를 확인할 수 없다.
- 서로 다른 집단이 혼합(Mix)된 다봉 구조(multi-modal)를 진단하지 못한다.

활용 팁

- 점 도표(dot plot)과 함께 표현하여 대략적인 데이터의 수, 데이터 밀집도 그리고 군집 여부를 확인한다.
- 데이터의 해석 목적에 따라 가로와 세로 형태를 선택하여 표현한다.

박스 그림은 데이터 구조에 대한 직관적인 이해를 돕고, 분포의 형태와 퍼짐에 대한 유용한 정보를 제공한다. 특히 중심 위치, 산포 범위, 이상점 등 다양한 요약 정보를 하나의 그림으로 전달할 수 있다는 점에서 매우 실용적이다. 그러나 박스 그림은 사분위수 범위(IQR)를 기준으로 일정한 길이의 펜스(fence)를 양쪽으로 설정하여 이상값을 진단하므로, [그림 4.1]과 같이 양(+) 또는 음(-)의 왜도(skewness)를 갖는 분포 구조에서는 정상적인 데이터도 이상값으로 분류될 가능성이 있다. 또한 데이터의 수가 충분히 많을 경우, 대칭적인 분포에서도 일부 관측값이 펜스를 벗어날 수 있으므로, 단순히 박스 그림만으로 이상점을 판단하고 제거해서는 안되고, 해당 데이터 값들의 출처와 타당성을 실무적으로 점검한 후 제거 여부를 결정해야 한다[2].

[2] 이는 [제 3 장]에서 설명된 것처럼 정규 분포인 경우에도 $k = 1.5$를 가정한 펜스의 범위를 벗어날 확률은 약 0.007이기 때문이다.

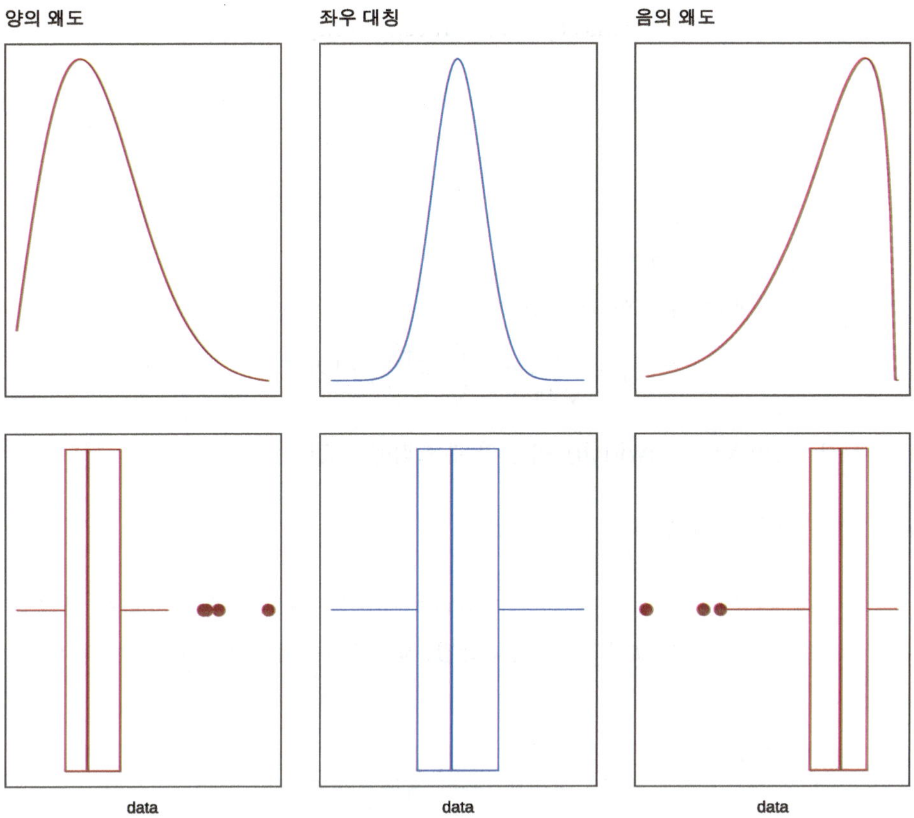

그림 4.1: 분포의 형태에 따른 박스 그림과 이상점

박스 그림의 단점을 보완하기 위해서는 [그림 4.2]에서와 같이 **점 그림(dot plot)**을 박스 그림 위에 중복하여 나타내거나, 다봉 구조(multimodal structure)를 표현할 수 있는 **바이올린(violin) 그림**을 사용하는 것이 효과적이다. 여기서 바이올린 그림이란, 박스 그림의 기본 구조에 **커널 밀도 추정(kernel density estimation; KDE)**을 적용하여 생성된 확률 밀도 함수의 형태를 반영한 그림으로, 데이터의 분포 형태를 보다 부드럽게 표현한다. 이와 같은 평활화(smoothing)를 통해 데이터가 밀집된 구간과 분포의 형태를 더욱 명확하게 파악할 수 있는 시각적 근거를 제공한다.

KDE란 주어진 데이터를 바탕으로 전체 분포의 확률 밀도 함수(probability density function)를 추정하는 방법으로, 히스토그램처럼 구간을 나누지 않고 각 데이터 값마다 **커널 함수(kernel function)**를 적용하여 전체 분포 형태를 생성한다. 이때 가장 널리 사용되는 커널 함수는 가우시안 커널(Gaussian kernel)로, 정규분포 곡선을 기반으로 각 관측값 주변에 확률 밀도를 부여하고, 이를 모두 더해 전체 분포를 추정한다.

커널 밀도 추정(kernel density estimation; KDE)

$$\hat{f}(x) = \frac{1}{nh}\sum_{i=1}^{n} K\left(\frac{x - x_i}{h}\right)$$

- n: 데이터의 수
- $x_1, x_2, \ldots, x_n$: 개별 데이터 값
- $K(\cdot)$: (예) 가우시안 커널 함수

$$K(u) = \frac{1}{\sqrt{2\pi}} \exp\left(-\frac{u^2}{2}\right), \text{ 여기서 } u = \frac{x - x_i}{h}$$

- h: 대역폭(bandwidth), 곡선의 부드러움 조절

- 바이올린 그림에서의 적용
  - KDE 결과를 좌우 대칭으로 시각화하여, 바이올린처럼 생긴 그림을 생성
  - 그림 내에 박스 그림의 요소(중앙값, 사분위수 등)를 중복하여 제공 가능

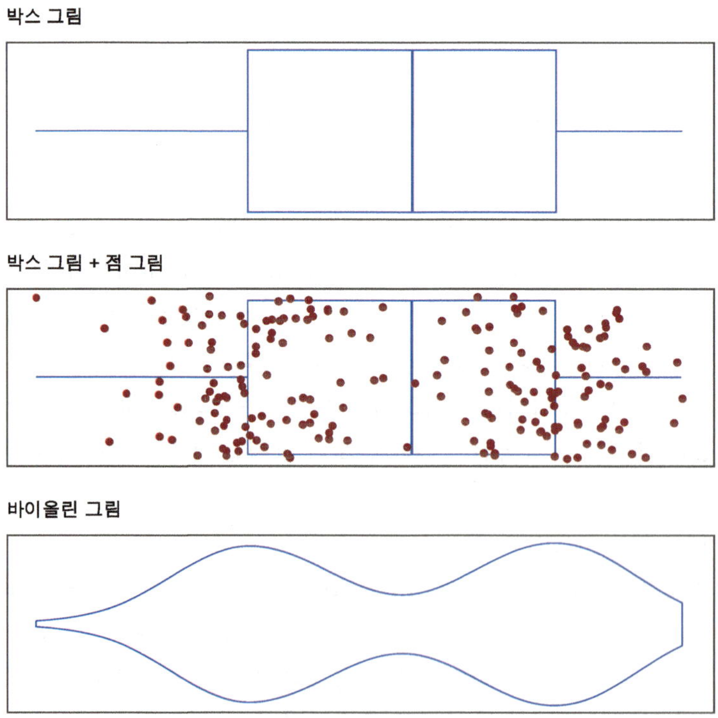

그림 4.2: 박스 그림의 단점 보완 방법: 점 그림 추가와 바이올린 그림

데이터의 크기가 큰 경우에는, 박스 그림에서 사용했던 기본 요약 정보—중앙값, 사분위수, 펜스—만으로는 분포의 세부 구조를 충분히 표현하기 어려울 수 있다. 이러한 한계를 보완하기 위하여 요약값을 중앙값과 사분위수를 넘어 더 많은 문자값(letter values)으로 확장하여 계층적으로 표현한 문자값 박스 그림(letter values Box Plot; lvplot)이 사용된다. 이는 중앙값을 중심으로 여러 단계의 분위 범위를 계단식으로 추가하여, 분포의 점진적인 변화를 시각적으로 표현할 수 있으며, 특히 대용량 데이터에서의 분포 비교나 이상값 탐지에 유용하다. [그림 4.3]은 박스 그림과 문자값 박스 그림을 비교한 것이다.

문자값 박스 그림(letter values box plot)의 생성

1. 전체 데이터를 기반으로 중앙값(M), 사분위수(H), 8분위수(E) 등 문자값(letter values)을 계층적으로 계산한다.

2. 각 문자값 구간마다 상한과 하한을 정의하고, 박스 형태로 시각화한다.

   - 중심에 가까운 값일수록 박스를 짙게 하거나 굵게 표현하거나, 바깥에 가까운 구간일수록 얇게 그려 분포의 점진적 확산을 시각적으로 표현하면 유용하다.

3. 각 박스는 중앙값을 기준으로 대칭적이며 점진적으로 축소되는 구조로 작성한다.

4. 가장 끝 부분(C 또는 D 등)의 밖에 위치한 값들은 이상값(outliers)으로 간주하고 별도 기호(* 등)로 표기한다.

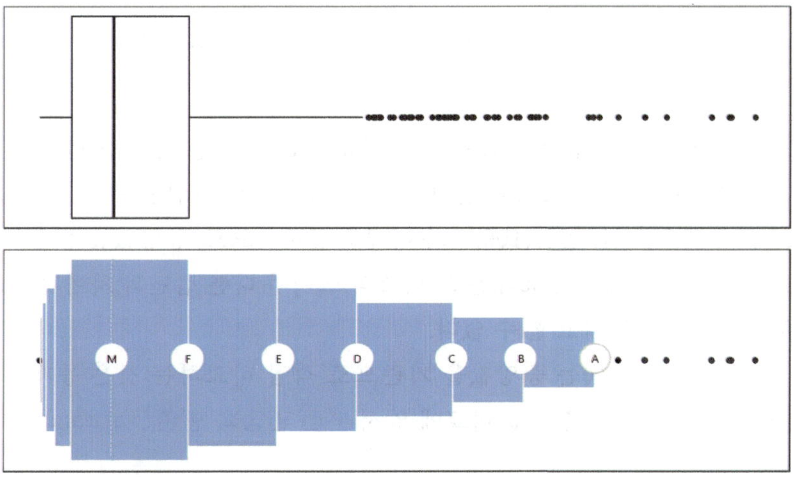

그림 4.3: 문자값 박스 그림(Letter Values Box Plot)

박스 그림은 단일 집단의 정보를 시각화하는데 유용하지만, 여러 집단 간의 분포를 비교할 때도 효과적인 시각화 도구이다. 각 집단의 중심 경향과 산포를 동일한 척도 위에 배치함으로써, 중앙값의 차이, 산포의 크기, 분포의 비대칭성(왜도) 등을 직관적으로 파악할 수 있다. 또한, 비교를 위해서도, 박스 그림이 갖는 한계 — 분포의 세부 군집 형태를 표현하지 못하거나 데이터의 수를 확인할 수 없다는 점 등 - 를 보완하기 위하여, [그림 4.4]와 같이 점 그림(dot plot) 또는 바이올린 그림(violin plot)을 함께 사용하는 것이 유용하다. 이러한 통합적 시각화는 각 집단의 분포 형태, 밀집 구간, 이상값의 위치 등을 보다 효과적으로 해석할 수 있는 기반을 제공한다.

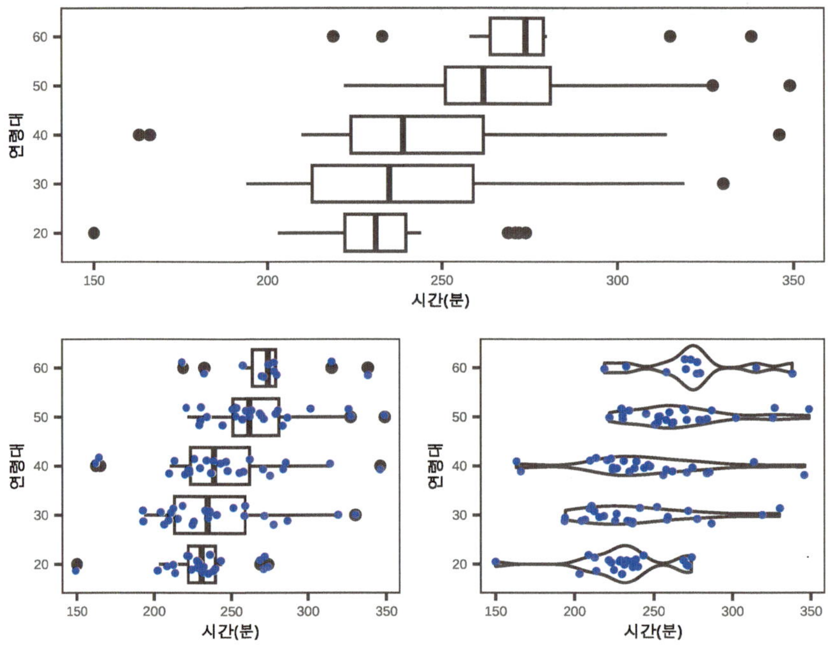

그림 4.4: 박스 그림을 이용한 여러 집단의 비교와 응용

박스 그림을 이용하여 여러 집단 간의 특성을 비교하고자 할 경우, 가장 먼저 각 집단의 산포(spread)가 서로 유사한지를 검토해야 한다. [그림 4.4]에서 확인할 수 있듯이, 30대에서 50대까지는 박스의 크기 - 사분위 범위(IQR) - 가 대체로 유사하므로, 중앙값을 중심으로 해당 집단을 비교할 수 있다. 하지만, 20대와 60대는 그 박스의 크기가 다른 집단과 차이가 크므로, 집단의 산포가 다른 집단과는 유사하다고 할 수 없다.

산포가 서로 다른 집단 간에는 중앙값을 기준으로 직접 비교하는 것은 통계적으로 부적절하다. 따라서 이러한 경우에는 중앙값 비교에 앞서 분산 안정화 변환(variance-stabilizing transformation)[3], 스케일 정규화(scale normalization)[4]와 같이 사전 조정을 수행한 후 비교하거나, 또는 비모수적 방법(nonparametric methods)[5]을 적용하여 비교하는 것이 바람직하다.

4.1 Python의 활용 Using Python

Python에서는 박스 그림(Box Plot), 바이올린 그림(Violin Plot), 문자값 박스 그림(Letter-Value Box Plot; lvplot)을 시각화하기 위해 다음의 모듈과 함수를 사용한다. 여기서는 seaborn 모듈을 사용하기로 한다. seaborn에 대한 보다 자세한 내용은 [제 8.2.2 장]을 참조한다.

그림 유형	사용 모듈	대표 함수
박스 그림 (Box Plot)	matplotlib.pyplot, seaborn	plt.boxplot(), sns.boxplot()
바이올린 그림 (Violin Plot)	seaborn	sns.violinplot()
문자값 박스 그림 (Letter-Value Plot)	seaborn	sns.boxenplot()

seaborn 모듈 불러 오기

- import seaborn as sns는 seaborn 모듈을 sns라는 약어(alias)로 불러오는 명령어이다. 이후 sns.boxplot(), sns.violinplot() 등 다양한 시각화 도구를 사용할 수 있게 한다.
- seaborn은 내부적으로 matplotlib을 기반으로 작동하므로, 그래프를 화면에 출력하거나 저장하기 위해서는 import matplotlib.pyplot as plt 명령을 함께 사용하는 것이 필요하다.
- 예를 들어, plt.show()를 사용하면 생성된 그래프를 화면에 출력할 수 있고, plt.savefig("파일이름.png")을 사용하면 해당 그래프를 이미지 파일로 저장할 수 있다.

```
import seaborn as sns
import matplotlib.pyplot as plt
```

[3] 분산 안정화 변환(variance-stabilizing transformation)은 로그 변환이나 제곱근 변환 등을 이용하여 분산이 평균에 따라 달라지는 경우 분산을 동일하도록 하는 변수 변환 방법이다.

[4] 스케일 정규화(scale normalization)는 각 집단의 데이터 값의 위치와 산포를 조정하여 분포 간의 차이를 제거하고, 위치 또는 형태 중심의 비교를 가능하게 하는 방법이다.

[5] 비모수적 방법(nonparametric methods)은 분포에 대한 가정을 요구하지 않는 방법으로, 비교를 위한 대표적인 방법으로 윌콕슨 순위합 검정(Wilcoxon rank-sum test), 크루스칼-왈리스 검정(Kruskal-Wallis test) 등이 있다.

Python 그림에서 한글이 올바로 표기되도록 하기 위해서는 다음과 같이 한글 폰트를 사전에 설정해야 한다. 대표적인 한글 폰트는 다음과 같다.

(Windows: 'Malgun Gothic', macOS: 'AppleGothic', Linux: 'NanumGothic')

```
plt.rcParams['font.family'] = 'Malgun Gothic'          # 한글 폰트 설정
plt.rcParams['axes.unicode_minus'] = False              # 마이너스 기호 깨짐 방지
```

다음의 함수들의 중요 인수는 [표 4.1]과 같다.

- sns.boxplot(data, x, y, hue=None, palette=None, width=0.8)
- sns.violinplot(data, x, y, hue=None, palette=None, inner="box", bw=0.2)
- sns.boxenplot(data, x, y, hue=None, palette=None, k_depth="profound")

표 4.1: seaborn 그림 함수의 주요 인수

인수	설명	기본값
data	시각화에 사용할 pandas.DataFrame	필수
x, y	각 축에 대응하는 변수 지정 (x: 범주형, y: 연속형)	필수
hue	집단을 구분하는 범주형 변수로, 색상으로 구분함	None
palette	색상 팔레트 지정 (예: "pastel", "Set2" 등)	None
width	박스나 바이올린의 너비 조절	0.8
inner	바이올린 내부의 요약 정보 표시 방식	"box"
bw	밀도 곡선의 평활화 정도 (bandwidth)	0.2
k_depth	문자값 박스 그림의 계층 깊이 설정	"profound"

practice tools 실습 3. *2001*년 보스턴 마라톤 대회 marathon

2001 Winner: (Men) 대한민국 이봉주(2:09:43) (Women) Kenya Catherine Nderaba(2:23:53)

다음은 2001년 보스턴 마라톤 대회에서 여성 참가자들의 기록(분)을 연령대 - 20, 30, 40, 50, 60 -별로 조사한 데이터이다[6].

✿ 데이터 불러오기

```
import pandas as pd
data_path = "E:/_data/eda/"                          # 데이터 경로 지정
marathon = pd.read_csv(data_path + "marathon.csv")
```

✿ 데이터의 구조 확인

- 변수와 케이스의 수 그리고 변수의 유형을 확인하고, 결측값(missing values; NA)의 존재 여부를 확인한다.

```
print(marathon.info())                    # 데이터 구조 및 변수 정보 확인
```

```
<class 'pandas.core.frame.DataFrame'>
RangeIndex: 108 entries, 0 to 107
Data columns (total 2 columns):
 #   Column  Non-Null Count  Dtype
---  ------  --------------  -----
 0   age     108 non-null    int64
 1   time    108 non-null    int64
dtypes: int64(2)
```

[6] 보스턴 마라톤은 1897년에 시작되었고, 미국 동부 매사추세츠주 보스턴의 여러 도시와 마을에서 주최하는 연례 마라톤 경주이다. 2001년에는 대한민국의 이봉주 선수가 우승하였다. 2013년 4월 15일 대회에서는 폭탄 테러로 3명의 사망하고 약 246명이 부상을 당했다. <www.bostonmarathon.org>

```
memory usage: 1.8 KB
None
```

```
print(marathon.isna().sum().sum())                    # 전체 결측값의 수 확인
```

```
0
```

```
print(marathon.head(6))                               # 처음 6개의 행 출력
```

```
   age  time
0   20   244
1   20   213
2   20   274
3   20   240
4   20   225
5   20   269
```

기본 박스 그림

- plt.tight_layout()은 그림의 레이아웃을 자동으로 조정하여, 축 레이블, 제목, 눈금 등 시각 요소가 겹치거나 잘리는 것을 방지해 주는 명령이다. 특히 plt.xlabel(), plt.ylabel() 등으로 추가된 축 설명이 제대로 표현되지 않는 경우에 유용하다.
- plt.show()는 시각화 결과를 화면에 출력하는 명령이다.
- fig는 생성된 그림 객체를 문서 출력용 결과로 반환하는 데 사용하는 명령이다.

```
plt.figure(figsize=(4, 3))
sns.boxplot(data=marathon, x="time")                            # 박스 그림
plt.xlabel("시간(분)")
plt.ylabel("");
plt.yticks([]);                                                 # y축 제거
```

```
([], [])
```

```
plt.title("")
plt.tight_layout()
plt.show()
```

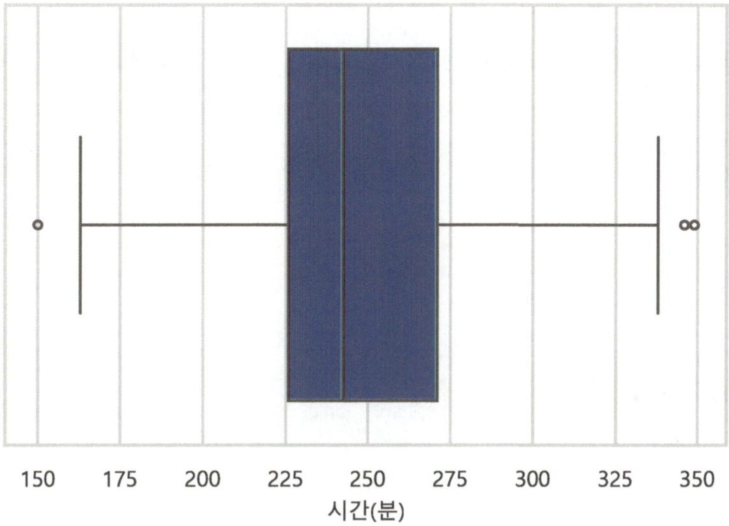

상자 내의 중앙값 위치를 볼 때, 기록이 짧은 참가자들이 더 밀집되어 있으며, 기록이 아주 좋은 참가자(박스 그림의 왼쪽 이상점)와 기록이 저조한 일부 참가자(박스 그림의 오른쪽 이상점)를 확인할 수 있다.

기본 박스 그림과 점그림[7]

- `stripplot()`은 개별 관찰값을 점으로 시각화하는 그림이며, 일반적으로 박스 그림이나 바이올린 그림과 함께 사용한다.
- `jitter = TRUE`는 중복된 값이 겹치지 않도록 점들을 좌우로 약간 흩어지게 표현하는 옵션이며, 일반적으로 `[0, 1]` 사이의 특정 숫자(예: `0.2`)로 그 정도를 지정할 수 있다.
- `color`, `alpha`, `size` 등의 인수를 함께 지정하면 점의 색상, 투명도, 크기 등을 조절할 수 있어 시각적 강조를 조절할 수 있다.
- `plt.figure(figsize=(a, b))`는 출력될 그래프의 전체 크기를 지정하는 명령으로, 단위는 인치(inch)이다. 첫 번째 인수 a은 가로 길이, 두 번째 인수 b는 세로 길이를 의미한다.

```
plt.figure(figsize=(4, 3))
# 박스 그림
sns.boxplot(data=marathon, x="time", width=0.3, color="white")
```

[7] `jitter`를 사용하기 위해서는 반드시 y를 지정해야 한다. 여기서는 `y = 1`을 지정하여 형식을 맞추었다.

```
# 점 그림 추가
sns.stripplot(data=marathon, x="time", color="black", alpha=0.5, jitter=0.2)
# 축 설정
plt.xlabel("시간(분)")
plt.yticks([]);                                          # y축 눈금 제거
```

```
([], [])
```

```
plt.title("")
plt.tight_layout()
plt.show()
```

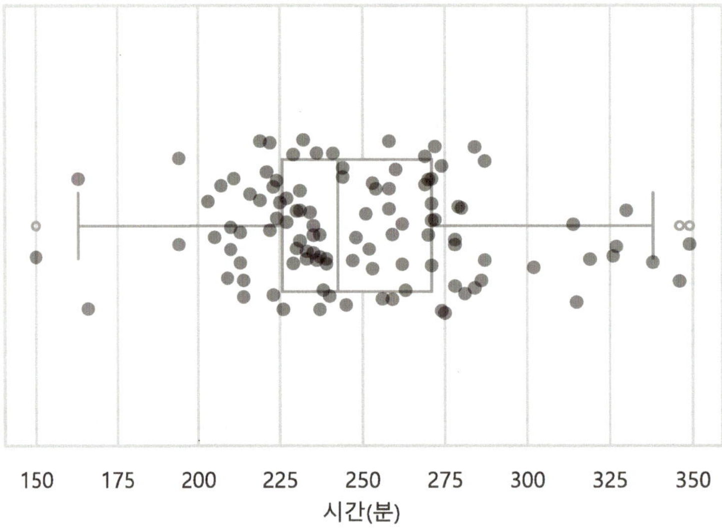

점 그림을 볼 때, 집단내 특정한 군집은 존재하지 않는 것으로 보이며, 기록이 짧은 참가자들이 더 밀집되어 있음을 확인할 수 있다.

바이올린 그림

inner = "option" 을 이용하여 다음과 같이 내부에 추가 정보를 반영할 수 있다.

```
marathon['y'] = 1
plt.figure(figsize=(4, 3))
sns.violinplot(data=marathon,
               x="time",
```

inner 지정값	설명
box	박스 그림
quartile	중앙값과 1사분위수, 3사분위수 선만 표시
point	점(point)을 사용하여 개별 데이터를 표시
stick	세로 막대(stick) 형태로 개별 데이터를 표시
None	내부 요약 없이 순수한 커널 밀도만 표시

```
               inner="box",
               color="white",
               linewidth=0.8,
               width=0.8)
sns.stripplot(data=marathon,
              x="time",
              color="black",
              alpha=0.5,
              jitter=0.2)

# 축 및 제목 설정
plt.xlabel("시간(분)");
plt.ylabel("");              # y축 라벨 제거
plt.yticks([]);               # y축 눈금 제거
```

```
([], [])
```

```
plt.tight_layout()
plt.show()
```

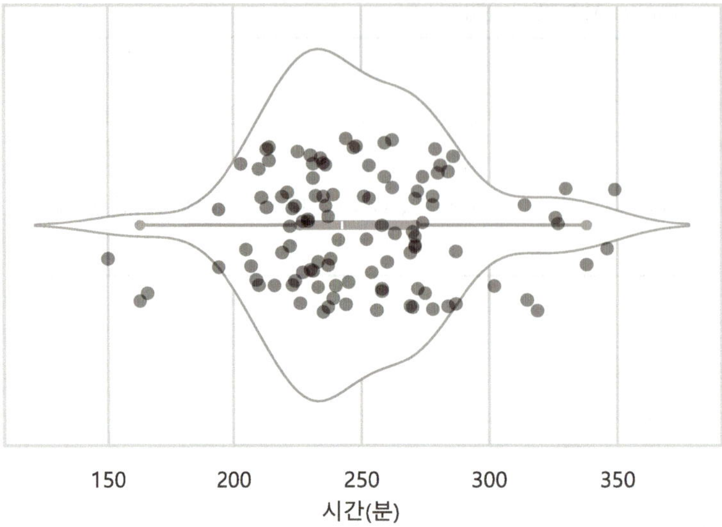

seaborn.violinplot()에서 inner="box"를 사용하면 박스 그림이 자동으로 추가되지만, 박스의 색상이나 선 굵기 등은 직접 조정할 수 없다. 따라서 이를 조정 가능하게 시각화하려면, (1) inner=None을 지정한 후 violinplot을 그리고, (2) boxplot()으로 원하는 박스 그림을 그린 후, (3) stripplot()을 겹쳐 그려서 이를 좀 더 명확하게 시각화 할 수 있다. 다음은 그 예이다.

```
plt.figure(figsize=(4, 3))

sns.violinplot(data=marathon,
               x="time",
               inner=None,                          #(1) 내부 비움
               color="white",
               linewidth=0.8,
               width=0.8)

sns.boxplot(data=marathon,
            x="time",
            width=0.5,                              # (2) 폭 지정
            showcaps=True,
            boxprops=dict(facecolor='lightgray',
                          edgecolor='black',
                          linewidth=0.5
                          ),
```

```
            whiskerprops=dict(color='black', linewidth=0.5),
            capprops=dict(color='black', linewidth=0.5),
            medianprops=dict(color='red', linewidth=1.0),
            flierprops=dict(marker='o',
                            markersize=2,
                            linestyle='none')
                            )

sns.stripplot(data=marathon,
              x="time",
              color="black",
              alpha=0.5,
              jitter=0.2,
              size=2)

plt.xlabel("시간(분)");
plt.ylabel("");
plt.yticks([]);

plt.tight_layout()
plt.show()
```

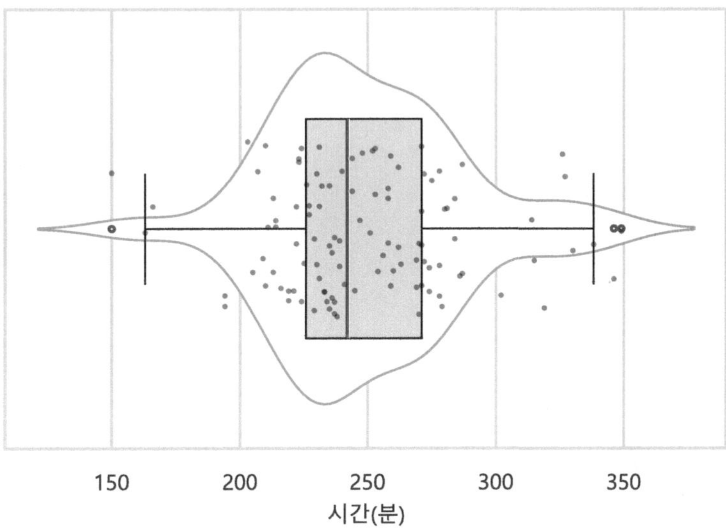

명확하게 구별되는 군집은 발견되지 않으며, 중심부의 데이터를 보면 중앙값의 앞쪽으로 더 많은 값들이 밀집되어 있다. 이는 박스 그림의 사분위수 박스와 중앙값을 나타내는 선의 간격을 통하여 확인할 수 있었다.

문자값 박스 그림(Letter Value Box Plot)

seaborn.boxenplot()의 k_depth를 이용하여 표현하고자 하는 문자값을 지정할 수 있다.

k_depth 값	설명
"profound"	(기본값) 데이터의 크기에 따라 깊이를 자동으로 계산
"trustworthy"	과도한 분위수 생성을 방지, 의미 있는 수준까지만 계층 생성
"full"	허용 가능한 최대 깊이까지 모든 분위 계층 반영영
정수 (예: 4, 6, 8)	사용자가 원하는 정확한 계층 수를 지정

```
import matplotlib.pyplot as plt
import seaborn as sns

marathon["group"] = "전체"                          # LV plot은 그룹 변수 필요

plt.figure(figsize=(4, 3))

sns.boxenplot(data=marathon,
              x="time",
              y="group",
              k_depth= "full",                      # depth 옵션 지정
              color="white")

plt.xlabel("시간 (분)")
plt.ylabel("")
plt.yticks([])
```

```
([], [])
```

```
plt.tight_layout()
plt.show()
```

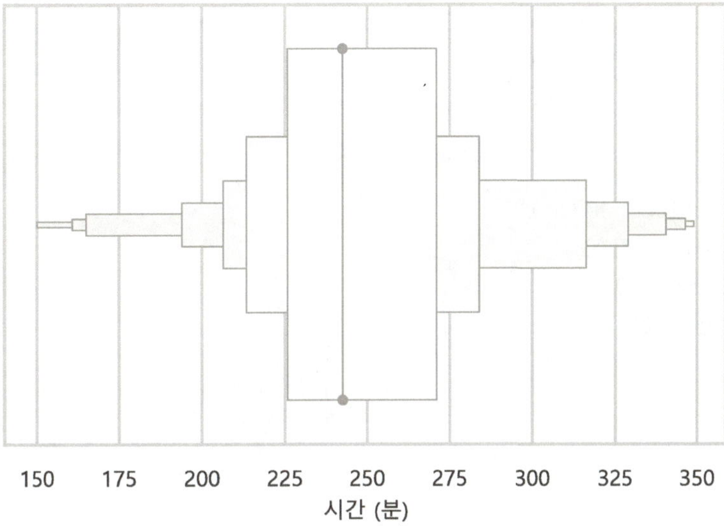

문자값 그림은 박스 그림보다 데이터의 구조를 조금 더 명확하게 보여준다. 중앙값(M)을 기준으로 왼쪽의 H, F, E에서 오른쪽 보다 더 밀집된 형태를 확인할 수 있다.

일반적으로 마라톤에서의 기록은 연령대에 따라 서로 다를 수 있다. 따라서, 연령별로 구분하여 박스 그림을 그려보면, 연령대 별 기록을 시각적으로 비교할 수 있다.

연령 별 박스 그림

x와 y의 변수를 서로 바꾸면, 수평/수직 구조로 전환할 수 있다.

- astype()은 Pandas에서 열 또는 전체 데이터프레임의 자료형을 변환하는 함수이다. 변환할 타입은 "int", "float", "category", str 등으로 지정할 수 있다.
- 기본 구조는 df["col"].astype("타입") 또는 df.astype({ "col1": "타입1", ... }) 형태이다.
- 주로 숫자형에서 문자열 또는 범주형 등으로 바꿀 때 사용된다.
- (예)
  - df["age"] = df["age"].astype("category") (범주형으로 변환)
  - df["id"] = df["id"].astype(str) (문자형으로 변환)
  - df = df.astype({"x": float, "y": int}) (여러 열을 동시에 변환)

```
import seaborn as sns
import matplotlib.pyplot as plt
```

```
marathon["age"] = marathon["age"].astype("category")          # x축을 범주형으로 처리
plt.figure(figsize=(4, 3))
sns.boxplot(data=marathon,
            x="time",
            y="age",                                           # 수평 boxplot
            color="white")
plt.xlabel("시간 (분)")
plt.ylabel("연령대")
plt.tight_layout()
plt.show()
```

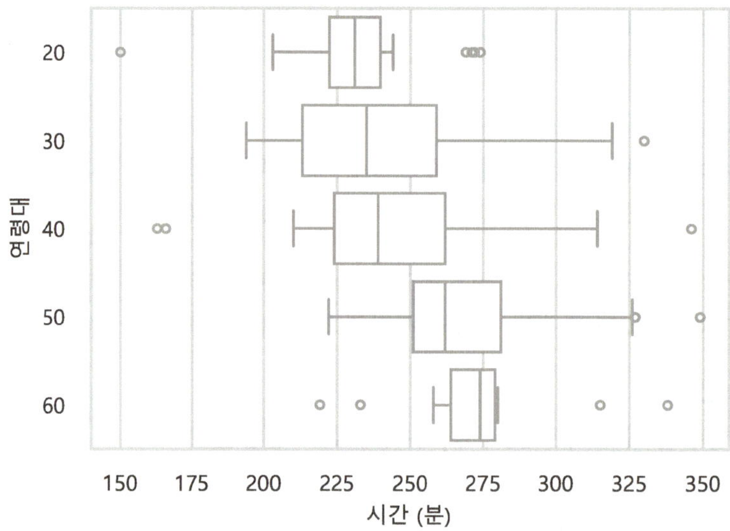

중앙값을 기준으로 볼 때, 연령대가 높아질 수록 완주 시간이 길어지며, IQR을 볼때, 30대/40대/50대는 산포가 비슷하지만, 20대/60대는 산포가 나머지 연령대와 서로 다르다. 20대의 중앙값과 사분위수 범위를 확인해 보면 다음과 같다.

```
marathon["age"] = marathon["age"].astype(int)
m20 = marathon[(marathon["age"] >= 20) & (marathon["age"] < 30)]
lsum(m20["time"], l=5)
```

```
  letter  depth  percent  lower     mid  upper  spread
0      M     11   50.000  231.0  231.00  231.0     0.0
1      H      6   27.273  222.0  231.00  240.0    18.0
2      E      3   13.636  211.0  240.50  270.0    59.0
```

```
3     D     2    9.091   203.0   237.50   272.0     69.0
4     C     1    4.545   176.5   224.75   273.0     96.5
```

중앙값은 231(분)이며, 사분위수 범위는 18(분)이다. 동일한 방법으로 나머지 연령대에 대한 중앙값과 사분위수 범위(IQR)를 구해보면 [표 4.2]와 같다.

표 4.2: 연령대별 중앙값과 사분위수 범위

연령대	중앙값	IQR
20대	231	18
30대	235	46
40대	239	38
50대	262	30
60대	274	15

20대와 60대는 사분위수 범위가 넓지 않다. 이는 해당 연령대 참가자들이 대부분 비슷한 기록을 유지하고 있다는 의미로 해석할 수 있다. 또한 30대~50대의 사분위수 범위값이 큰 차이가 아니라고 판단한다면, 해당 연령의 중앙값은 이상점에 대하여 저항성을 갖고 대표성이 있으므로 다음과 같은 결과를 도출할 수 있다.

$$Time_{40} = Time_{30} + 4 \quad \text{그리고} \quad Time_{50} = Time_{40} + 23$$

즉, 40대는 30대의 기록보다 일반적으로 약 4분이 더 길고, 50대는 40대의 기록 보다 약 23분 정도 더 길다고 할 수 있다. 이는 마라톤에서 30대와 40대는 큰 차이가 없지만, 40대와 50대는 무시할 수 없는 차이가 존재함을 의미할 수 있다. 물론 건강 상태와 운동을 하는 시간과 방법에 따라 개인 간의 차이가 있을 수 있다. 다음은 각 연령대 별 우승자들의 기록이다. 40대가 30대보다 그리고 60대가 50대보다 더 좋은 기록을 얻었다.

groupby()와 agg()를 이용한 연령대별 최소값 요약

- 전체 코드는 marathon 데이터에서 연령대별로 우승자(최소 시간) 정보를 요약하여 winner_by_age에 저장하는 구조이다.
- groupby("age", as_index=False)는 age 변수로 그룹화하되, 결과를 DataFrame 형태로 유지하도록 지정한다. as_index=False를 지정하지 않으면 age가 인덱스로 설정되므로, 일반 열로 유지하고 싶을 때는 반드시 이 옵션을 추가해야 한다.
- agg(winner = ("time", "min"))은 각 연령대 그룹에서 time 열의 **최솟값**을 계산하여, 해당 값을 winner라는 새 열로 저장한다.

- 전체 표현식을 (...)로 감싼 것은 여러 줄에 걸쳐 표현식을 나누어 쓸 수 있도록 해 주는 문법 구조이다.

```
winner_by_age = (
    marathon
    .groupby("age", as_index=False)          # 연령대별 그룹화
    .agg(winner=("time", "min"))             # 최소값 (우승자 시간)
)
winner_by_age
```

	age	winner
0	20	150
1	30	194
2	40	163
3	50	222
4	60	219

최종적으로 연령별 박스 그림, 점그림, 바이올린 그림을 통합하여 시각화하면 다음과 같다.

순서있는 범주형 변수 정의

- ages = sorted(marathon["age"].astype(int).unique())는 마라톤 참가자의 연령대에서 중복 없이 고유한 값만 추출하고, 정렬된 숫자형 벡터로 저장한다.
- 정렬된 ages 벡터를 categories 인자로 사용하여, marathon["age"]를 순서가 정의된 범주형 변수(ordered categorical)로 다시 지정한다.
- ordered=True는 연령대 변수의 시각화나 정렬 시에 <, > 등의 비교 연산이 가능하며, x축 또는 y축에 지정된 순서대로 표시된다.

```
import seaborn as sns
import matplotlib.pyplot as plt

ages = sorted(marathon["age"].astype(int).unique())  # 고유 숫자 정렬
marathon["age"] = pd.Categorical(marathon["age"],    # 순서 있는 범주형으로 정의
                                 categories=ages,
                                 ordered=True)

plt.figure(figsize=(6, 4))
```

```
sns.violinplot(
    data=marathon,
    x="time", y="age",
    inner=None,
    color="lightgray",
    linewidth=0.5,
    width=0.9
)

sns.boxplot(
    data=marathon,
    x="time", y="age",
    width=0.4,
    fliersize=0,
    linewidth=0.8,
    boxprops=dict(alpha=0.3)
)

sns.stripplot(
    data=marathon,
    x="time", y="age",
    color="black",
    alpha=0.3,
    jitter=0.2,
    size=3
)

# 축 및 레이블
plt.xlabel("시간(분)")
plt.ylabel("연령대")
plt.tight_layout()
plt.show()
```

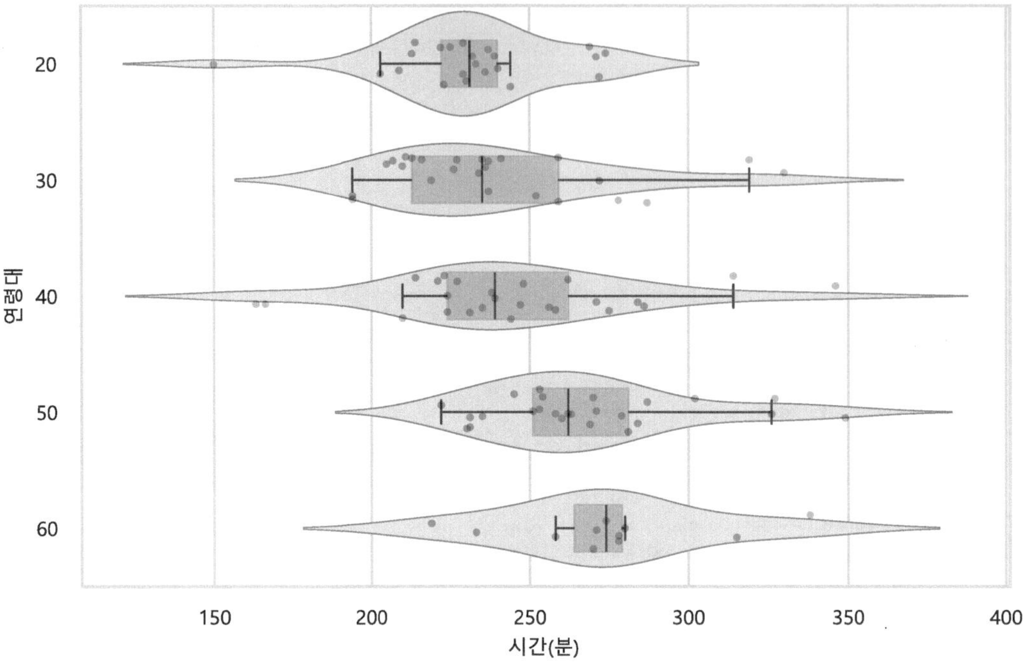

4

5 데이터 재표현 Re-expression

현상이 주인공이고 숫자는 조연이다.[1]

The phenomena are the main actors, numbers are the supporting cast.
J. W. Tukey(1993)

[그림 출처] https://www.pinterest.co.kr/

데이터 측정을 위한 단위(unit) 또는 척도(scale)는 측정의 편의성과 실무적 용이성을 고려하여 결정된다. 예를 들어, 사람의 키는 센티미터(cm) 단위로, 기업의 수익은 억 원 단위로 측정하는 것이 일반적이다. 그러나 이렇게 결정된 단위나 척도가 통계 분석 과정에서도 항상 유용한 것은 아니다. 특히 분포가 비대칭적이거나 이상값(outlier)이 존재할 때, 측정된 원시 데이터(raw data)를 그대로 분석하면 해석이 왜곡되거나 이를 이용한 추론이 부정확할 수 있다. 이러한 문제를 해결하기 위해서는 올바른 분석과 해석에 적합한 데이터 재표현(re-expression)을 필요로 한다. 이를 통하여 데이터의 구조를 보다 명확히 표현하고, 분석 결과의 해석 가능성과 통계적 정확도를 높일 수 있다.

[1] J. Tukey(1993), Exploratory Data Analysis: Past, Present, and Future. No. 302. Department of Statistics, Princeton University

데이터 재표현은 다양한 목적 - 분포의 대칭성, 산포의 안정성, 관계의 선형성 등 -하에서 적용된다. [표 5.1]은 데이터 재표현을 위한 적용 기준을 진단하고, 이를 통하여 적합한 도구를 선택할 때 유용한 방법이다.

표 5.1: 데이터 재표현의 목적과 진단 방법

목적	진단
분포의 대칭화	중앙 요약(mid summaries)
	hinkley's d
	symmetry plot
여러 집단의 산포의 균일화	spread-level plot
2개의 연속형 변수간의 관계 직선화	three summary plot

데이터의 재표현 방법은 **선형 변환**(linear transformation)과 **비선형 변환**(nonlinear transformation)으로 구분된다.

선형 변환(linear transformation)

$$L(x) = ax + b, \quad \text{여기서 } a > 0$$

선형 변환 $L(x)$는 해석의 용이성을 위한 단위 또는 척도를 변환할 때 유용하지만, 분포의 모양 또는 관계의 **형태**를 변경하지는 못한다[2]. 이와 비교하여 **비선형 변환**은 단일 또는 다중 집단의 분포의 모양(shape) 또는 2개 이상의 변수들 간의 함수 관계의 **형태**(form)를 변경할 수 있어 다양한 목적으로 활용된다. 비선형 변환의 대표적인 방법으로 멱승 변환(power transformation) - $P_p(x)$, $T_p(x)$ - 을 들 수 있다.

멱승 변환(power transformation)

$$P_p(x) = \begin{cases} x^p & \text{if} \quad p \neq 0, \\ log(x) & \text{if} \quad p = 0 \end{cases}$$

또는

[2] 이를 사소한 재표현(trivial re-expression)이라고 부른다.

$$T_p(x) = \begin{cases} \frac{x^p - 1}{p} & \text{if} \quad p \neq 0, \\ log(x) & \text{if} \quad p = 0 \end{cases}$$

그림 [5.1]은 여러 값의 p에 대하여 $P_p(x)$ 함수의 형태를 보여준다. 이 함수는 직관적으로 이해하기 쉽고, 역변환(inverse transformation)이 간단하다는 장점을 갖는다. 특히 $p > 0$) 인 경우, 그래프는 일관되게 위로 오목한(concave up) 형태를 보이며, 이는 데이터의 분포에서 큰 값의 영향을 완화하는 데 효과적이다. 반면 $p < 0$일 경우에는 x^{-p} 형태로 인해 값의 크기와 순서가 역 배열되는 단점을 가지므로 실무적으로는 $0 < p < 1$ 범위의 오목 변환을 우선 고려한다.

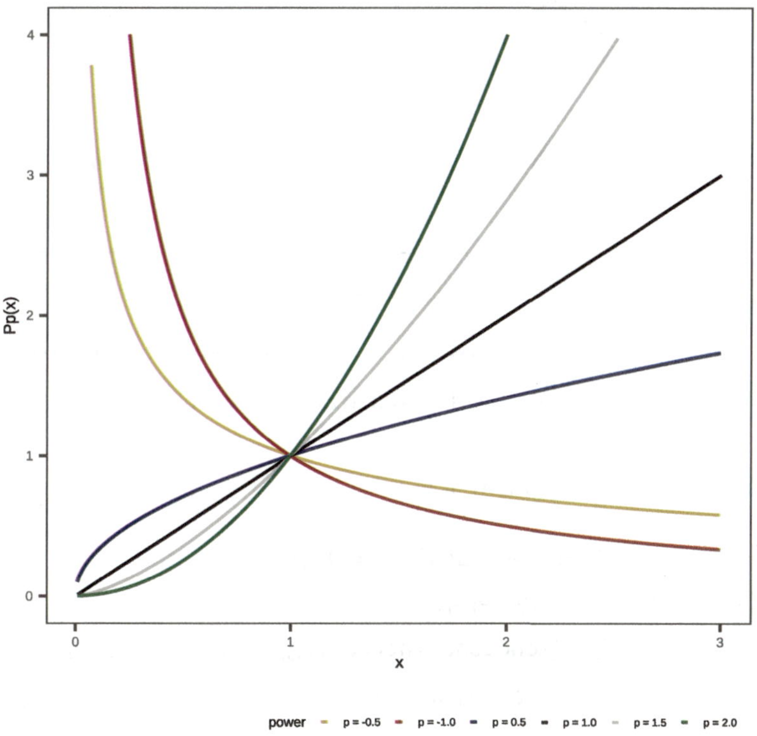

그림 5.1: 멱승 변환(power transformation): $P_p(x)$

그림 [5.2]는 여러 값의 p에 대하여 $T_p(x)$의 형태를 보여주는 예시이다. 이 변환은 모든 p 값에 대해 일관된 형태 변화를 유지하며, 원시 데이터의 크기와 순서를 보존하는 장점을 갖는다.

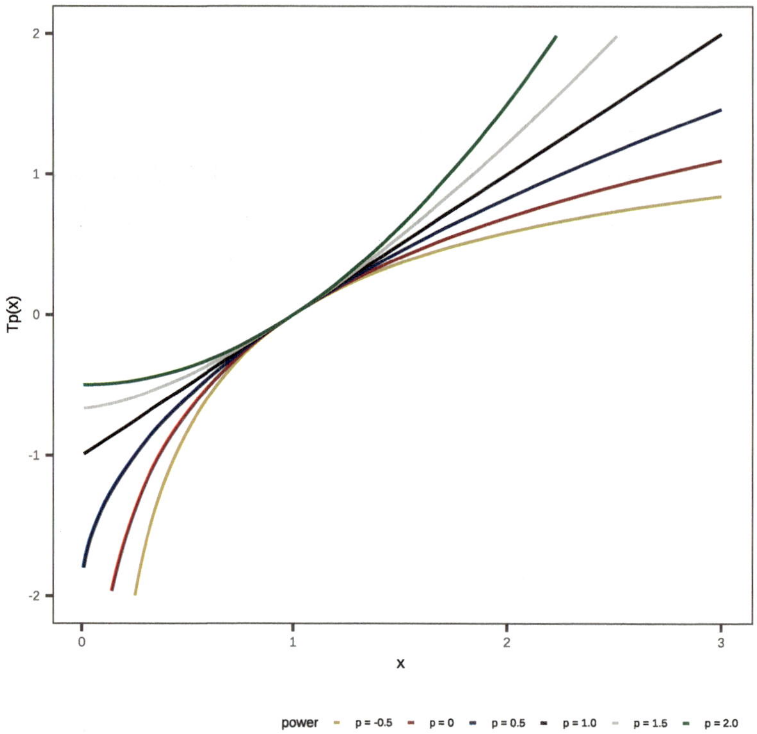

그림 5.2: 멱승 변환(power transformation): $T_p(x)$

그림 [5.2]의 $T_p(x)$의 특징은 다음과 같다.

- 모든 변환 그래프는 $(1, 0)$을 지나고 $T_p(1) = 0$이다.
- $x = 0$에서의 미분값 $T_p'(1)$은 1이다.
- 모든 그래프는 단조 증가(monotone increasing) 형태이다. 이는 변환을 적용한 후에도 원시 데이터의 순서가 변하지 않음을 의미한다.
    (1) $p > 1$일 때, 그래프는 위쪽으로 오목(Concave up)하다.
    (2) $p < 1$일 때, 그래프는 아래쪽으로 오목(Concave down)하다.
    (3) $p = 1$일 때, 그래프는 선형이다.
    (4) p가 1에서 멀어질수록 그래프의 오목성이 더 강해진다.
- $p = 0$일 때의 로그(log) 변환은 실제로 멱승 변환의 특수한 경우이다.

$$\lim_{p \to 0} T_p(x) = \lim_{p \to 0} \frac{x^p - 1}{p} = \ln(x)$$

원시 데이터에 대한 $T_p(x)$의 영향

- $p > 1$이면 그래프가 위쪽으로 오목하므로, 변환 전 큰 값의 범위를 작은 값의 범위보다 더 많이 확장한다.
- $p < 1$이면 그래프가 아래쪽으로 오목하므로, 변환 전 작은 값의 범위를 큰 값의 범위보다 더 많이 확장한다.

이러한 $T_p(x)$의 특징은 원시 데이터를 변환할 수 있는 p값을 쉽게 결정할 수 있게 한다. [그림 5.3]는 데이터 재표현을 적용할 때 적절한 p를 선택하는 기준으로, 이를 **재표현의 사다리(ladder of re-expression)**라고 한다. 최종 변환에 사용할 p의 값은 가능한 한 변환식을 간단히 정의하여 역변환을 쉽게 적용할 수 있도록 하는 것이 바람직하다. 이를 위하여, 가능하다면, **0.5 단위로 근사하여 사용**하는 것을 추천한다.

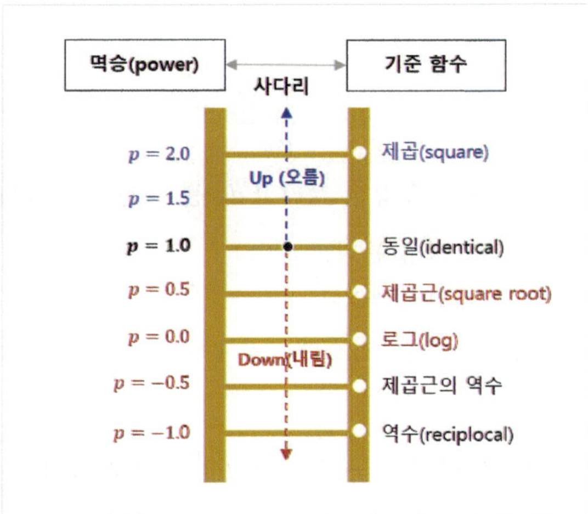

그림 5.3: 재표현의 사다리(ladder of re-expression)

5.1 대칭성의 진단과 교정 Assessment and Transformation for Distributional Symmetry

고려하는 데이터가 대칭성(symmetry)을 갖는 경우, 평균이나 중앙값과 같은 단일 대표값을 사용하여 데이터를 효과적으로 요약할 수 있다. 하지만 데이터에 양(+)의 왜도 또는 음(-)의 왜도가 존재하면, 평균과 중앙값 사이의 차이가 커지고, 산포 척도 역시 왜곡된 값으로 표현된다. 따라서 데이터를 요약하기에 앞서 분포의 대칭성 여부를 진단하고, 필요할 경우 대칭성을 확보할 수 있는 적절한 재표현(transform)을 적용해야 한다.

5.1.1 중앙(mid) 요약

중앙(mid) 요약은 데이터의 상한(Upper)과 하한(Lower) 값의 산술평균인 중앙(mid)을 중심으로, 실제 중앙값(median)과의 차이를 비교하여 대칭성을 진단하는 방법이다. 만약 중앙(mid)과 중앙값이 유사하다면 데이터는 대체로 대칭적이며, 차이가 크다면 왜도가 존재할 가능성이 있다.

중앙 요약(mid summaries)

문자값의 상한(Upper)과 하한(Lower)의 평균인 중앙(mid)을 비교한다.

- $median < mid_F < mid_E < ... < mid_A$ 이면, 분포는 양(+)의 왜도를 갖는다.
- $median > mid_F > mid_E > ... > mid_A$ 이면, 분포는 음(-)의 왜도를 갖는다.
- $median \approx mid_F \approx mid_E \approx ... \approx mid_A$ 이면, 분포는 좌우 대칭 형태를 갖는다.

- **힌클리의 간편법 Hinkley's Quick Method**

$$d = \frac{\overline{x} - M}{d_F}$$

여기서, $\overline{x}$는 평균 그리고 M은 중앙값 그리고 d_F는 사분위수 범위이다.

  - $d > 0$ 경우, 양(+)의 왜도를 갖는다.
  - $d < 0$ 경우, 음(-)의 왜도를 갖는다.
  - $d \approx 0$이면, 집단의 분포는 대략적으로 좌우 대칭의 형태를 갖는다.

- **p의 결정**
  - 양(+)의 왜도인 경우, 재표현의 사다리를 아래로 내려가며 변환을 시도한다.
  - 음(-)의 왜도인 경우, 재표현의 사다리를 위로 올라가면서 변환을 시도한다.
  - 가능하다면, p의 값은 `0.5` 씩 증감하여 간단한 값을 적용한다.

서로 다른 분포 형태를 갖는 세 가지 상황을 고려하여, 대칭성 진단을 위한 방법을 살펴보자. [상황 I]은 분포가 좌우 대칭인 경우이며, [상황 II]와 [상황 III]은 각각 양(+)의 왜도와 음(−)의 왜도를 갖는 경우이다.

- [상황 I]: 좌우 대칭의 분포 형태

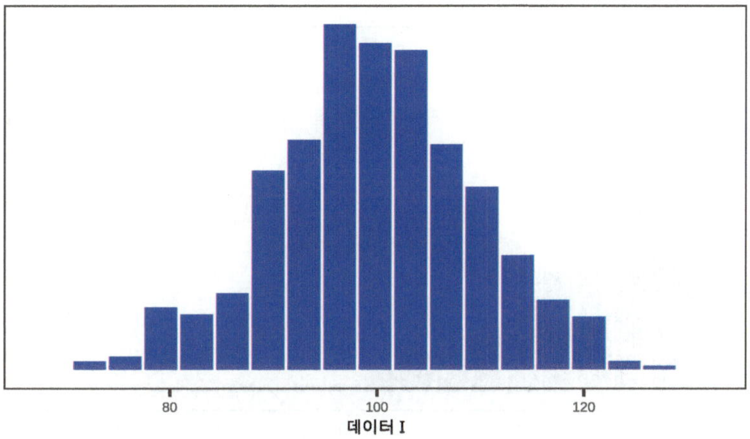

데이터 I의 히스토그램은 좌우 대칭의 형태를 갖는다. 해당 데이터의 각 문자값의 중앙(mid)를 계산해 보면 [표 5.2]와 같다. 각 문자값들의 중앙(mid)의 모든 값들이 99.50~100.50으로 거의 비슷한 값들임을 확인할 수 있다.

표 5.2: [데이터 I]의 중앙(mid) 요약

letter	depth	lower	mid	upper	spread
M	500.5	100.0	100.0	100	0.0
H	250.5	94.0	100.5	107	13.0
E	125.5	89.0	100.0	111	22.0
D	63.0	84.0	100.0	116	32.0
C	32.0	80.0	99.5	119	39.0
B	16.5	79.0	100.0	121	42.0
A	8.5	75.5	99.5	124	48.0
Z	4.5	73.5	99.5	126	52.0
Y	2.5	72.0	99.8	128	55.5

힌클리의 d를 계산해 보면 다음과 같다.

$$d = \frac{99.976 - 100}{13} = -0.00185$$

□

$d \approx 0$의 값이 분포의 좌우 대칭 형태를 진단함을 확인할 수 있다.

- [상황 II] : 양(+)의 왜도를 갖는 분포 형태

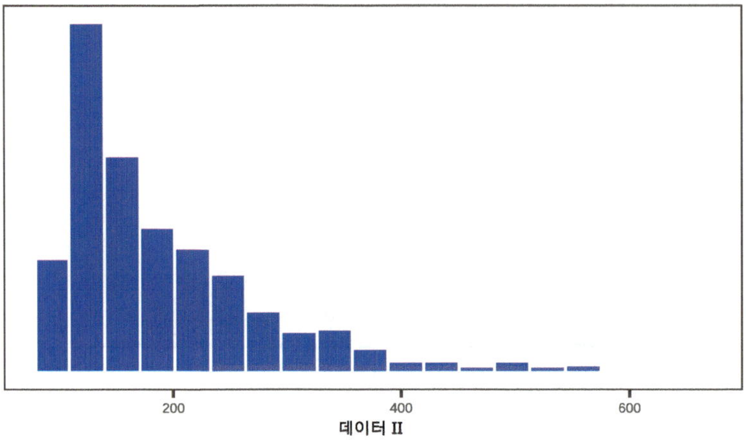

데이터 II의 히스토그램은 양(+)의 왜도를 보이며, [표 5.3]의 중앙(mid) 요약의 결과를 보면, 문자값이 커질수록(M → Y) mid값이 커짐을 확인할 수 있다.

표 5.3: [데이터 II]의 중앙(mid) 요약

letter	depth	lower	mid	upper	spread
M	500.5	165	165	165	0
H	250.5	128	183	238	110
E	125.5	112	208	304	192
D	63.0	106	235	364	258
C	32.0	103	277	451	348
B	16.5	101	311	521	420
A	8.5	100	328	555	455
Z	4.5	100	350	600	500
Y	2.5	100	372	645	545

대칭성 확보를 위하여 재표현의 사다리를 $p = 1$에서 $p = -1$까지 0.5씩 줄여 가며 $T_p(x)$를 적용해 보기로 한다. [표 5.4]는 이러한 p값에 대한 중앙(mid) 요약이다. 이를 이용하여 주어진 데이터 II를 좌우 대칭 형태로 변환할 수 있는 적절한 p값을 결정할 수 있다.

표 5.4: [데이터 II]에 대한 $T_p(x)$ 변환, p = 0.5, 0.0, -1.0

letter	origin	p = 0.5(square root)	p = 0(log)	p = -1
M	165.000	23.690	5.106	0.994
H	182.750	24.725	5.161	0.994
E	208.000	26.019	5.218	0.994
D	235.000	27.374	5.280	0.994
C	277.000	29.386	5.373	0.994
B	311.000	30.875	5.435	0.994
A	327.500	31.558	5.462	0.994
Z	350.000	32.493	5.501	0.994
Y	372.500	33.396	5.537	0.994
hinkley's d	0.288	0.202	0.128	0.001

[표 5.4]의 결과를 보면, 재표현의 사다리를 내려갈수록(p값이 작아질수록) 계산된 문자값들의 중앙(mid) 요약 값들이 비슷해지는 것을 확인할 수 있다. 또한 힌클리의 d값이 점차 0.0에 가까워짐을 확인할 수 있다. d값이 가장 0에 가까운 $p = -1$을 적용한 $T_p(x)$ 변환의 히스토그램은 다음과 같다.

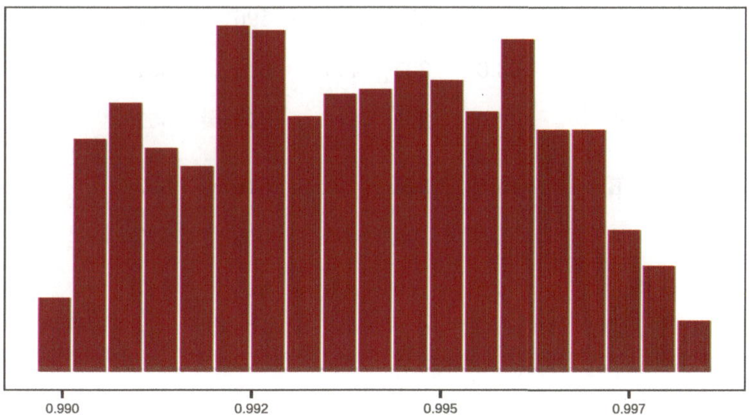

양(+)의 왜도를 갖는 데이터 II의 분포 모양이 대칭 형태로 변환되었음을 확인할 수 있다.

□

- [상황 III]: 음(-)의 왜도를 갖는 형태

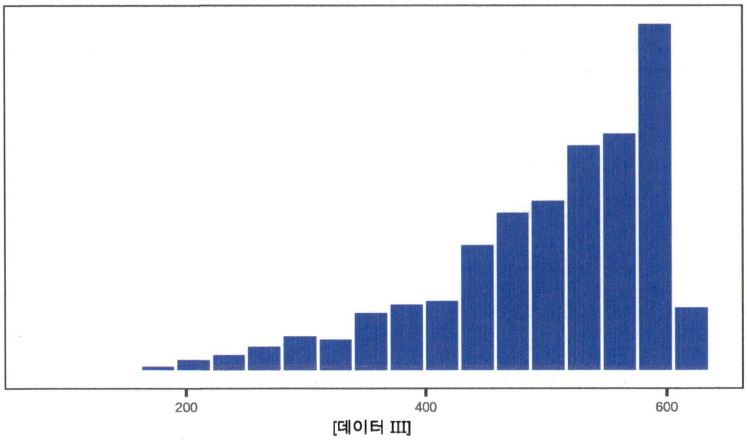

데이터 III의 히스토그램은 음(-)의 왜도를 보이며, [표 5.5]의 중앙(mid) 요약의 결과를 보면, 문자값이 커질수록(M → Y), mid값이 작아짐을 확인할 수 있다.

표 5.5: [데이터 III]의 중앙(mid) 요약

letter	depth	lower	mid	upper	spread
M	500.5	526	526	526	0
H	250.5	445	511	576	131
E	125.5	375	485	596	221
D	63.0	305	455	606	301
C	32.0	265	440	616	351
B	16.5	224	420	616	392
A	8.5	194	405	616	422
Z	4.5	169	393	616	447
Y	2.5	134	375	616	482

음(-)의 왜도를 갖는 분포의 대칭성 확보를 위하여 재표현의 사다리를 $p = 1$에서 $p = 2.5$까지 올라가면서 $T_p(x)$를 적용해 보기로 하자. [표 5.6]은 변환된 후의 중앙(mid)들과 개별 변환에서 계산된 힌클리의 d값을 보여 준다. p값이 증가하면서, d값은 0에 가까워지는 것을 확인할 수 있다.

표 5.6: [데이터 III]에 대한 $T_p(x)$ 변환(p = 1.5, 2.0, 2.5)

letter	origin	p = 1.5	p = 2.0(square)	p = 2.5
M	525.650	8033.744	138153.570	2533973.222
H	510.591	7738.134	132480.380	2428510.729
E	485.493	7269.700	123948.934	2278700.808
D	455.376	6745.213	115021.417	2132141.847
C	440.317	6530.568	112371.805	2111433.854
B	420.238	6216.667	107461.582	2034582.273
A	405.180	5998.795	104308.040	1988917.332
Z	392.631	5829.865	102032.840	1958259.149
Y	375.062	5614.453	99386.764	1925696.415
hinkley's d	-0.196	-0.157	-0.122	-0.091

고려한 값들 중에서 가장 0에 가까운 d를 갖는 p = 2.5를 적용하여 변환된 데이터의 히스토그램은 다음과 같다.

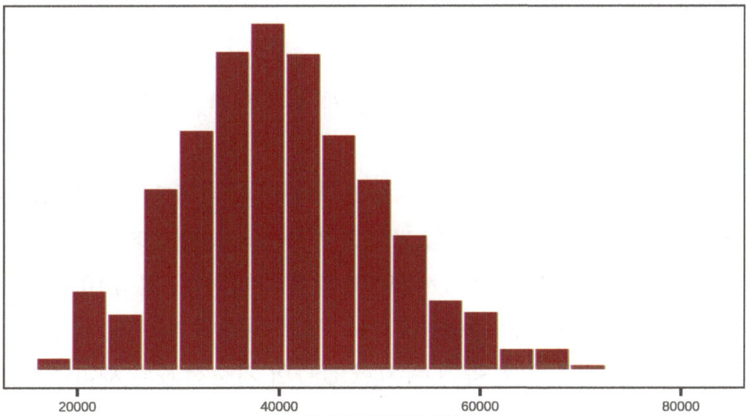

원 데이터인 데이터 III와 비교할 때 음(-)의 왜도는 사라지고 대칭 형태로 변환되었음을 확인할 수 있다.

□

5.1.2 대칭도 Symmetry Plot

대칭도(symmetry plot)는 데이터의 좌우 대칭 여부를 시각적으로 진단할 수 있는 유용한 도구이다. 이는 데이터의 중심(예: 중앙값)을 기준으로 좌/우 값의 위치와 빈도를 비교하여, 분포의 대칭 여부를 판단할 수 있도록 하는 시각적 도구이다. 대칭도의 타점 형태가 직선 형태에 가까울수록 데이터는 대칭적인 경향을 가지며, 기준선에서 벗어날수록 양(+) 또는 음(−)의 왜도(skewness)가 존재함을 의미한다. 이러한 시각적 정보를 바탕으로, 분포가 비대칭인 경우에는 재표현의 사다리(ladder of re-expression)를 활용하여 선택된 멱승 변환(power transformation)을 적용함으로써 대칭 형태에 가까운 분포로 변환할 수 있다. 이는 데이터의 분포에 대한 사전 진단 도구인 동시에 변환 적용의 적절성을 평가하는 도구로 활용된다.

대칭도(Symmetry Plot)

1. 데이터를 오름차순(ascending order)으로 정렬한다.
2. 다음 쌍 (v_i, u_i)를 계산하여 도시한다. 여기서 $i = 1, \dots, \frac{n}{2}$ 또는 $[\frac{n+1}{2}]$ 이다.
   - $v_i = \text{median} - x_{(i)}$
   - $u_i = x_{(n+1-i)} - \text{median}$
3. 기준선 $u = v$를 함께 도시하여 대칭 여부를 시각적으로 확인한다.

[해석 기준]

- (v_i, u_i) 점들이 기준 직선 $u = v$에 가깝게 위치하면, 데이터는 좌우 대칭 형태를 가진다.
- 데이터에 양(+)의 왜도가 있으면, 점들은 기준선의 위쪽에 위치한다.
- 데이터에 음(-)의 왜도가 있으면, 점들은 기준선의 아래쪽에 위치한다.
- 원점 $(0, 0)$에 가까운 점은 중앙값 주변의 값을 의미하며, 원점 $(0, 0)$에서 멀리 떨어진 점들은 데이터의 양 끝에 위치한 값들을 의미한다.
- 왜도의 정도가 클수록, 오른쪽에 위치한 점들이 기준선과의 차이가 더욱 커지는 경향을 갖는다.

예제 3. (n= 10): 10 20 30 40 50 60 70 80 90 100 [중앙값(M) = 55]

주어진 데이터는 **정확한 좌우 대칭**을 갖는다. 이를 오름차순으로 순서화한 뒤, (v_i, u_i), $i = 1, 2, \ldots, 10$를 계산한 결과는 표[5.7]과 같다. **대칭도(symmetry plot)**는 이 중 양(+)의 값을 갖는 순서(order)를 이용하여 작성한다. 각 값의 순서를 함께 표시한 대칭도는 그림[5.4]와 같다.

표 5.7: 대칭도의 작성

order	data	v	u
1	10	45	45
2	20	35	35
3	30	25	25
4	40	15	15
5	50	5	5
6	60	-5	-5
7	70	-15	-15
8	80	-25	-25
9	90	-35	-35
10	100	-45	-45

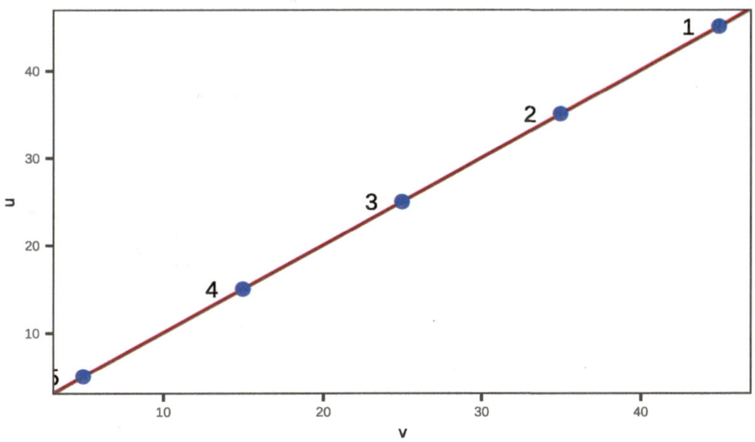

그림 5.4: 정확한 좌우대칭 데이터의 대칭도와 각 값의 순서

만일 데이터가 특정한 왜도(skewness)를 가진다면, 값들은 기준선을 기준으로 비대칭적으로 분포하게 된다. 양의 왜도일 경우, 대부분의 값은 기준선보다 작고, 상대적으로 적은 수의 큰 값들이 오른쪽 꼬리(long right tail)를 형성한다. 반대로 음의 왜도는 대부분의 값이 크고, 소수의 작은 값들이 왼쪽 꼬리를 이룬다. 왜도의 정도가 클수록 꼬리 방향의 값들이 기준선에서 멀어지며, 이를 통해 분포의 대칭성 여부와 비대칭의 정도를 시각적으로 확인할 수 있다. [그림 5.5]는 다양한 분포 형태에서의 대칭도와 왜도의 예를 보여준다.

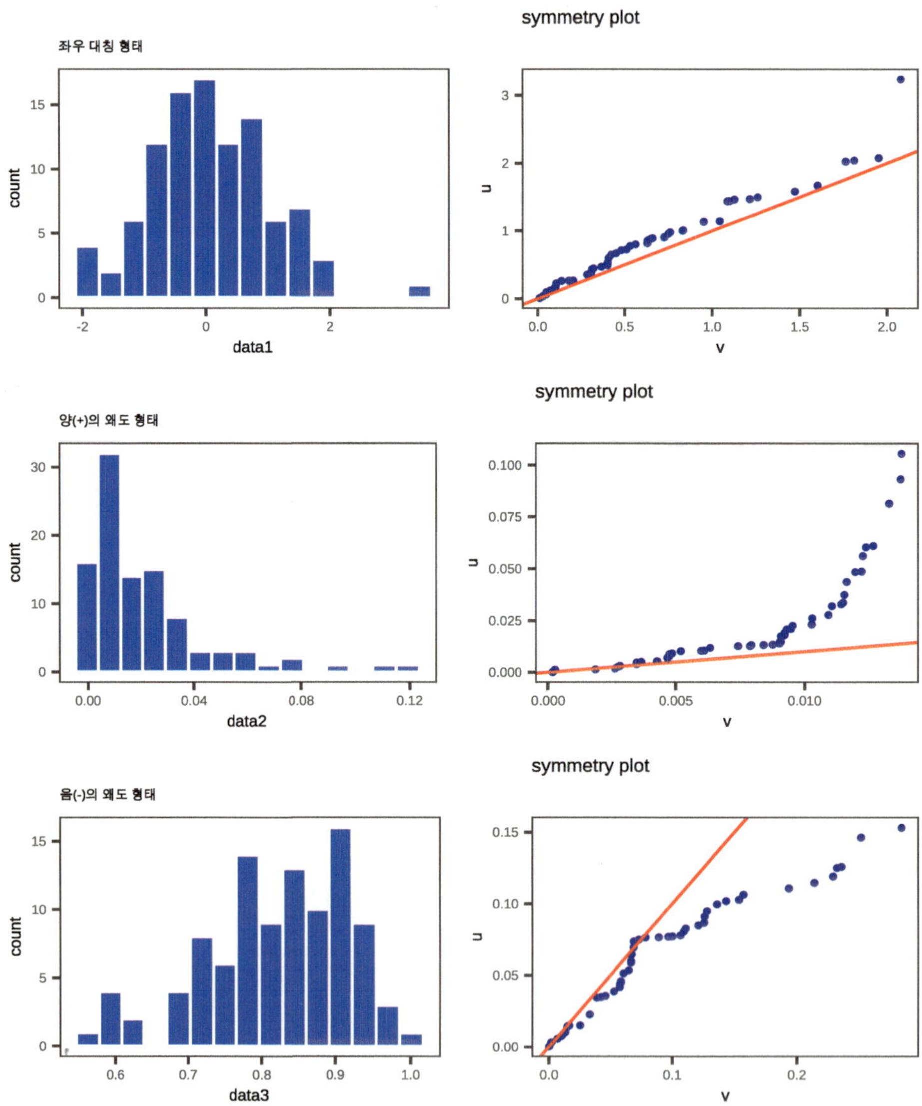

그림 5.5: 다양한 분포 형태와 대칭도(symmetry plot)의 결과

5.1.3 맞춤 변환 Matched Transformations

변환된 데이터가 분포의 대칭성을 달성하였더라도, 변환 과정에서 원시 데이터와 값의 범위가 달라지기 때문에 결과를 올바로 해석할 수 없는 경우가 있다. 예를 들어, 양(+)의 왜도를 보정하기 위해 자주 사용되는 로그(log) 또는 제곱근(squar root) 변환에서는 변환 결과의 범위가 원시 데이터보다 훨씬 작아진다. 이처럼 단위나 스케일이 달라진 경우, 변환된 값을 실무적으로 해석하기 어려울 수 있다. 이러한 단점을 해결하기 위하여, 변환 후의 데이터가 원시 데이터와 유사한 범위 또는 척도를 갖도록 재조정(rescaling)하는 절차를 맞춤 변환(matched transformation)이라 한다. 이러한 절차의 적용은 다음과 같은 장점을 갖는다.

- 변환된 데이터의 의미를 직관적으로 이해하기 쉬워진다.
- 다른 변수들과의 비교나 시각화가 용이해진다.
- 원시 데이터의 단위나 범위에 대한 해석을 유지할 수 있다.

따라서, 맞춤 변환은 멱승 변환을 통해 분포의 대칭성을 확보하고, 해석의 용이성을 위한 추가적인 **선형 보정 절차**로서, 실무적으로 매우 중요한 역할을 한다.

맞춤 변환(Matched Transformation)

원시 데이터 x와 멱승 변환에 의하여 재표현된 데이터를 x^* 라고 할 때, 다음의 선형 변환을 고려할 수 있다.

$$L_{a,b}(x) = a + bx^* = a + bT_p(x)$$

여기서, a와 b는 $T_p(x)$(또는 $P_p(x)$)와 $L_{a,b}(x)$가 유사한 형태를 갖도록 조정된다.

- 적용 절차

1. 기준값 x_0 선택

   - 보통 중앙값 또는 중심값을 사용하며, 변환 후 기준점으로 사용된다.

2. $L(x)$는 다음과 같이 정의한다. 단, $log_{10}()$을 가정한다.

$$L(x) = \begin{cases} x_0 + \dfrac{T_p(x) - T_p(x_0)}{T_p'(x_0)} & \text{if} \quad T_p(x) = \dfrac{x^p - 1}{p},\ p \neq 0 \\ x_0 + \dfrac{x^p - x_0^p}{p x_0^{p-1}} & \text{if} \quad P_p(x) = x^p,\ p \neq 0 \\ x_0 + \dfrac{\log_{10}(x) - \log_{10}(x_0)}{\log_{10}(e)/x_0} & \text{if} \quad p = 0 \end{cases}$$

앞서 논의된 데이터 II와 데이터 III에 대한 맞춤 변환의 결과는 [그림 5.6]와 같다. 모든 경우에서 원시 데이터와 변환 데이터의 중앙값이 일치하며(오렌지 색 dashed line), 서로 비교가 가능함을 확인할 수 있다.

(A)의 데이터 II의 경우, 변환된 데이터의 산포가 지나치게 작아져 시각적으로 구분이 어려울 수 있지만, 중앙값 기준 정렬 및 대칭화가 잘 수행되었음을 확인할 수 있다. 반면 (B-1)의 데이터 III는 변환 후 산포가 커져 원시 데이터와 비교할 수 없지만, 대칭성은 확보되었음을 확인할 수 있다. 또한 (B-2)에서와 같이 맞춤 변환 결과는 중앙값 보존과 대칭성을 동시에 달성함으로써, 원 측정 척도에 따른 해석이 가능함을 확인할 수 있다.

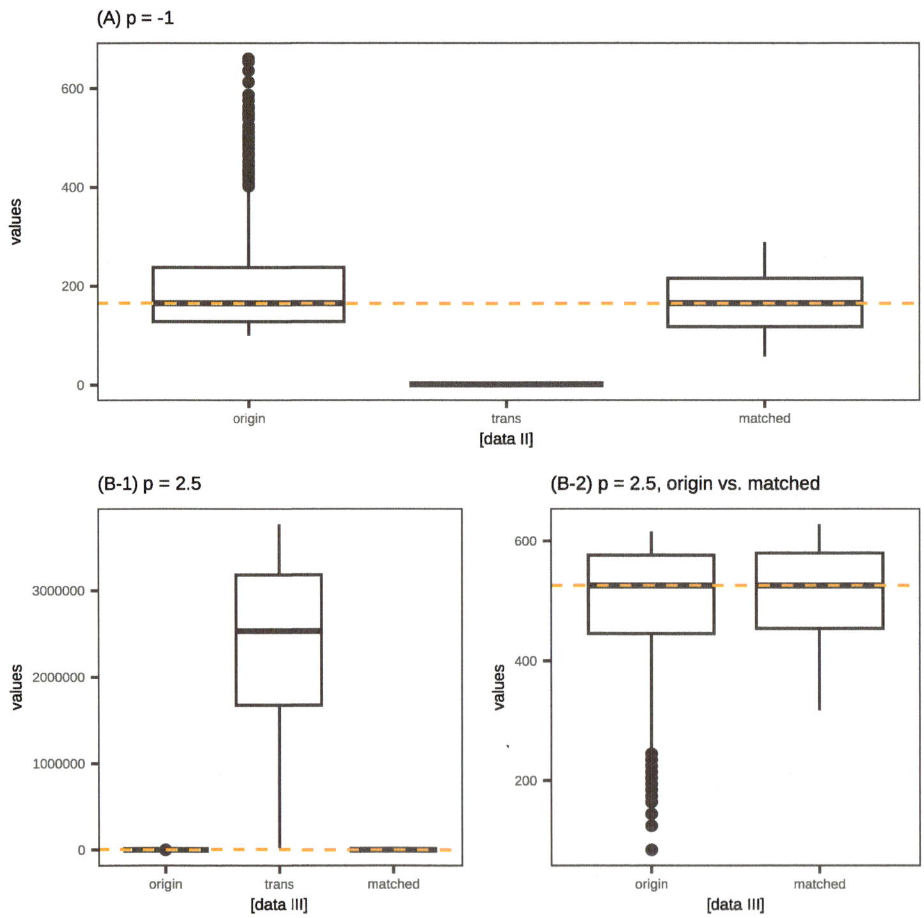

그림 5.6: 원시 데이터(origin), 변환 데이터(trans), 맞춤 변환 데이터(matched)

5.1.4 Python의 활용 Using Python

사용자 정의 함수 불러오기

```
%run eda_tools.py                                    # JupyterLab
reticulate::py_run_file("eda_tools.py")              # RStudio
```

[표 5.8]의 함수들을 이용하여 대칭성 교정과 멱승 변환을 효과적으로 실행할 수 있다.

표 5.8: 변환 및 대칭성 분석

함수	목적	사용 방법
symmetry_plot()	대칭성 시각화	symmetry_plot(d)
hinkley()	Hinkley's d 계산	hinkley(d)
find_p	최적 p 추정	find_p(data, p_list, display=False)
trans_p()	멱승 변환 적용	trans_p(x, p, Pp=False)
match_trans()	변환된 값의 스케일 보정	match_trans(d, p)

practice tools 실습 **4.** *43* 종류의 동물(*animal*)들의 임신 기간(일) <gestation.csv>

https://www.livescience.com/

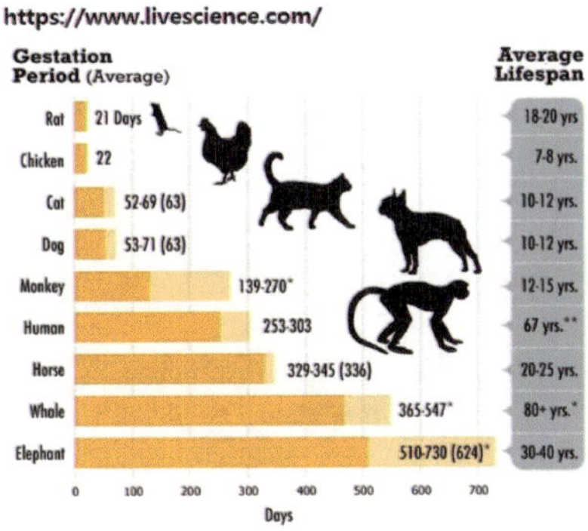

https://animalsake.com/

데이터 불러오기

```
import pandas as pd
data_path = "E:/_data/eda/"                            # 데이터 경로 지정
gestation = pd.read_csv(data_path + "gestation.csv")
```

데이터의 구조 및 결측값 확인

변수와 케이스의 수 그리고 변수의 유형을 확인하고, 결측값(missing values; NA)의 존재 여부를 확인한다.

```
print(gestation.info())                    # 데이터 구조 및 변수 정보 확인
```

```
<class 'pandas.core.frame.DataFrame'>
RangeIndex: 43 entries, 0 to 42
Data columns (total 2 columns):
 #   Column  Non-Null Count  Dtype
---  ------  --------------  -----
 0   animal  43 non-null     object
 1   period  43 non-null     int64
dtypes: int64(1), object(1)
memory usage: 816.0+ bytes
None
```

```
print(gestation.isna().sum())              # 각 열의 결측값 개수 계산
```

```
animal    0
period    0
dtype: int64
```

```
print(gestation.isna().sum().sum())        # 전체 결측값의 수 확인
```

```
0
```

```
print(gestation.head(6))                   # 처음 6개의 행 출력
```

```
        animal  period
0          Ass     365
1       Baboon     187
2   Bear_black     219
3  Bear_grizzly    225
4   Bear_polar     240
5       Beaver     105
```

데이터의 기본 요약 정보 확인

round(x, k)는 x를 소수점 이하 k 자리까지 반올림한 값을 반환한다.

```
fivenum(gestation["period"])
```

```
{'min': 13, 'Q1': 65, 'median': 187, 'Q3': 284, 'max': 660}
```

```
print(round(gestation["period"].mean(), 2))
```

```
208.09
```

```
gestation[ (gestation["period"] == gestation["period"].min()) |
           (gestation["period"] == gestation["period"].max()) ]
```

```
              animal  period
14  Elephant_African     660
31           Opossum      13
```

43 종의 평균 임신 일수는 208(일) 그리고 중앙값은 187(일)이며, 최소 회임 일수는 주머니쥐(Opossum)의 13(일) 그리고 최대 회임 일수은 아프리카 코끼리(African Elephant)의 660(일)이다.

분포 형태의 확인

```
stem_leaf(gestation["period"], unit = 10, m = 2)
```

```
 1 | 2: represents 120
 leaf unit:  10
 n:  43

   7    7  0* | 1123334
  14    7  0. | 5666699
  18    4  1* | 0001
 ( 4)   4  1. | 5568
  21    7  2* | 0123344
  14    4  2. | 5588
  10    1  3* | 3
   9    3  3. | 566
```

```
6    1  4* | 0
5    3  4. | 558
2    0  5* |
2    0  5. |
2    1  6* | 4
1    1  6. | 6
```

43 종의 동물의 임산 기간은 양(+)의 왜도를 갖는 것으로 보인다. 추가적으로 박스 그림과 바이올린 그림을 그려보면 다음과 같다.

```
import seaborn as sns
import matplotlib.pyplot as plt

plt.figure()                                # figsize = (4,3) 등과 같이
                                            # 그림의 크기를 지정할 수 있다.

sns.boxplot(x="period",
            data=gestation,
            orient="h",                     # 가로 배열
            color="white")

sns.stripplot(x="period",
              data=gestation,
              orient="h",
              color="black",
              jitter=True,
              size=3)

plt.xlabel("임신 기간(일)")
plt.yticks([])  # y축 제거
```

```
([], [])
```

```
plt.tight_layout()
plt.show()
```

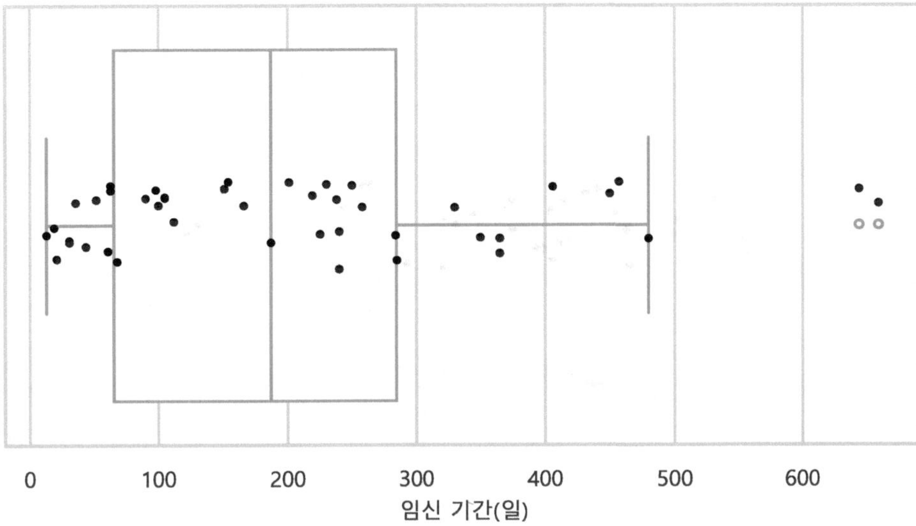


```
plt.figure()
sns.violinplot(x="period",
               data=gestation,
               inner=None,
               color="white")

sns.stripplot(x="period",
              data=gestation,
              color="black",
              jitter=True,
              size=3)

plt.xlabel("임신 기간(일)")
plt.yticks([])
```

```
([], [])
```

```
plt.tight_layout()
plt.show()
```

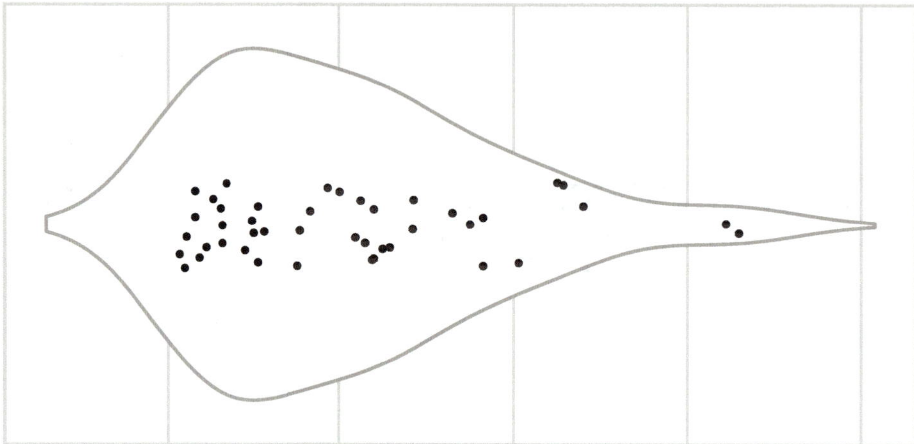

고려한 43 종 중의 50%는 약 190(일) 이하의 임신 기간을 가지고 있고, 극단적으로 600일 이상의 임신 기간을 갖는 일부 종들이 존재한다.

✿ 중앙(mid) 요약의 검토

```
lsum(gestation["period"])
```

	letter	depth	percent	lower	mid	upper	spread
0	M	22	51.163	187.0	187.00	187.0	0.0
1	H	11	25.581	65.5	175.00	284.5	219.0
2	E	6	13.953	36.0	221.00	406.0	370.0
3	D	3	6.977	26.0	247.25	468.5	442.5
4	C	2	4.651	19.0	332.00	645.0	626.0

문자값이 커짐에 따라 mid값이 증가한다. 따라서 분포는 양(+)의 왜도를 갖는 것으로 보이고, 추가적으로 hinkley() 함수를 이용하여 hikley의 `d를 계산할 수 있다. $d = 0.096 > 0$이므로 양(+)의 왜도를 갖는다.

```
def hinkley(d):
    md = np.median(d)
    mn = np.mean(d)
    iqr_val = iqr(d)
```

```
    return (mn - md) / iqr_val
```

```
result = hinkley(gestation["period"])
print(round(result, 3))
```

```
0.096
```

제공된 함수 **symmetry_plot()**을 이용하여 대칭도를 그려보면 다음과 같다.

```
symmetry_plot(gestation["period"])
```

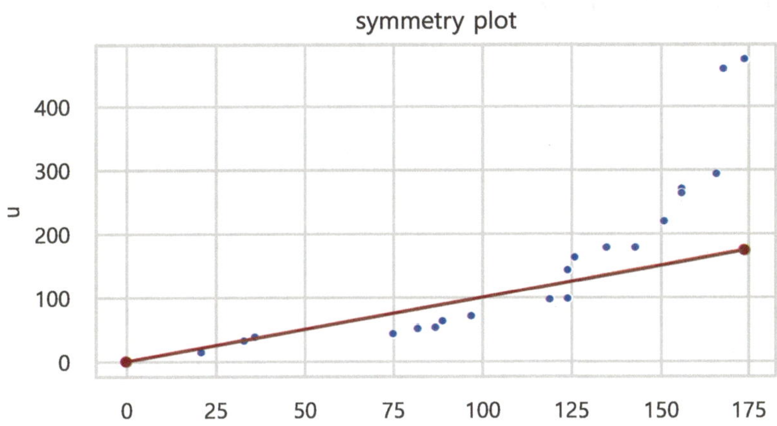

대칭도는 오른쪽 위쪽에 점들이 나타나므로 양(+)의 왜도임을 확인 할 수 있다. 다음의 간단한 함수 **find_p()**를 이용하여 p를 결정할 수 있다.

✿ find_p()는 멱승 변환의 p의 범위에서 hinkey's d 값을 계산한다.

```
def find_p(data, p_list, display=False):
    d_list = []

    for k in p_list:
        t = trans_p(data, k)
        h = round(hinkley(t), 4)  # hinkley가 숫자 반환
        d_list.append(h)

    df = pd.DataFrame({
```

```
        "p": p_list,
        "d": d_list
    })

    if display:
        print(df.to_string(index=False, float_format="{:.4f}".format))
    return df
```

양(+)의 왜도의 경우, 재표현의 사다리를 내려가야 하므로, $p = 1$에서 내려가면서 변환을 적용해 본다.

```
p = np.linspace(1.0, -0.5, num=16)                # 간격 0.1로 16개
find_p(gestation["period"], p)
```

```
      p       d
0   1.0  0.0963
1   0.9  0.0661
2   0.8  0.0365
3   0.7  0.0074
4   0.6 -0.0214
5   0.5 -0.0500
6   0.4 -0.0784
7   0.3 -0.1069
8   0.2 -0.1356
9   0.1 -0.1647
10  0.0 -0.1943
11 -0.1 -0.2248
12 -0.2 -0.2562
13 -0.3 -0.2890
14 -0.4 -0.3234
15 -0.5 -0.3597
```

분포의 대칭성을 달성하는 $d \approx 0$을 갖는 값은 $0.6 < p < 0.7$의 범위에 있다. 이 경우, 0.5 단위로 근사하면 0.5(root) 또는 1.0(무변환)이 된다. $p = 0.5$인 경우, d = -0.05로 음(-)의 왜도로 나타나므로, 이 경우에는 대칭성을 보장하지 못하므로, $p = 0.7$를 가정하여 변환해 보기로 한다. 변환 전과 후의 대칭도를 비교해 보면 다음과 같다. 변환 후의 비대칭의 정도, 즉 왜도의 정도가 개선되었다.

```
gestation["trans"] = trans_p(gestation["period"], 0.7)     # 변환 열 생성
symmetry_plot(gestation["period"])                         # 원시 데이터
```

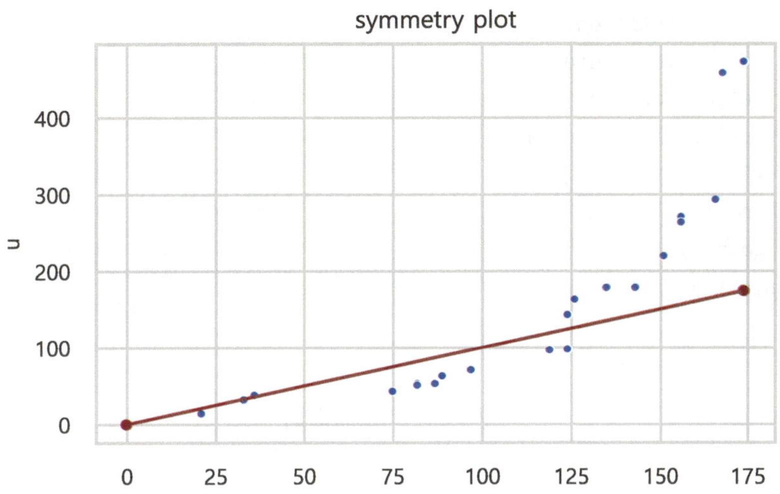


```
symmetry_plot(gestation["trans"])                          # 변환된 데이터
```

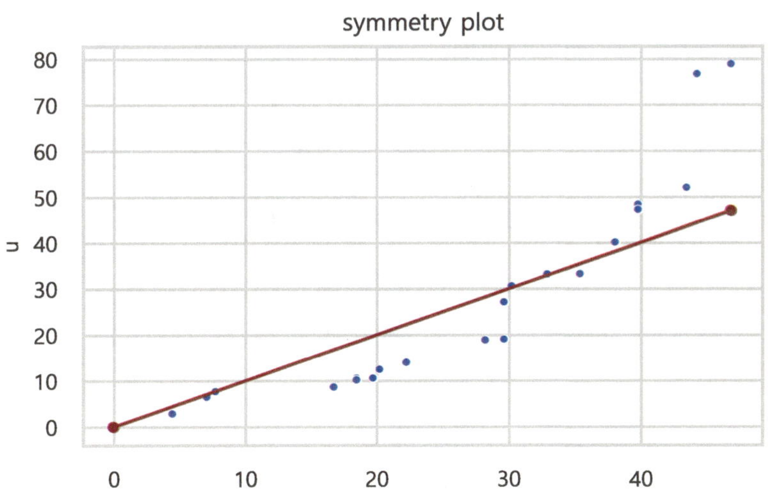

변환 전후의 분포의 대칭도를 확인하기 위하여 변환 전과 후의 히스토그램을 그려보면 다음과 같다. 양(+)의 왜도가 개선되었음을 확인할 수 있다.

```
import seaborn as sns
import matplotlib.pyplot as plt

plt.figure()
sns.histplot(data=gestation,
             x="period", bins=11,                # x = "trans"지정시 변환 후 데이터
             edgecolor="white",
             color="lightblue")
plt.title("변환 전 히스토그램")
plt.xlabel("period")
plt.ylabel("count")
plt.tight_layout()
plt.show()
```

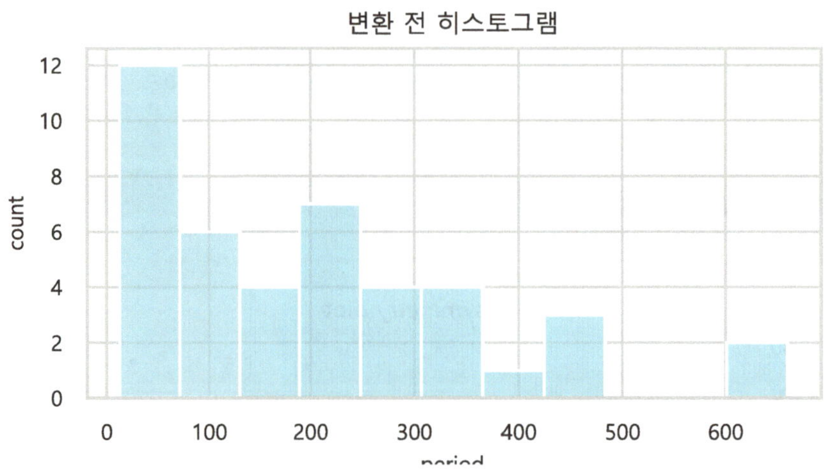

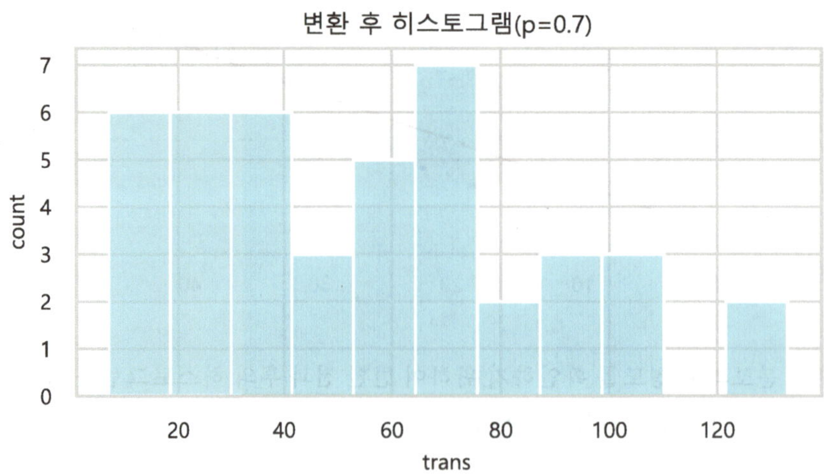

변환되기 전의 임신 기간의 평균과 중앙값은 서로 차이가 있다. 양(+)의 왜도를 갖는 데이터이므로 평균이 중앙값보다 크게 나타난다. 변환된 데이터는 평균과 중앙값이 거의 동일하므로 어떤 대표값을 사용해도 무방하다. 하지만, 재표현된 데이터는 서로 다른 척도(scale)로 표현되어 직접 비교가 어려운 점이 있다. 따라서, **맞춤 변환**을 고려해 볼 수 있다.

✿ match_trans()는 맞춤 변환의 결과를 제공한다.

```
def match_trans(d, p):
    x0 = np.median(d)
    if p == 0:
        return x0 + (np.log10(d) - np.log10(x0)) / (log10(np.e) / x0)
    else:
        return x0 + (d ** p - x0 ** p) / (p * x0 ** (p - 1))
```

✿ 데이터의 형태 변경

- melt()는 지정된 열들(wide-form)을 하나의 열로 통합하여(long-form) 데이터 구조를 재구성한다.
- 변수명과 대응값을 새로운 열로 생성한다.
- 반대로 long-form을 wide-form으로 변경할때는 pivot() 또는 pivot_table()을 사용한다.
- (예) df.pivot(index="id", columns="varable", values="values")
- (예) df.pivot_table("id", "variable", "values", aggfunc="mean")

표 5.9: melt() 함수의 주요 인수, 설명 및 기본값

인수	설명	기본값
data	데이터프레임	필수
id_vars	고정할 열(관측 단위를 유지)	None
value_vars	통합하여 지정할 열	None(모든 열)
var_name	새로 생성될 변수 이름 열	variable
value_name	새로 생성될 값 열	value
col_level	열이 MultiIndex일 때 사용할 level	None
ignore_index	인덱스를 새로 부여할지 여부	True

```
import pandas as pd
import seaborn as sns
import matplotlib.pyplot as plt

gestation["trans"] = trans_p(gestation["period"], 0.7)
gestation["matched"] = match_trans(gestation["period"], 0.7)

m_period = gestation["period"].median()              # 중앙값 계산

l_gestation = pd.melt(                               # long-form 형태로 변환
    gestation,
    value_vars=["period", "trans", "matched"],
    var_name="type",
    value_name="values"
)

plt.figure(figsize=(5, 4))
sns.boxplot(data=l_gestation,
            x="type",
            y="values",
            color = "white")

plt.axhline(y=m_period,
            color="orange",
            linestyle="dotted")
plt.xlabel("유형 (type)")
plt.ylabel("값 (values)")
plt.title("원자료, 멱승 변환, 맞춤 변환의 분포 비교")
plt.tight_layout()
plt.show()
```

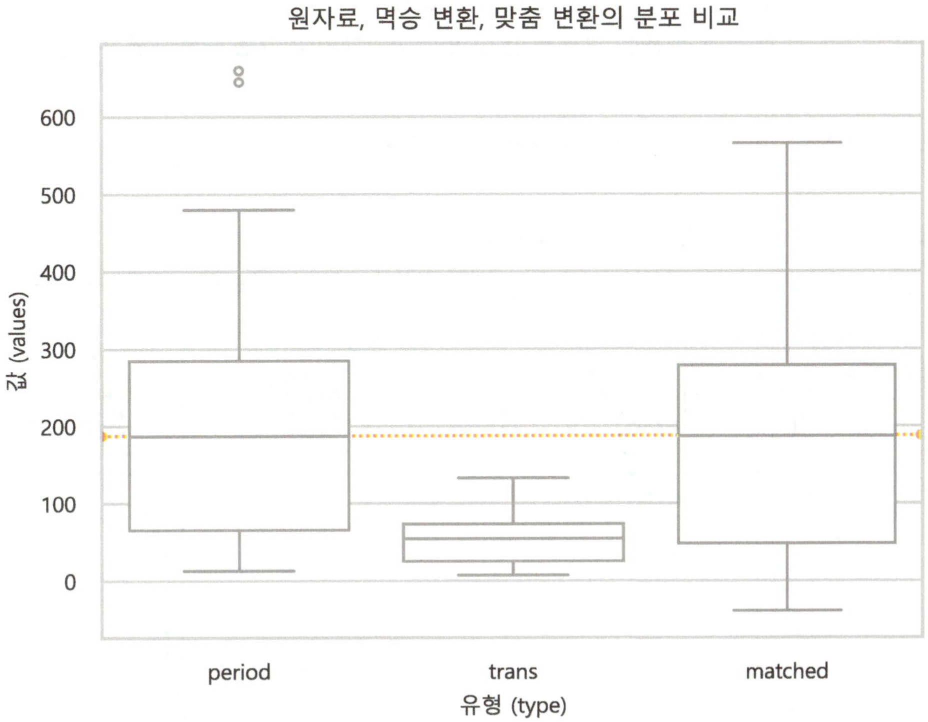

멱승 변환은 양(+)의 왜도를 좌우 대칭으로 변환시킨다. 그리고 **맞춤 변환**은 원시 중앙값(187일)과 동일한 값으로 선형 변환하여 원시 데이터와 비슷한 값을 갖는다. 원시 데이터, 변환 데이터 그리고 맞춤 변환 데이터의 중요 요약값은 표 [5.10]과 같다.

표 5.10: 원시 데이터, 변환 그리고 맞춤 변환의 중요 요약값

구분	원시 데이터(period)	변환(trans)	맞춤 변환(matched)
분포 형태	양의 왜도	왜도 개선	왜도 개선
이상점 유무	존재	없음	없음
평균	208.09	44.31	185.36
중앙값	187.00	44.57	187.00
표준 편차	165.12	25.26	157.58
사분위수 범위	219.00	37.26	232.46

맞춤 변환된 데이터는 평균과 중앙값이 일치한다. 만일 추가적인 정보 - 각 동물의 신체적/생존 특징, 유사 동물군의 구분 기준, 수명 등 - 가 가능하다면, 이를 기초로 다음의 추가 관심 사항에 대한 탐색 방향을 결정할 수 있다.

- 각 동물들의 어떤 특징들이 임신 기간에 영향을 주는가?
- 임신 기간으로 특정 동물들을 그룹화할 수 있는가? 그리고 그룹화된다면, 이들의 새로운 특징을 도출할 수 있는가?
- 임신 기간은 해당 동물의 수명에 영향을 주는가? 등

변환 전/후의 전체 데이터와 요약값 비교

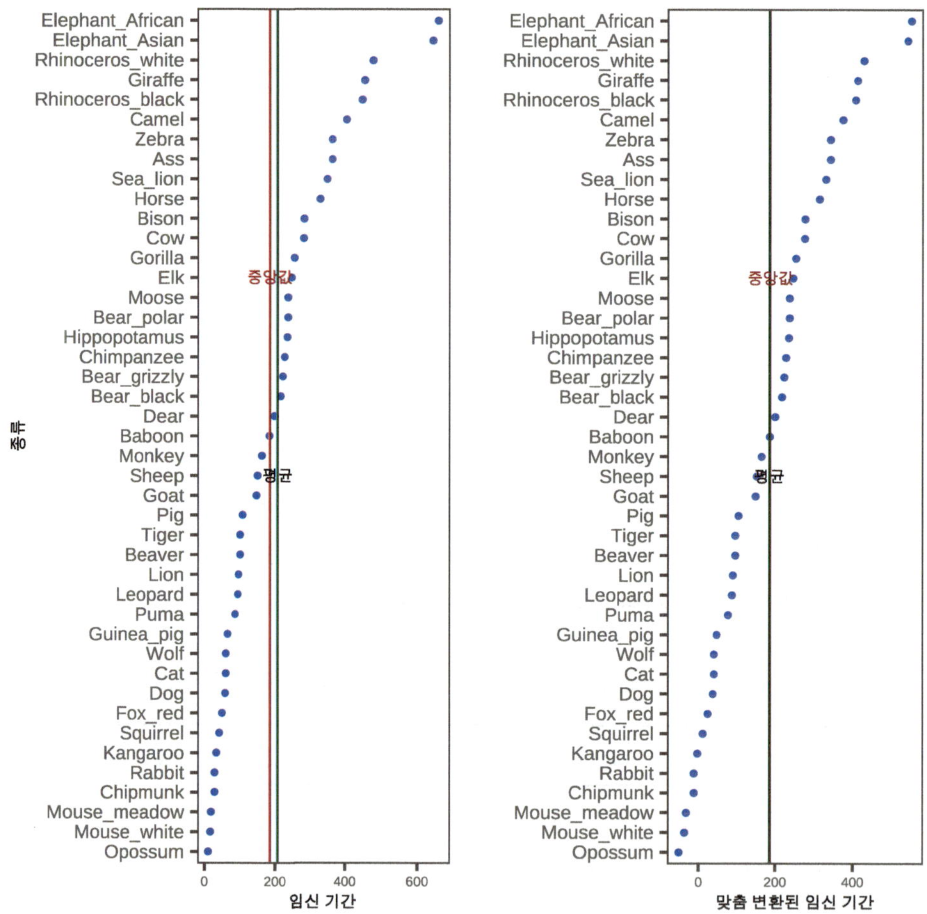

그림 5.7: 변환 전후의 43종의 임신 기간(단위: 일)

□

5.2 산포 안정화의 진단과 교정 Diagnosis and Stabilization of Variances

일반적으로 2개 이상의 집단으로 구성된 데이터의 특성은 중심 성향을 나타내는 대표값 - 평균, 중앙값, 최빈값 등 - 을 통해 요약하고 비교한다. 그러나 이러한 대표값을 기반으로 집단 간의 차이를 올바로 비교하기 위해서는 비교 대상인 집단들 사이의 산포(spread)가 안정적이라는 등분산(equal variances)의 전제가 필요하다. 하지만 다음의 경우에는 일반적으로 집단 간 산포가 안정적이지 못하다.

- 빈도(counts) 기반으로 수집된 데이터: 빈도가 작을수록 상대적 변동이 커지며, 분산이 일정하지 않게 나타난다.
- 일정한 단위로 집계되어 비율(proportion) 형태로 표현된 데이터: 비율 값이 0 또는 1에 가까울수록 산포가 작고, 0.5에 가까울수록 산포가 커지는 비대칭적 분산 구조를 갖는다.
- 서로 다른 단위, 조건 또는 환경에서 측정된 데이터: 측정 단위나 환경에 따라 오차 수준이 달라지므로, 집단 간 분산의 비교가 불균형할 수 있다.

모든 데이터에서 산포의 균일성(등분산성)을 달성할 수 있는 것은 아니다. 특히 서로 다른 환경이나 원인에 의해 영향을 받는 데이터를 구분하지 않고 통합하여 수집한 경우, 집단 간 또는 관측치 간의 산포가 크게 달라질 수 있다. 이처럼 산포가 크고 불균일한 경우에는 대표값 비교나 회귀 분석 결과가 왜곡될 수 있으며, 산포의 균일성을 확보하기 어려운 경우가 많다.

산포-수준 그림(spread-level plot)은 산포의 균일성을 시각적으로 진단할 수 있는 간단한 방법이다. 이는 관측값의 크기 수준에 따라 산포가 어떻게 변하는지를 보여주며, 산포가 값의 수준에 따라 증가 또는 감소하는지를 진단할 수 있다. 또한 이는 멱승 변환(power transformation)을 적용할 때 사용할 적절한 변환 지수 p의 범위를 판단하는 데도 유용하다. 일반적으로 산포–수준 그림에서 선형 추세선의 기울기를 기준으로 하여, 산포를 안정화시킬 수 있는 p의 기준값을 탐색할 수 있다.

산포-수준 그림(Spread-Level Plot)

$g \geq 2$인 그룹에 대하여 다음을 정의한다.

$$(x_{ij}, y_{ij}),\ i = 1, 2, ..., g,\ j = 1, 2, ..., n_i$$

1. 각 그룹별 중앙값 $m(i)$와 사분위수 범위 $d_F(i)$를 계산한다.

2. $(\log(m(i)), \log(d_F(i))), i = 1, 2, \ldots, g$의 산점도를 도시한다.

3. 각 점들의 패턴을 확인하고 직선의 경향을 갖는다면, 기울기 b를 계산한다.

4. $p = 1 - b$의 멱승 변환을 적용한다.

5. 필요하다면, 변환된 값들에 대해 1 ~ 4 단계를 반복한다.

6. 변환 후 산포-수준 그림에서 점들의 랜덤한 경향을 갖거나 p 값이 안정되면 종료한다.

- 변환 가능성과 효과의 검토
  - 각 그룹 i에 대해 중앙값 변동 계수 cv_i^m가 원시 데이터에서 클수록, 멱승 변환을 통한 산포 안정화의 효과가 크다.

$$cv_i^m = \frac{d_F(i)}{m(i)}, \quad i = 1, 2, \ldots, g$$

  - 변환 후 각 그룹의 cv_i^m 값이 작아졌다면, 산포의 안정성이 달성되었을 가능성이 높다.

[그림 5.8]은 서로 다른 10개 집단의 박스 그림이다. 중앙값이 작은 경우에는 산포가 작고, 중앙값이 큰 경우에는 산포가 크게 나타난다. 이는 빈도(counts)로 집계된 데이터에서 나타나는 대표적인 형태이다. 이러한 경우, 평균 또는 중앙값 만으로 집단을 비교하는 것은 바람직하지 않다.

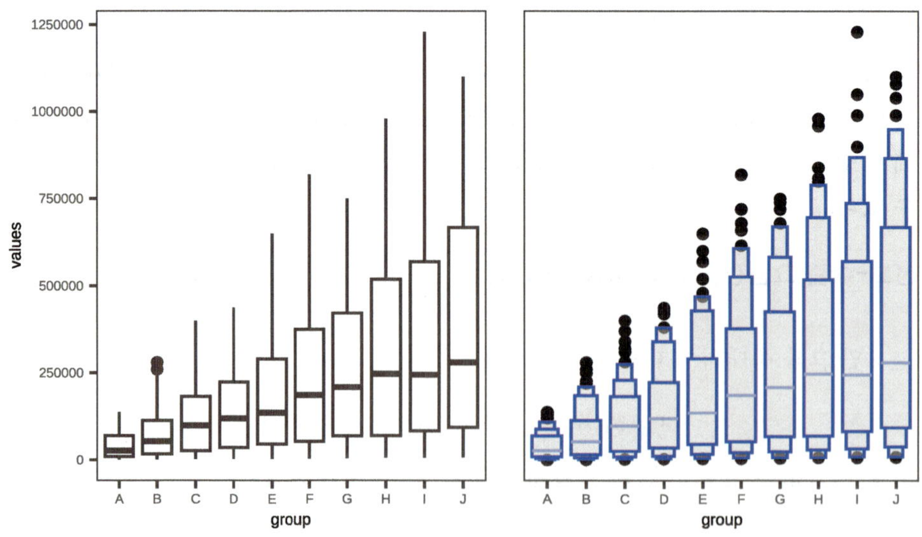

그림 5.8: 10개 집단 별 박스 그림과 문자값 그림

원 데이터의 중앙값 m, 사분위수 범위 d_F, 그리고 중앙값 변동계수 $cv^m = \frac{d_F}{m}$는 [표 5.11]과 같다. 대부분의 그룹에서 cv^m 값은 약 1.5에서 2.2 사이의 범위를 보이며, 이는 전체적으로 중앙값에 비례하여 분산 정도가 함께 증가함을 시사한다. 또한 $(\log m, \log d_F)$에서의 값은 그룹 간 큰 차이가 없지만, 그룹 A에서 그룹 J로 이동할수록 점진적으로 증가하는 경향을 보인다. 이는 중앙값과 사분위수 범위 간의 관계가 일정한 비율을 유지하면서도 전체적인 수준이 그룹에 따라 상승함을 의미한다.

표 5.11: 원시 데이터의 중앙값, 사분위수 범위 그리고 중앙값 변동 계수

group	m	d_F	cv^m	$log(m)$	$log(d_F)$
A	27500	59500	2.16	4.44	4.78
B	53950	95775	1.78	4.73	4.98
C	99000	155150	1.57	5.00	5.19
D	119400	188000	1.57	5.08	5.27
E	135900	243700	1.79	5.13	5.39
F	186250	320400	1.72	5.27	5.51
G	208850	352875	1.69	5.32	5.55
H	247400	447975	1.81	5.39	5.65
I	244900	485325	1.98	5.39	5.69
J	280100	573150	2.05	5.45	5.76

각 집단의 $(log(m), log(d_F))$을 이용하여 산포-수준 그림을 그려보면 다음과 같다.

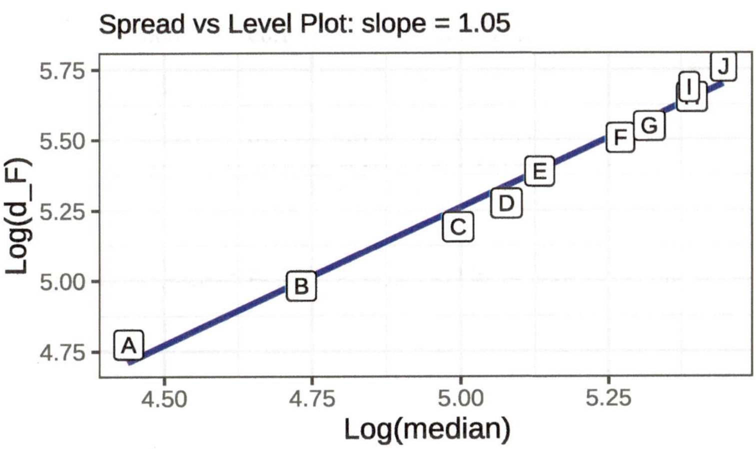

이는 밀접한 선형 관계를 보이며, 선형 관계의 기울기(b)는 1.05로 각 집단의 $(log(m), log(d_F))$가 거의 동일한 값을 갖는다. b = 1.05이므로, 멱승 변환의 지수 $p = 1-b \approx 0$에 해당하는 변환을 적용하여 데이터 구조를 재검토할 필요가 있다. 멱승 변환에서 $p = 0$인 경우의 변환 함수는 로그 함수이므로, 각 집단의 관찰값에 다음과 같은 방식으로 변환을 수행한다.

```
new_value = log(value)
```

변환된 new_value를 기준으로 중앙값(m), 사분위수 범위(d_F), 그리고 중앙값 변동 계수($cdm = d_F/m$)를 계산하면, 그 결과는 [표 5.12]와 같다. 변환 전에는 cdm 값이 1.5 이상이었으나, 변환 후에는 모든 그룹에서 cdm이 약 0.15에서 0.19 사이로 줄어든 것을 확인할 수 있다.

또한 $(\log m, \log d_F)$ 값은 그룹 A에서 그룹 J로 이동함에 따라 거의 일정하게 유지되며, 뚜렷한 변화 추세나 패턴은 관찰되지 않는다. 이는 로그 변환이 산포를 안정화하여 각 그룹 간의 상대적인 비교가 가능하도록 변환되었음을 의미한다.

표 5.12: 원시 데이터의 중앙값, 사분위수 범위 그리고 중앙값 변동 계수

group	m	d_F	cvm	$log(m)$	$log(d_F)$
A	10.2	1.90	0.19	1.01	0.278
B	10.9	1.87	0.17	1.04	0.271
C	11.5	1.90	0.17	1.06	0.279
D	11.7	1.83	0.16	1.07	0.262
E	11.8	1.84	0.16	1.07	0.265
F	12.1	1.94	0.16	1.08	0.287
G	12.2	1.81	0.15	1.09	0.258
H	12.4	2.00	0.16	1.09	0.300
I	12.4	1.91	0.15	1.09	0.282
J	12.5	1.96	0.16	1.10	0.292

추가 변환 여부를 확인하기 위하여 변환된 값을 이용하여 산포-수준 그림을 그려보면 다음과 같다.

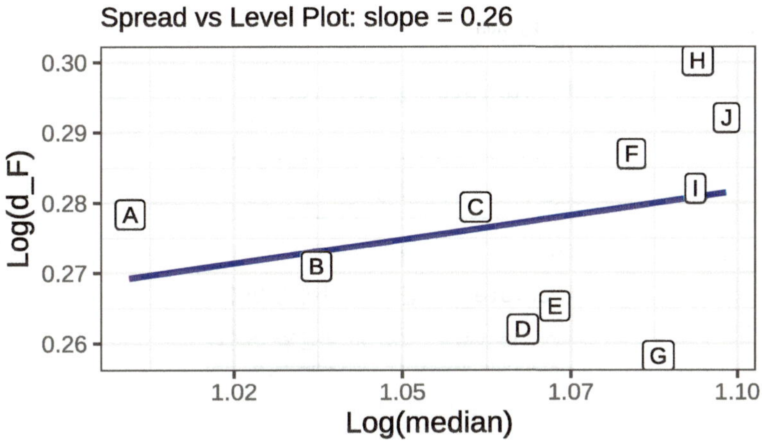

$(log(m), log(d_F))$의 값들이 밀접한 선형 관계를 갖는다고 할 수 없으며, 선형 관계를 가정한 기울기(b)가 0.26으로 근사적으로 0에 가깝다. 따라서 추가 변환 $p = 1 - 0.26 \approx 1$이므로 추가 변환이 필요하지 않음을 확인할 수 있다.

변환된 값 new_value = log(value)를 이용하여 각 집단에 대한 박스 그림은 [그림 5.9]와 같다. 이를 변환 전에 집단 간 산포의 차이가 컸던 데이터를 로그 변환을 통하여 모든 집단의 산포가 거의 동일한 수준으로 안정화되었음을 확인할 수 있다. 이는 로그 변환이 분산의 크기 차이를 줄이고, 비교 가능한 스케일로 조정하는 데 효과적임을 보여준다. 특히 중앙값 주변의 데이터 구조가 중요한 분석에서는 이러한 변환이 유용하게 작용한다.

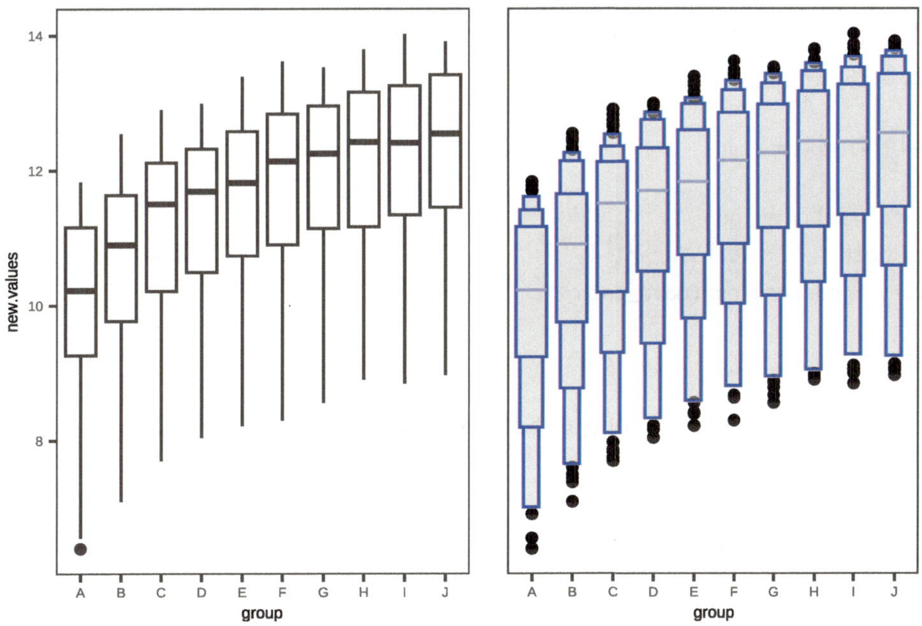

그림 5.9: 산포-수준 그림과 멱승 변환에 의하여 변환된 10개 집단의 박스 그림과 문자값 그림

5.2.1 Python의 활용 Using Python

```
spread_level_plot(df, variate, group_var)
```

인수	설명
df	데이터프레임
variate	분석할 연속형 변수
group_var	그룹을 구분할 변수

practice tools 실습 5. 소프트웨어 개발 기업의 년차 별 연봉 <salary.group.csv>

[origin] Principles Of Software Engineering Management, Tom Gilb , 1988, p.45

다음은 특정 소프트웨어 개발 기업에 재직 중인 재직자들의 5년 단위 연차(group)별 연봉(annual, $)을 조사한 것이다.

데이터 불러오기

```
import pandas as pd
data_path = "E:/_data/eda/"                                   # 데이터 경로 지정
salary = pd.read_csv(data_path + "salary.group.csv")
```

데이터의 구조 확인

- 변수와 케이스의 수 그리고 변수의 유형을 확인하고, 결측값(missing values; NA)의 존재 여부를 확인한다.

```
print(salary.info())                          # 데이터 구조 및 변수 정보 확인
```

```
<class 'pandas.core.frame.DataFrame'>
RangeIndex: 100 entries, 0 to 99
```

```
Data columns (total 2 columns):
 #   Column  Non-Null Count  Dtype
---  ------  --------------  -----
 0   group   100 non-null    object
 1   annual  100 non-null    int64
dtypes: int64(1), object(1)
memory usage: 1.7+ KB
None
```

```
print(salary.isna().sum().sum())                        # 전체 결측값의 수 확인
```

```
0
```

```
print(salary.head(6))                                    # 처음 6개의 행 출력
```

```
     group  annual
0  (0, 5]Y   41504
1  (0, 5]Y   32619
2  (0, 5]Y   44322
3  (0, 5]Y   40038
4  (0, 5]Y   46147
5  (0, 5]Y   38447
```

데이터의 기본 정보 확인

```
fivenum(salary["annual"])
```

```
{'min': 25597, 'Q1': 60071, 'median': 98560, 'Q3': 166980, 'max': 312549}
```

최소 연봉은 25,597달러(약 3,327만원)이고 최고 연봉은 312,549달러(약 40, 631만원)이다. 연차를 확인해 보면 각각 5년 미만과 20~25년차 직원이다.

```
import pandas as pd

min_val = salary["annual"].min()
max_val = salary["annual"].max()

salary[(salary["annual"] == min_val) | (salary["annual"] == max_val)]
```

```
       group  annual
8     (0, 5]Y   25597
99  (20, 25]Y  312549
```

연차와 연봉간의 관계 확인

```
import pandas as pd
import seaborn as sns
import matplotlib.pyplot as plt

plt.figure()
sns.boxplot(data=salary,
            x="group",
            y="annual",
            color = "white")
plt.xlabel("group")
plt.ylabel("annual")
plt.tight_layout()
plt.show()
```

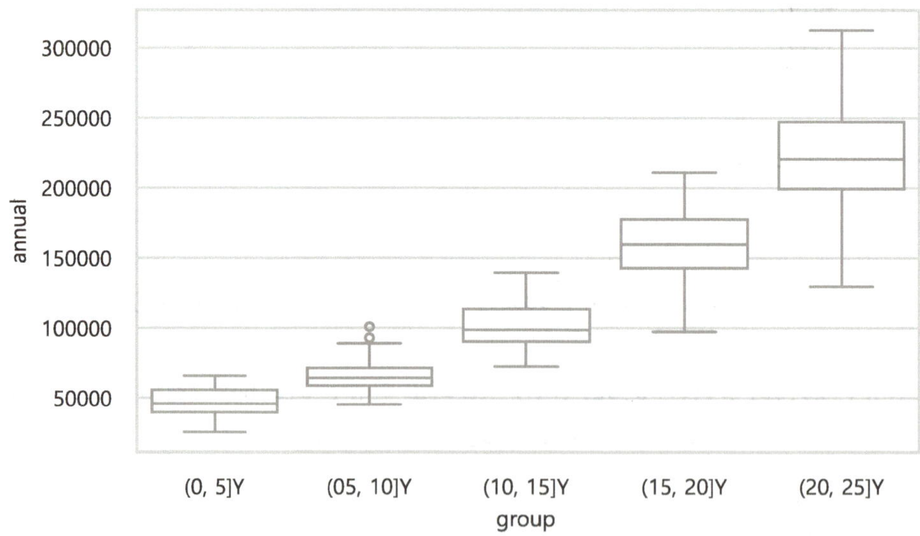

년차가 높을수록 산포가 커지는 경향을 갖는다. 산포 안정화를 위하여 먼저 spread_level_plot을 그려보면 다음과 같다.

대칭도 검토

```
spread_level_plot(salary, "annual", "group")
```

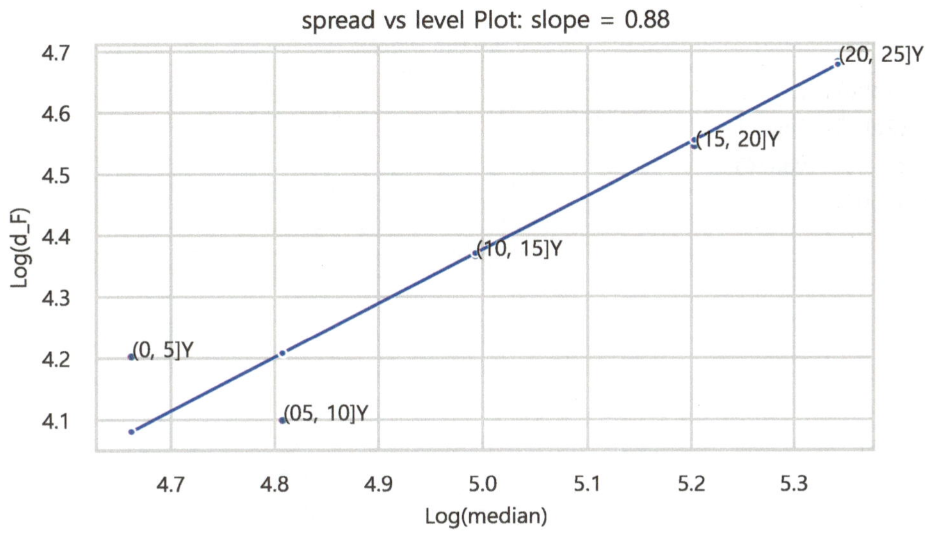

기울기가 $b = 0.88$ 이므로 멱승 변환 $p = 1 - b = 0.12 \approx 0.0$ 을 적용하여 변환의 유용성을 확인해 볼 필요가 있다. 멱승 변환에서 $p = 0$ 의 변환 함수는 $\log()$ 이므로 이를 각 집단의 관찰값에 적용한다.

```
import pandas as pd
import numpy as np
import seaborn as sns
import matplotlib.pyplot as plt

salary["new_annual"] = np.log(salary["annual"])                # 로그 변환

group_order = (
    salary.groupby("group")["new_annual"]
    .median()
    .sort_values()
    .index
)

plt.figure()
```

```
sns.boxplot(data=salary,
            x="group",
            y="new_annual",
            order=group_order,
            color="white")

plt.xlabel("경력")
plt.ylabel("log(연봉)")
plt.tight_layout()
plt.show()
```

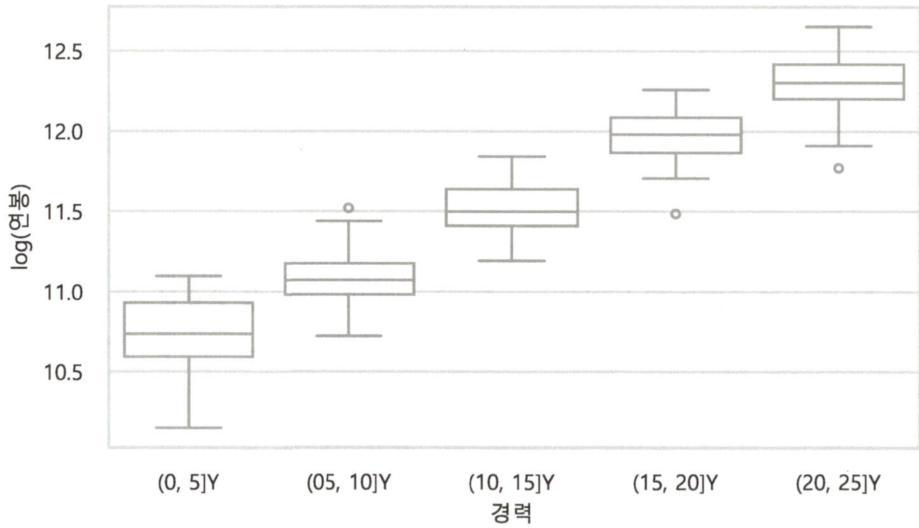

각 집단의 산포가 거의 균등하게 안정화되었으므로, 대표값 - 평균 또는 중앙값 - 을 이용하여 집단을 비교해 볼 수 있다.

□

5.3 선형성 진단과 교정 Linearity Diagnostics and Transformation

2 개의 변수 (x, y)의 관계를 고찰할 때 비선형 관계를 간단한 선형 관계로 변환할 수 있다면, 분석과 해석에서 다음의 장점을 갖는다.

- 관계식의 추정이 간단하다.
- 절편과 기울기로 관계를 간단히 요약할 수 있다.
- 척도가 동일한 데이터의 경우, 기울기를 이용하여 관계를 비교할 수 있다.

다음은 관계의 선형성 진단을 위한 3-요약점(3-summary points)에 기반한 절반 기울기의 비(half-slope ratio)는 다음과 같다.

3-요약점과 절반 기울기의 비(Three Summary Points and half-slope ratio)

데이터는 (x_i, y_i), $i = 1, 2, ..., n$이 주어졌을 때

- 3-요약점

(1) x 기준으로 순서화된 데이터를 3개의 그룹으로 구분한다.

- 그룹 내의 데이터 수는 가능한 한 동일하게 한다.
- $n = 3k$이면 각 그룹은 동일한 수(k)로 구성
- $n = 3k + 1$ 이면 중간 그룹은 $k + 1$개 그리고 나머지 그룹은 k로 구성
- $n = 3k + 2$ 이면 중간 그룹은 k개 그리고 나머지 그룹은 $k + 1$로 구성

(2) 구분된 데이터 그룹(Left, Center, Right) 각각의 중앙값 좌표 (x_{median}, y_{median})를 3개의 기준점으로 선택한다.

- Left $= (x_L, y_L)$, Center $= (x_c, y_c)$, Right $= (x_R, y_R)$

- 절반 기울기의 비(half-slope ratio; b_H)

(1) 중심(Center)점을 기준으로 왼쪽(Left) 과 오른쪽(Right)을 연결한 2개의 선의 기울기(slope)를 계산한다. 단, 반드시 두 값은 동일한 부호(+ 또는 −)를 가져야 한다.

- $b_L = \dfrac{y_L - y_C}{x_L - x_C}$ 그리고 $b_R = \dfrac{y_C - y_R}{x_C - x_R}$

(2) (1)을 이용하여 b_H를 계산한다.

$$b_H = \frac{b_R}{b_L}$$

- $b_H > 1$ 이면, $y = f(x)$는 아래로 오목한(concave down) 형태이다.
- $b_H < 1$ 이면, $y = f(x)$는 위로 오목한(concave up) 형태이다.
- $b_H \approx 1$, 이면, $y = f(x)$는 직선(straight line)의 가까운 형태이다.

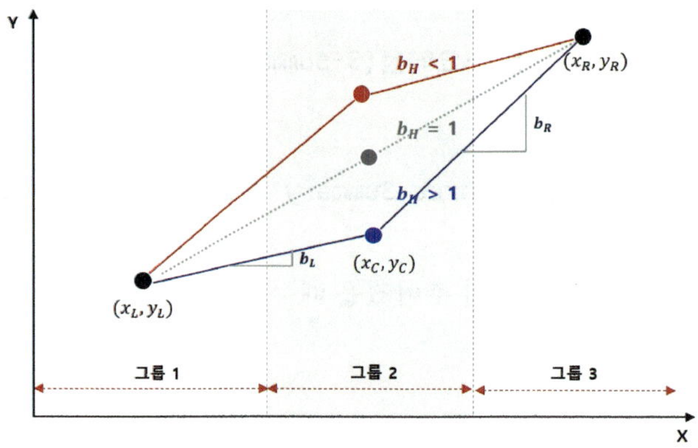

그림 5.10: 그래프의 형태와 3-요약 점을 이용한 b_H 값과 곡률간의 관계

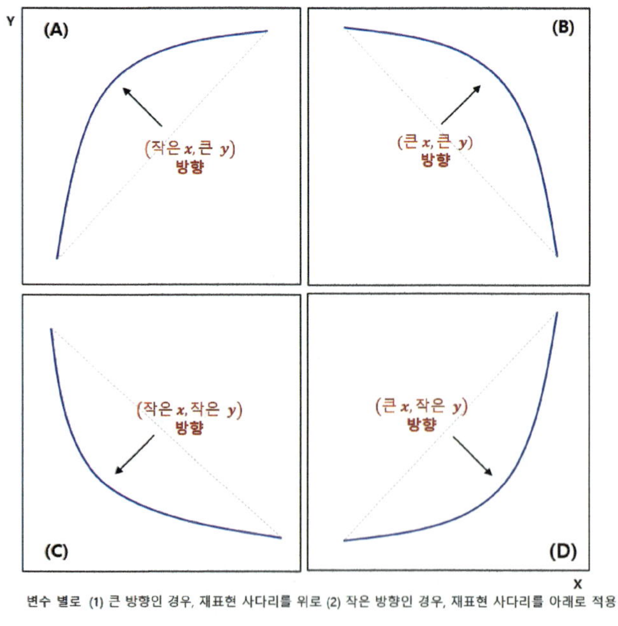

그림 5.11: $y = f(x)$ 그래프 형태에 따른 재표현의 사다리 적용 기준

3-요약점과 절반 기울기의 비(b_H)를 이용하면, [그림 5.10]과 같이 $y = f(x)$의 곡률(curvature)을 대략적으로 확인할 수 있다. 계산된 b_H 값이 선형 관계가 적합하지 않다고 판단되면, [그림 5.11]과 **재표현의 사다리**(ladder of re-expression)를 활용하여 개별 x와 y에 대한 멱승 변환을 고려할 수 있다. 이때, 곡률의 방향을 각각의 변수에 따라 판단한 후, 그 방향이 증가(concave up 또는 convex 형태)일 경우에는 재표현의 사다리를 올라가며 변환을 적용해 보고, 방향이 감소(concave down 또는 concave 형태)일 경우에는 사다리를 내려가며 변환을 적용해 가면서 선형화 가능성을 탐색한다.

이와 같이 변환된 데이터의 b_H 값이 근사적으로 1.0에 가까워진다면, 최종적으로 해당 변환이 **선형성(linearity)**을 만족하는지를 다시 확인해야 한다.

예제 4. 다음의 가상 데이터를 이용하여 선형성을 진단하고 교정하시오.

변수	1	2	3	4	5	6	7	8	9
x	55.0	53.0	29.0	6.0	41	72	38.0	25.0	65.0
y	36.5	29.9	2.7	0.3	9	200	6.7	1.8	99.3

1. 선형성 확인

[그림 5.12]는 $n = 9$개 가상 데이터의 (x_i, y_i), $i = 1, 2, \ldots, n$의 산점도이다. 두 변수 (x, y)의 관계는 직선이 아닌 곡선의 형태임을 확인할 수 있다.

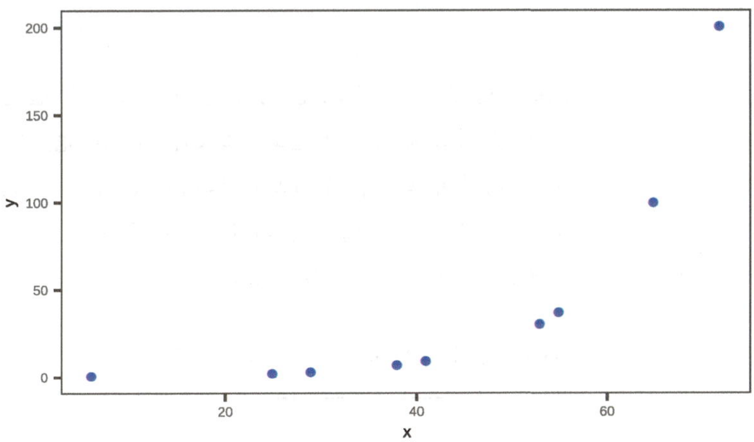

그림 5.12: 9개의 가상 데이터의 산점도

2. 절반 기울기 계산

(1) x의 순서화 (2) 3-요약 점 계산 (3) 절반 기울기 비(b_H)를 계산해 보면 [표 5.13]과 같다. 여기서, b_L과 b_R은 (x,y)의 3-요약점을 이용하여 다음과 같이 계산한다.

$$b_L = \frac{1.8 - 9.0}{25 - 41} = 0.45 \quad \text{그리고} \quad b_R = \frac{9.0 - 99.3}{41 - 65} = 3.76$$

표 5.13: 3-요약점의 계산과 절반 기울기의 비(b_H) 계산

순서	x	y	구분	요약점(x)	요약점(y)	b_H
1	6	0.3	1	*	*	
2	25	1.8	1	25	1.8	
3	29	2.7	1	*	*	0.45
4	38	6.7	2	*	*	
5	41	9.0	2	41	9.0	8.36
6	53	29.9	2	*	*	
7	55	36.5	3	*	*	3.76
8	65	99.3	3	65	99.3	
9	72	200.1	3	*	*	

3. 멱승 변환 적용

계산된 b_H는 8.36이며, 그래프의 형태가 (작은 x, 큰 y) 방향이므로 멱승 변환에서 x의 p는 작은 값으로 그리고 y의 p는 큰 방향을 적용해 가며 직선화(streighhtening) 여부를 관찰해야 한다. 즉, 이는 [그림 5.11]의 (D)에 해당하므로, p_x는 1보다 크거나 같게 그리고 p_y는 1보다 작거나 같게 시도를 해볼 필요가 있다. [표 5.14]는 $p_x = \{1.0, 1.5, 2.0\}$ 그리고 $p_y = \{1.0, 0.5, 0.0\}$을 시도한 결과이다. $b_h \approx 1$인 변환은 $(p_x, p_y) = (1.0, 0.0)$ 임을 확인할 수 있다.

표 5.14: p_x와 p_y에 따른 절반 기울기의 비

p_x	p_y	b_H
1.0	1.0	8.361
1.0	0.5	2.800

1.0	0.0	0.995
1.5	1.0	6.595
1.5	0.5	2.209
1.5	0.0	0.784
2.0	1.0	5.206
2.0	0.5	1.743
2.0	0.0	0.619

이를 적용한 변환된 (x^*, y^*)의 산점도는 [그림 5.13]과 같다. 절반 기울기를 적용한 후 직선화(straightening)된 패턴을 확인할 수 있다. 따라서 추정된 직선의 절편과 기울기를 각각 a, b라고 하면, 이는 다음과 같이 선형식으로 표현할 수 있고, 역 변환 역시 쉽게 할 수 있다.

$$\log_{10}(y) = a + bx \quad \Rightarrow \quad y = 10^{a+bx}$$

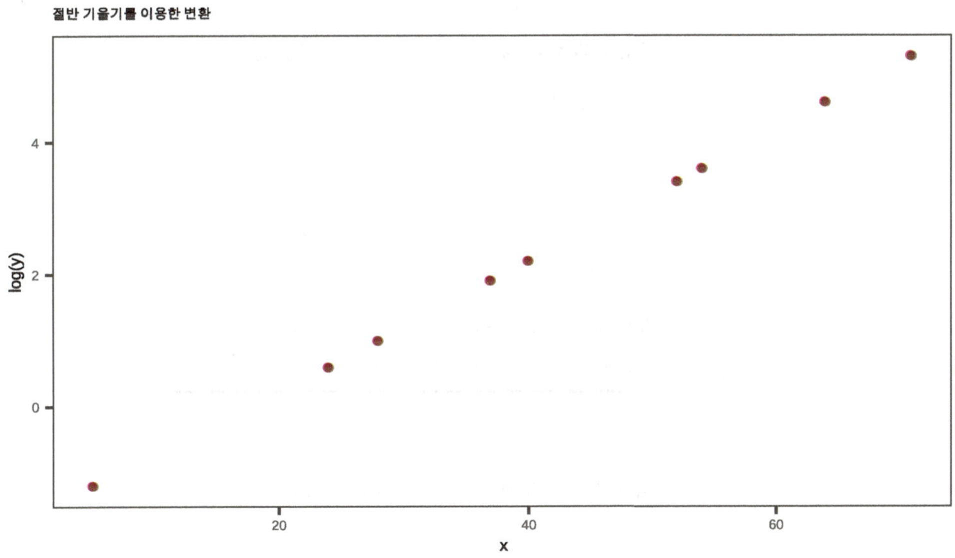

그림 5.13: 3-요약점과 절반 기울기 비에 의하여 변환된 산점도

□

5.3.1 Python의 활용 Using Python

직선화(straightening)를 위한 3-요약 점 그림은 eda_tools.py의 다음 함수로 진단할 수 있다.

sum_3pt(data, x, y, ...)

표 5.15: sum_3pt() 함수의 인수

인수	설명	기본값
data	데이터프레임(x와 y 열을 포함)	
x	x축에 해당하는 열 이름	
y	y축에 해당하는 열 이름	
px	x축 데이터의 멱승 변환 지수	1
py	y축 데이터의 멱승 변환 지수	1
tukey	Tukey 변환 여부	TRUE
axes	축 레이블 표시 여부	TRUE
marker	산점도 마커 모양	'o'
equal	그림 종횡비 1:1 여부	TRUE
p_col	산점도 테두리 색상	'grey'
p_fill	산점도 내부 색상	'lightgrey'
size	점 크기	50
alpha	점 투명도	0.7
xlab	x축 레이블	x 변수 이름
ylab	y축 레이블	y 변수 이름
direction	직선성 방향 진단 텍스트 표시 여부	TRUE
grey	진단 텍스트 색상 (0 1 회색조)	0.6

practice tools 실습 **6.** *A*사의 광고 규모와 판매액 데이터 onmarket.csv

[사진] 뉴욕 타임스 스퀘어 전광판의 한국 세계 유산 소개 광고, LG전자

광고(廣告, Advertising)는 명시적인 광고주가 광고를 접하는 수용자의 태도를 변화시키려고 매체를 통하여 일방적으로 의사전달을 하는 행위이며, 20세기의 사회를 상징하는 현상 가운데 하나이다.

그 기원은 대단히 오래된 것이지만, 1655년에 『마아큐리아우스 포리티쿠스』라고 하는 뉴스 북에 신간서의 광고로서 에드버타이즈먼트(advertisement)라는 말이 처음 쓰였고, 이때부터 이 말이 널리 쓰이게 되었다.

1969년 미국 일리노이대학의 S.W.던 교수는 《Advertising, Its Role In Modern Marketing》에서 "광고란 광고 메시지 속에 어떤 형태로든 밝혀져 있는 기업이나 비영리기관 또는 개인이 여러 매체에 유료로 내는 비대개인적 커뮤니케이션이다"라고 정의하였다. <Wikipedia, 2021>

onmarket.csv는 84개의 개별 제품에 대한 광고(또는 판촉 비용) 규모(advert)와 판매액(sales(단위:100만원))을 조사한 것이다.

❁ 데이터 불러오기

```
import pandas as pd
data_path = "E:/_data/eda/"                            # 데이터 경로 지정
market = pd.read_csv(data_path + "onmarket.csv")
```

❁ 데이터 구조 확인

```
print(market.info())                    # 데이터 구조 및 변수 정보 확인
```

```
<class 'pandas.core.frame.DataFrame'>
RangeIndex: 84 entries, 0 to 83
Data columns (total 2 columns):
 #   Column  Non-Null Count  Dtype
---  ------  --------------  -----
 0   sales   84 non-null     float64
 1   advert  84 non-null     float64
dtypes: float64(2)
memory usage: 1.4 KB
None
```

```
print(market.isna().sum().sum())        # 전체 결측값의 수 확인
```

```
0
```

```
print(market.head(6))                   # 처음 6개의 행 출력
```

```
       sales    advert
0   8.097019  0.985888
1   8.537044  1.557975
2   8.947921  0.938060
3   9.375549  1.420086
4  10.985860  1.778165
5  10.243991  1.676655
```

변수들의 관계 확인

`matplotlib.pyplot.figtext()`는 그림에 정보를 다양한 방법으로 추가한다.

표 5.16: figtext() 함수의 주요 인수

인수	설명
x	문자 위치의 x좌표(0 1, figure 기준)
y	문자 위치의 y좌표(0 1, figure 기준)
s	출력할 문자열
ha	수평 정렬(예: left, center, right)
va	수직 정렬(예: top, center, bottom)
fontsize	글자 크기(예: 10, 12 등)

```
import pandas as pd
import matplotlib.pyplot as plt
import seaborn as sns

plt.figure()
sns.scatterplot(data=market,
                x="advert",
                y="sales",
                color="blue",
                s=20,
                alpha=0.5)
plt.xlabel("advert")
plt.ylabel("sales")
plt.title("")                                                # 제목 생략
plt.figtext(0.95, 0.01, "단위: 100만원", ha="right", fontsize=9)
plt.tight_layout()
plt.show()
```

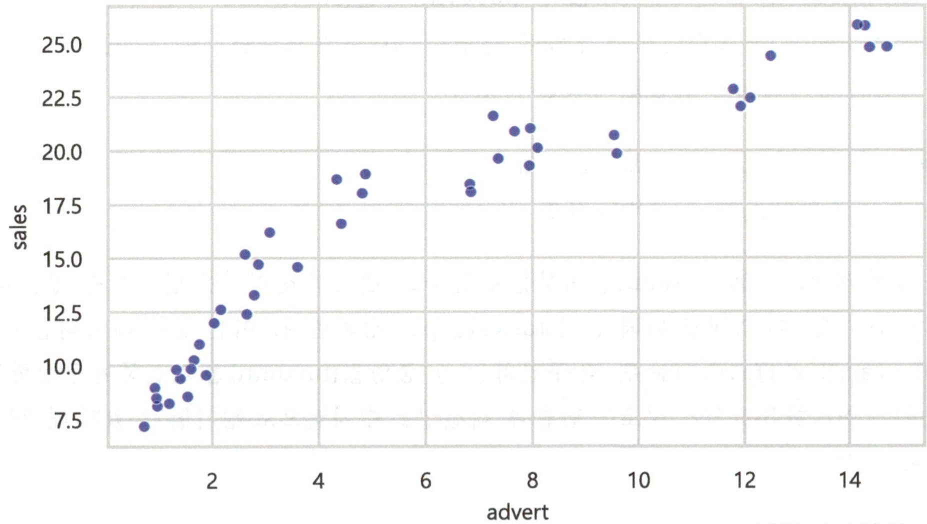

단위: 100만원

3-요약 그림을 통한 선형성 진단

```
sum_3pt(market, 'advert', 'sales')
```

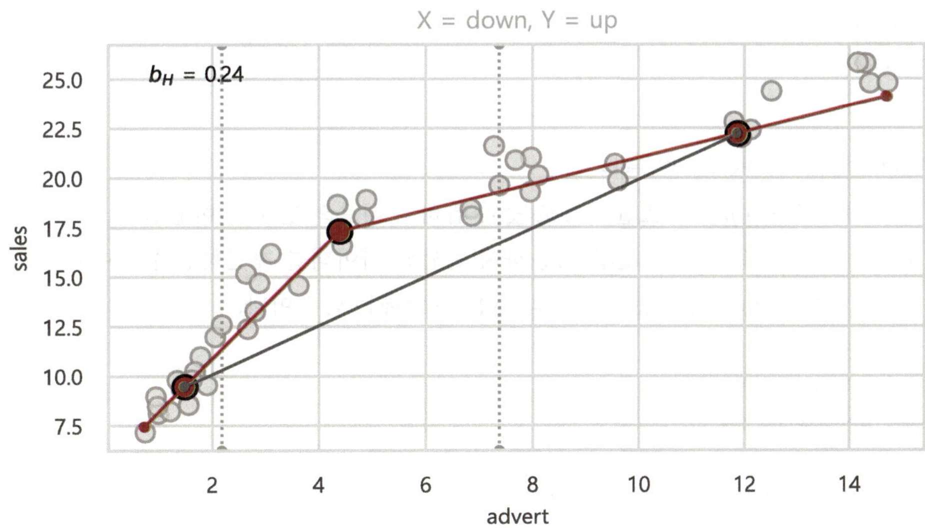

3-요약 그림에서 알 수 있듯이, b_H 값이 약 0.24로, 곡률(curvature)이 존재하므로 데이터 재표현(re-expression)을 고려할 필요가 있다. 진단된 그래프의 형태는 작은 x, 큰 y 구조이므로, 다음과 같은 방향으로 멱승 변환을 시도할 수 있다.

- x의 멱승 변환 p_x는 작은 값으로 적용
- y의 멱승 변환 p_y는 큰 값으로 적용

이를 통해 직선화(straightening) 여부를 관찰하고, 관계의 선형성을 달성할 수 있는 적절한 변환을 탐색한다. 이 과정을 위해 먼저 market_3p를 정의한다. 이는 전체 데이터를 세 구간(Left, Center, Right)으로 나눈 뒤, 각 구간의 (x, y) 중앙값(median)을 계산하여 구성한 3개의 요약점이다. 이러한 3-요약점 구조는 변환 후 직선성을 수치적으로 평가할 수 있게 해주는 기초자료로 활용된다.

get_3pt()는 3-요약점을 반환한다.

```
result = get_3pt(market, 'advert', 'sales')
market_3p = pd.DataFrame({'x': result['xmed'], 'y': result['ymed']})
print(market_3p)
```

```
           x          y
0   1.489031   9.455441
1   4.399213  17.297878
2  11.871844  22.210115
```

직선화를 위한 (p_x, p_y)의 결정

- 멱승 변환의 p값을 효율적으로 찾기 위하여 다음의 함수를 이용한다.
- trans_p()는 멱승 변환을 적용하여 변환된 데이터를 계산하는 함수이다.
- straigthen()은 절반 기울기의 비를 계산하는 함수이다.

```
import numpy as np
import pandas as pd

def straighten(sp, px, py, tukey=False):
    # 복사 및 열 이름 재설정
    sp = sp.copy()
    sp.columns = ['x', 'y']

    # px, py 변환 적용
```

```
    sp["tx"] = trans_p(sp["x"], px, Pp=tukey)
    sp["ty"] = trans_p(sp["y"], py, Pp=tukey)

    # 초기화
    sp["slope"] = np.nan
    sp["bh"] = np.nan

    # 적어도 3점일 때 계산
    if len(sp) >= 3:
        dx1 = sp.loc[1, "tx"] - sp.loc[0, "tx"]
        dy1 = sp.loc[1, "ty"] - sp.loc[0, "ty"]
        dx2 = sp.loc[2, "tx"] - sp.loc[1, "tx"]
        dy2 = sp.loc[2, "ty"] - sp.loc[1, "ty"]

        sp.loc[0, "slope"] = dy1 / dx1 if dx1 != 0 else np.nan
        sp.loc[1, "slope"] = dy2 / dx2 if dx2 != 0 else np.nan

        # 절반 기울기 비율 계산
        if pd.notna(sp.loc[0, "slope"]) and sp.loc[0, "slope"] != 0:
            sp.loc[0, "bh"] = sp.loc[1, "slope"] / sp.loc[0, "slope"]
        else:
            sp.loc[0, "bh"] = np.nan

    # 인덱스 재지정
    sp.index = ["Left", "Center", "Right"]

    return sp
```

```
import numpy as np
import pandas as pd

# px와 py 값의 범위 설정
px_range = np.arange(1, -3.1, -0.1)
py_range = np.arange(1, 2.1, 0.1)

# 빈 리스트로 누적 후 데이터프레임 변환
bp_records = []

for px in px_range:
```

```
    for py in py_range:
        bh_df = straighten(market_3p, px, py, tukey=True)
        bh = bh_df.loc["Left", "bh"]
        if pd.notna(bh):
            bp_records.append((px, py, round(bh, 2)))
        else:
            bp_records.append((px, py, np.nan))

# 데이터프레임 생성
bp = pd.DataFrame(bp_records, columns=['px', 'py', 'b_H'])

# 필터링 (b_H가 0.95에서 1.05 사이)
bp_filtered = bp[(bp['b_H'] >= 0.95) & (bp['b_H'] <= 1.05)]

bp_filtered
```

	px	py	b_H
127	-0.1	1.6	0.96
128	-0.1	1.7	1.00
129	-0.1	1.8	1.04
135	-0.2	1.3	0.95
136	-0.2	1.4	0.99
137	-0.2	1.5	1.03
144	-0.3	1.1	0.97
145	-0.3	1.2	1.01
146	-0.3	1.3	1.05
154	-0.4	1.0	1.04

$(p_x, p_y) = (-0.1, 1.7)$에서 절반 기울기의 비 $b_H = 1.0$을 달성하였지만, 0.5단위 근사를 위하여 $(p_x, p_y) = (0.0, 2.0)$을 적용한다. 이때의 $b_H = 1.01$이다.

결정된 (p_x, p_y)를 이용하여 직선화 달성 여부 확인

```
market["t.advert"] = trans_p(market["advert"], 0.0, Pp=True)
market["t.sales"]  = trans_p(market["sales"], 2.0, Pp=True)
```

subplots()는 여러 개의 그림(axes)을 행과 열로 구성하여 반환하는 함수이다.

- nrows = r, ncols = c로 그림의 행과 열 개수를 지정한다. 예를 들어, nrows=2, ncols=1이면 2행 1열의 구조로 두 개의 세로형 그림이 배치된다.

- sharex, sharey는 그림 간 x축 또는 y축을 공유할지 여부를 설정한다. 공유 시 불필요한 눈금이 생략되어 시각적 일관성이 높아진다.
- 반환값은 fig, axes이며, axes는 배열(또는 리스트) 형태로 각 위치의 하위 그림을 참조할 수 있다. 예를 들어 axes[0], axes[1]처럼 인덱스로 접근한다.

```
import matplotlib.pyplot as plt
import seaborn as sns
# 1행 2열의 그림 정의의
fig, axes = plt.subplots(nrows=1, ncols=2, sharex=False)
# 첫번째 그림
sns.scatterplot(data=market,
                x="advert",
                y="sales",
                color="blue",
                ax=axes[0])
axes[0].set_title("변환 전 데이터", fontsize=10)
axes[0].set_xlabel("advert")
axes[0].set_ylabel("sales")
axes[0].grid(True)
# 두번째 그림
sns.scatterplot(data=market,
                x="t.advert",
                y="t.sales",
                color="red",
                ax=axes[1])
axes[1].set_title("3-요약점 직선화 결과", fontsize=10)
axes[1].set_xlabel("log(advert)")
axes[1].set_ylabel("(sales)^2")
axes[1].grid(True)

plt.tight_layout()
plt.show()
```

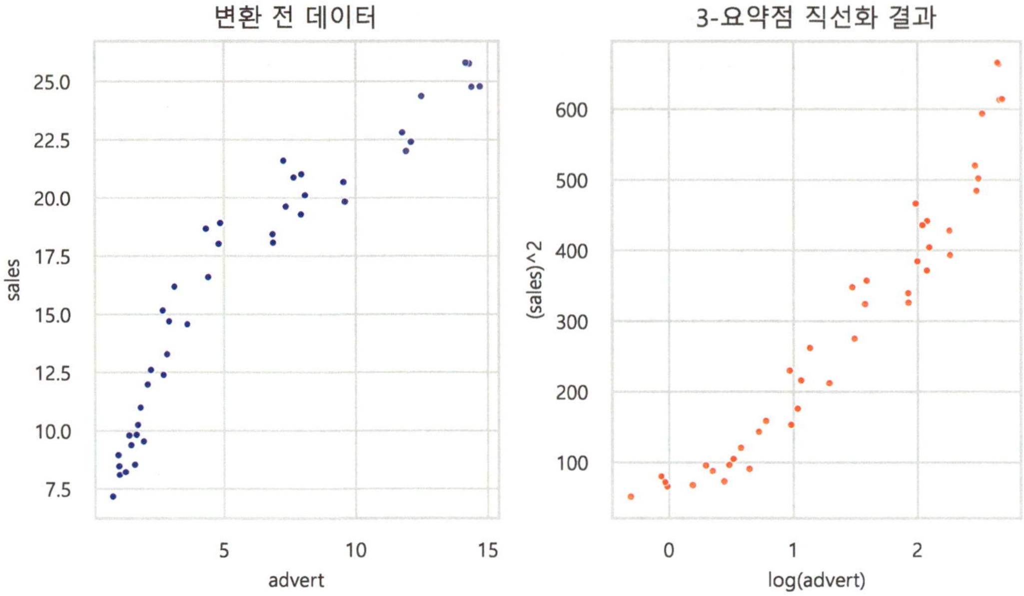

원시 데이터에서의 관계와 비교할 때, 직선에 가까운 관계로 변환되었다.

□

5.4 데이터 재표현의 효과

지금까지 다음의 데이터 재표현의 방법에 대하여 알아보았다.

- 분포의 대칭화
- 여러 집단의 분산 안정화
- 2개의 변수의 직선화

특정 목적을 위해 **데이터 재표현(re-expression)**을 적용하면, 그 외의 분석 상황에도 긍정적인 영향을 미치는 경우가 많다. 예를 들어, 여러 집단의 산포를 안정화하기 위한 변환을 적용하면, 각 집단의 분포 역시 원시 데이터보다 더 대칭적인 형태로 바뀌는 경우가 일반적이다. 또한, 관계의 직선화를 위한 변환은 종종 해당 변수들의 분포 대칭성도 함께 개선하는 효과를 갖는다. 그러나 이러한 데이터 재표현이 항상 효과적인 것은 아니다. 특히, 원시 데이터의 범위가 매우 좁은 경우에는 적절한 변환을 적용하더라도 구조를 충분히 바꾸기 어려워 선형성이나 대칭성을 개선하는 데 한계가 있다. 이는 어떤 함수로도 좁은 범위 내의 값을 충분히 변형하기 어렵기 때문이다. 참고로 다음의 조건을 만족하는 경우, 데이터 재표현의 효과는 더욱 클 수 있다.

데이터 재표현이 효과적인 경우

- (최대값÷최소값)의 비율이 큰 경우
- 산포-수준 그림(spread-level plot)에서 명확한 곡선 패턴이 나타나는 경우
- 잔차 분석 결과에서 비선형 패턴이나 이분산성이 분명하게 드러나는 경우

마지막으로, 이러한 재표현 방법이 데이터 소비자와의 소통을 오히려 어렵게 만든다면, 단순한 변환 적용보다는 측정 방법의 개선이나 지표의 재정의와 같은 근본적인 접근을 고려해야 한다. 분석의 명료성과 해석 가능성은 데이터의 통계적 교정만큼 중요하기 때문이다.

6 중앙값 정제 Median Polish

반응은 특정 상황에서 어떻게 달라지는가?[1]

How does a response differ from a circumstance?
J. W. Tukey(1977)

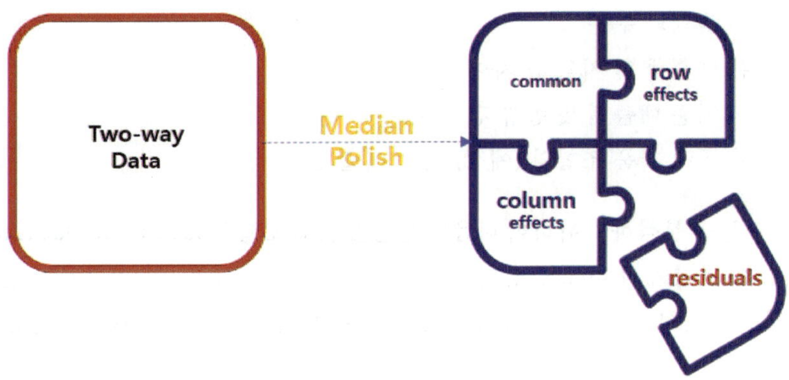

중앙값 정제(median polish)는 하나의 반응값이 두 가지 서로 다른 상황 하에서 관측되었을 때, 이 반응값을 각 상황의 효과(effects)와 잔차(residuals)로 분해하여 해석을 돕는 기법이다. 이 방법은 다음과 같은 조건을 전제로 한다.

- 하나의 반응(response) 변수가 존재한다.
- 두 개의 상황(circumstance) 변수는 서로 다르며, 각기 구분된 조건을 나타낸다.
- 두 상황은 모든 관측에서 동시에 적용되며, 반응 변수에 독립적이고 누적적인 영향을 준다고 가정한다.

[1]Tukey, J. W.(1977). Exploratory data analysis, Reading, MA

개별 상황 변수를 행(row)과 열(column)에 각각 할당하고, 이들이 교차하는 (행, 열) = (i, j)에서 관측된 반응값 y_{ij}은 [표 6.1]과 같이 이원 데이터(two-way data) 표를 정의할 수 있다[2].

표 6.1: 2개의 상황(행, 열)에 따라 정리된 이원 데이터(two-way data)

행/열	열 1	열 2	⋯	열 c
행 1	y_{11}	y_{12}	⋯	y_{1c}
행 2	y_{21}	y_{22}	⋯	y_{2c}
⋮	⋮	⋮	⋮	⋮
행 r	y_{r1}	y_{r2}	⋯	y_{rc}

예를 들어, A 기업에서 매출액(반응 변수)을 각 지역(상황 1: 행)과 제품 종류(상황 2: 열) 별로 분류하여 조사하였을 때, 이 데이터는 이원 데이터(two-way data) 표로 정리할 수 있으며, 이를 활용하여 다음과 같은 정보를 탐색할 수 있다.

- 전체 기준 매출액의 수준
- 지역별 기준 매출액 및 지역 간 차이
- 제품 종류별 기준 매출액 및 종류 간 차이
- 특정 지역과 특정 제품 조합의 (예상) 기준 매출 등

이러한 관심 사항을 분석하기 위하여 다음의 중앙값 정제 모형(Models for Median Polish)을 정의할 수 있다. 이는 통계적 비교 방법인 2원 배치 분산분석(2-way ANOVA)과 동일한 구조이지만, 이상값의 영향을 줄이고 분석의 강건성을 높이기 위하여 평균(mean) 대신 중앙값(median)을 사용한다.

가법 모형(Additive Model)

$$y_{ij} = \mu + r_i + c_j + \epsilon_{ij},\ i = 1, 2, \ldots, r,\ j = 1, 2, \ldots, c, \quad \epsilon_{ij} \sim (0, \sigma)$$

여기서

- μ는 공통(overall) 항, r_i는 행(row) 효과, c_j는 열(column) 효과
- ϵ_{ij}는 평균 0과 산포 σ, σ^*를 갖는 오차항

승법 모형(Multiplicative Model)

[2] 만일 행과 열이 범주형 변수이고 y_{ij}가 빈도(frequency)로 기록된다면, 이를 2원 빈도(two-way frequency) 표라고 부른다.

$$\begin{aligned} y_{ij} &= \mu(1+r_i)(1+c_j) + \epsilon_{ij}^* \\ &= \mu + (\mu \times r_i) + (\mu \times c_j) + (\mu \times r_i \times c_j + \epsilon_{ij}^*) \\ & i = 1, 2, \dots, r,\ j = 1, 2, \dots, c, \quad \epsilon_{ij}^* \sim (0, \sigma^*) \end{aligned}$$

여기서

- μ는 공통(overall) 항, r_i는 행(row) 효과, c_j는 열(column) 효과
- ϵ_{ij}^*는 평균 0과 산포 σ^*를 갖는 오차항

가법 모형과 승법 모형은 서로 다른 오차 구조를 갖는다. 따라서, 동일한 데이터를 적용하더라도 분해되는 정보가 달라진다. 가법 모형은 행 효과와 열 효과를 단순히 더하는 구조이므로, 행과 열 간의 상호작용(Interaction) 효과가 존재할 경우, 이를 오차항과 구분할 수 없다. 반면, 승법 모형은 공통 항 μ를 중심으로 행 효과와 열 효과를 곱셈 형태로 결합하여, 상호작용 효과까지 명시적으로 모형에 포함할 수 있다.

가법 모형과 승법 모형에서의 오차항을 비교해 보면, 가법 모형에서 설명되지 못한 잔차 ϵ_{ij}는 승법 모형의 상호작용 항 $\mu \cdot r_i \cdot c_j$와 승법 모형의 잔차 ϵ_{ij}^*를 포함하는 형태로 해석될 수 있다. 따라서 다음과 같은 근사 관계를 고려할 수 있다.

$$\epsilon_{ij} \approx \mu \cdot r_i \cdot c_j + \epsilon_{ij}^* = \frac{(\mu \cdot r_i)(\mu \cdot c_j)}{\mu} + \epsilon_{ij}^*$$

또는 해석적으로 다음과 같이 표현할 수 있다.

$$\epsilon_{ij} \approx \frac{\text{행 효과} \times \text{열 효과}}{\text{공통 항}} + \epsilon_{ij}^*$$

이러한 근사 관계를 이용하여 비교값(comparison values; cv)을 정의할 수 있다. 비교값은 승법 구조에서 나타나는 상호작용 효과를 가법 모형에 포함시키기 위한 도구로 사용된다. 여기서, k는 적합도 향상을 위한 조정 상수(tuning constant)이며, 데이터의 스케일이나 선형 관계의 강도에 따라 보정된다.

비교값(Comparison Values)

$$\mathrm{cv}_{ij} = k\left(\frac{r_i \cdot c_j}{\mu}\right), \quad i = 1, 2, \dots, r, \quad j = 1, 2, \dots, c$$

- 비교값의 활용
  - 가법 모형을 적합한 후, 잔차 ϵ_{ij}와 비교값 cv_{ij} 사이의 관계를 분석한다.
  - 만일 이들 사이에 일정한 선형 관계가 관찰된다면, 그 기울기 k를 추정한다.
  - 추정된 k를 바탕으로 $p = 1-k$의 근사값을 구하여, 멱승 변환(power transformation)을 적용한 후 가법 모형을 재적합한다.

승법 구조는 비교값을 통하여 다음의 확장된 가법 모형(extended additive model)으로 재정의할 수 있다. 여기서, 비교값은 승법 구조의 상호 작용 효과를 효과적으로 흡수하여 보다 직관적인 해석과 예측을 가능하게 한다.

확장된 가법 모형(Extended Additive Models)

$$\begin{aligned} y_{ij} &= \mu(1 + r_i)(1 + c_j) + \epsilon^*_{ij} \\ &= \mu + \mu r_i + \mu c_j + \mu r_i c_j + \epsilon^*_{ij} \\ &= \mu + r^*_i + c^*_j + \mathrm{cv}_{ij} + \epsilon^*_{ij} \end{aligned}$$

여기서

- $r^*_i = \mu r_i$, $c^*_j = \mu c_j$ 그리고
- $\mathrm{cv}_{ij} = \mu r_i c_j$는 승법 모형의 상호작용 항의 비교값 표현
- ϵ^*_{ij}는 평균 0과 산포 σ^*를 갖는 오차항

중앙값 정제에서 고려되는 승법 모형과 가법 모형은 구조적으로 다르지만, 실질적인 분석에서는 결국 가법 모형(additive model) 또는 그 확장 형태만을 사용하게 된다. 이는 승법 모형의 교호작용 효과 역시 비교값(comparison values)을 통해 가법 구조 내에서 흡수하고 설명할 수 있기 때문이다. 이처럼 승법 구조는 공통항 μ를 기준으로 선형 항과 교호작용 항으로 분해되며, 이 모든 항은 가법 구조 내에서 효과적으로 표현될 수 있다. 따라서 승법 구조가 존재하더라도 이를 직접 추정하기보다는, 확장된 가법 모형을 적용하거나 멱승 변환을 적용하여, 승법 구조를 가법적으로 표현함으로써 보다 직관적이고 안정적인 해석을 가능하게 한다.

중앙값 정제는 반복적인 갱신 과정을 통해 이원 데이터의 반응값을 공통항, 행 효과, 열 효과, 잔차로 분해하는 절차이다. 다음은 중앙값 정제의 알고리즘(algorithm)이다.

중앙값 정제(Median Polish) 알고리즘

[목표] 가법 모형을 가정하고, $y_{ij} = \mu + r_i + c_j + \epsilon_{ij}$의 항을 분해한다.

[알고리즘 절차]

1. 공통항 μ 추정: 전체 데이터의 중앙값 계산

$$\hat{\mu}^{[0]} = \text{median}_{i,j}(y_{ij})$$

2. 공통항 정제: 모든 셀에서 $\hat{\mu}^{[0]}$ 제거

$$y_{ij}^{[0]} = y_{ij} - \hat{\mu}^{[0]}$$

3. 행 효과 r_i 추정 및 정제: 각 행의 중앙값 계산 후 잔차 갱신

$$r_i^{[1]} = \text{median}_j(y_{ij}^{[0]}), \quad y_{ij}^{[1]} = y_{ij}^{[0]} - r_i^{[1]}$$

4. 열 효과 c_j 추정 및 정제: 각 열의 중앙값 계산 후 잔차 갱신

$$c_j^{[1]} = \text{median}_i(y_{ij}^{[1]}), \quad y_{ij}^{[2]} = y_{ij}^{[1]} - c_j^{[1]}$$

5. 반복 갱신 및 누적 효과 갱신
   [단계 4]까지 가 완료된 결과인 $y_{ij}^{[2]}$는 각 반복에서 다음과 같이 정의된다.

$$y_{ij}^{(k)} = k\text{번째 반복 후의} \quad y_{ij}^{[2]}$$

   - 각 반복에서 새로 계산된 공통항 및 행/열 효과를 누적하여 갱신

$$\hat{\mu}^{(k)} = \hat{\mu}^{(k-1)} + \hat{\mu}^{\text{new}}, \quad r_i^{(k)} = r_i^{(k-1)} + r_i^{\text{new}}, \quad c_j^{(k)} = c_j^{(k-1)} + c_j^{\text{new}}$$

   - 여기서 $k = 1, 2, \cdots$는 누적되는 반복 회수
   - 수렴 기준: 반복 간 절대 잔차 합의 감소율이 충분히 작아질 때까지 반복

$$\text{ARS}^{(k)} = \sum_{i=1}^{r}\sum_{j=1}^{c}\left|y_{ij}^{(k)}\right|, \quad \text{감소율} = \frac{\text{ARS}^{(k-1)} - \text{ARS}^{(k)}}{\text{ARS}^{(k-1)}}$$

6. 비교값 검토: 최종 잔차 $y_{ij}^{(k)}$와 비교값 cv_{ij} 간 관계를 확인

7. 변환 고려: 밀접한 선형 관계라면, 멱승 변환(power transformation) 적용

간단한 예를 통하여 중앙값의 정제 알고리즘을 확인해 보자. 판매액(단위: 억원)의 반응값을 고려할 때, 판매 지역, 제품 종류, 고객 연령 등의 상황이 존재할 수 있다. 이때 특정 기간의 판매 지역(행; A~D)과 제품 종류(열; M1~M5)를 고려하여 이원 데이터 표로 정리하면 [표 6.2]와 같다.

표 6.2: 판매 지역과 상품별 매출액(억원; 가상 데이터)

	M1	M2	M3	M4	M5
A	4.8	4.8	3.5	3.5	3.1
B	6.1	5.5	3.6	4.6	3.6
C	7.4	5.9	3.7	3.0	3.2
D	4.8	4.0	3.9	4.6	3.3

[그림 6.1]은 총 판매액 순으로 지역과 상품 종류를 도시한 것이다. 특정 상품이 어떤 지역에서 더 많은 매출을 달성했는지를 확인할 수 있다.

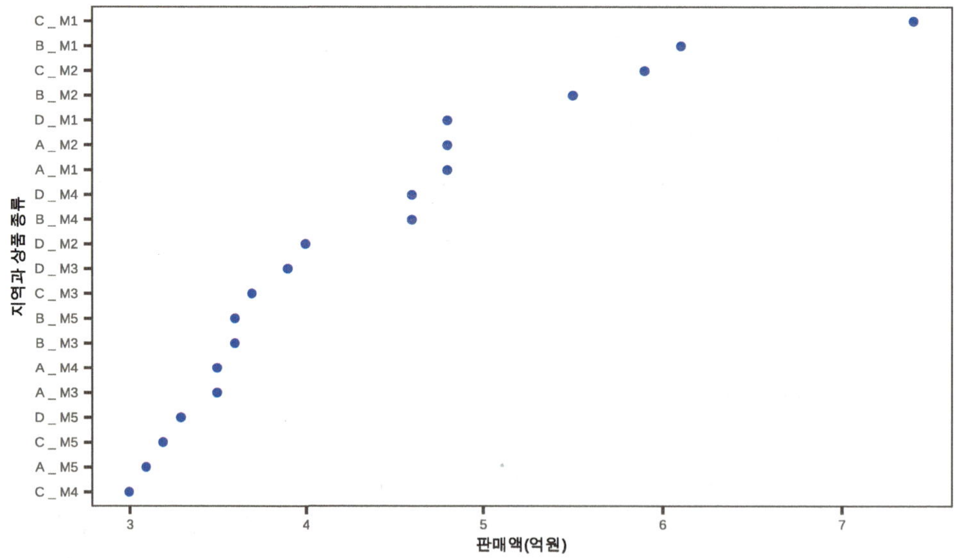

그림 6.1: 지역과 상품 종류별 판매액(억원)

주어진 데이터를 이용하여 중앙값 정제 알고리즘을 적용해 보면 다음과 같다. 첫번째 반복 절차는 다음과 같다.

[1단계] 공통항 추정

모든 셀의 중앙값을 계산하여 공통항(overall effect) $\hat{\mu}^{[0]}$ 계산

$$\hat{\mu}^{[0]} = \text{median}_{ij}(y_{ij}) = 3.95$$

[2단계] 공통항 정제

모든 셀 y_{ij} 에서 공통항을 제거한다. 그 결과인 $y_{ij}^{[0]}$ 는 공통항이 정제된 잔차 행렬이다.

$$y_{ij}^{[0]} = y_{ij} - \hat{\mu}^{[0]}$$

예를 들어, 일부 셀의 정제 결과는 다음과 같고, 공통항이 제거된 이원 표는 [표 6.3]과 같다.

- $(1,1)$: $y_{11}^{[0]} = 4.8 - 3.95 = 0.85$
- $(1,3)$: $y_{13}^{[0]} = 3.5 - 3.95 = -0.45$

표 6.3: [2단계] 공통항 정제 후의 이원표

	M1	M2	M3	M4	M5
A	0.85	0.85	-0.45	-0.45	-0.85
B	2.15	1.55	-0.35	0.65	-0.35
C	3.45	1.95	-0.25	-0.95	-0.75
D	0.85	0.05	-0.05	0.65	-0.65

[3단계] 행 효과 추정 및 정제

$y_{ij}^{[0]}$ 의 각 행 i의 중앙값을 계산하여 **행 효과(row effect)**로 정의하고, 하고, 이를 다시 각 행의 모든 셀에서 제거한다. 그 결과인 $y_{ij}^{[1]}$ 는 공통항과 행 효과가 정제된 잔차 행렬이다.

$$r_i = \text{median}_j\left(y_{ij}^{[0]}\right), \quad y_{ij}^{[1]} = y_{ij}^{[0]} - r_i$$

예를 들어, 일부 행의 계산 방법과 정제 결과는 다음과 같고, 공통항과 행 효과가 정제된 이원표는 [표 6.4]와 같다.

- 행 효과: $(r_1, r_2, r_3, r_4) = (-0.45, 0.65, -0.25, 0.05)$
- $(1,1)$: $0.85 - (-0.45) = 1.3$
- $(1,3)$: $-0.45 - (-0.45) = 0.0$

표 6.4: [3단계] 행 효과 정제 후의 2원표

	M1	M2	M3	M4	M5
A	1.3	1.3	0.0	0.0	-0.4
B	1.5	0.9	-1.0	0.0	-1.0
C	3.7	2.2	0.0	-0.7	-0.5
D	0.8	0.0	-0.1	0.6	-0.7

[4단계] 열 효과 추정 및 정제

$y_{ij}^{[1]}$의 각 열 j의 중앙값을 계산하여 열 효과(column effect)로 정의하고, 이를 다시 각 열의 모든 셀에서 제거한다. 그 결과 $y_{ij}^{[2]}$는 공통항과 행/열 효과가 모두 정제된 잔차 행렬이다.

$$c_j = \text{median}_i\left(y_{ij}^{[1]}\right), \quad y_{ij}^{[2]} = y_{ij}^{[1]} - c_j$$

예를 들어, 일부 행의 계산 방법과 정제 결과는 다음과 같고, 공통항과 행 효과가 정제된 이원표는 [표 6.5]와 같다.

- 열 효과: $(c_1, c_2, c_3, c_4, c_5) = (1.4, 1.1, -0.05, 0.0, -0.6)$
- $(1,1)$: $1.3 - 1.4 = -0.1$
- $(1,5)$: $-0.4 - (-0.5) = 0.1$

표 6.5: [4단계] 열 효과 정제 후의 이원표)

	M1	M2	M3	M4	M5	절대합
A	-0.1	0.2	0.05	0.0	0.2	0.55
B	0.1	-0.2	-0.95	0.0	-0.4	1.65
C	2.3	1.1	0.05	-0.7	0.1	4.25
D	-0.6	-1.1	-0.05	0.6	-0.1	2.45

이와 같이, 주어진 이원표에서 공통항, 행 효과, 열 효과가 제거된 $y_{ij}^{[2]}$은 오차 ϵ_{ij}의 추정값이 된다.

$$y_{ij}^{[2]} = y_{ij} - \hat{\mu}^{[0]} - \hat{r}_i - \hat{c}_j$$

이를 이용하여 [표 6.5]의 각 셀의 절대값을 모두 합한 절대 잔차합은 다음과 같다.

$$\text{총합(ARS)} = 0.55 + 1.65 + 4.25 + 2.45 = 8.9$$

[5단계] 반복 갱신

1차 반복에서의 절대 잔차 합은 8.90이다. 이를 반복하여 각 반복에 대한 감소율을 계산해 보면 [표 6.6]과 같다.

표 6.6: 반복 단계별 절대 잔차 합과 감소율

반복 단계	ARS	감소율
1	8.90	
2	8.25	0.0730
3	8.15	0.0121
4	8.11	0.0046
5	8.10	0.0015

$k = 4$회 반복이후로는 감소율이 적어지고, ARS 값이 정체되어 수렴된다. [표 6.7]은 $k = 4$ 반복까지의 정제된 잔차이다.

표 6.7: $k = 4$ 반복 후의 잔차 행렬

Region	M1	M2	M3	M4	M5
A	-0.3	0.0	0.0	-0.2	0.1
B	0.3	0.0	-0.6	0.2	-0.1
C	2.1	0.9	0.0	-0.9	0.0
D	-0.6	-1.1	0.1	0.6	0.0

또한, 이때까지 누적되어 추정된 공통항과 행/열 효과는 [표 6.8]과 같다.

$$\hat{\mu}^{(k)} = \hat{\mu}^{(k-1)} + \hat{\mu}^{\text{new}}, \quad r_i^{(k)} = r_i^{(k-1)} + r_i^{\text{new}}, \quad c_j^{(k)} = c_j^{(k-1)} + c_j^{\text{new}}$$

표 6.8: 중앙값 정제의 최종 적합 결과

효과	추정값
공통항	3.95
행 효과	(A, B, C, D) = (-0.26, 0.45, -0.05, 0.05)
열 효과	(M1, M2, M3, M4, M5) = (1.41, 1.11, -0.19, 0.01, -0.70)

적합 후의 잔차와 비교값의 관계를 고찰해 보면 다음과 같다. 만일 특정 관계가 존재하지 않는다면, 가법 모형이 타당하다는 것을 의미한다. 여기서 비교값 cv_{ij}는 다음과 같이 계산한다.

$$cv_{ij} = (r_i - \text{median}(r)) \times (c_j - \text{median}(c))$$

여기서

- r_i는 i행의 효과(row effect)
- c_j는 j열의 효과(column effect)
- $\text{median}(r), \text{median}(c)$는 각각 행과 열 효과의 중앙값

비교값 cv_{ij}의 범위는 데이터와 효과 크기에 따라 달라진다. 따라서, 비교가 필요한 경우에는 다음과 같이 추가적인 스케일링(Scaling)을 적용하기도 한다.

$$\tilde{cv}_{ij} = \frac{cv_{ij} - \min(cv_{ij})}{\max(cv_{ij}) - \min(cv_{ij})} \times 0.2 - 0.1$$

이는 그림의 x축 범위가 $[-0.1, 0.1]$로 고정되어 서로 다른 데이터에 적용했을 때 비교가 용이해진다[3]. [표 6.9]는 이를 적용하여 계산된 $(\tilde{cv}_{ij}, \text{잔차}_{ij})$ 값이다.

표 6.9: $\tilde{cv}_{ij}$과 잔차_{ij}

행	열	$\tilde{cv}_{ij}$	잔차_{ij}	행	열	$\tilde{cv}_{ij}$	잔차_{ij}
A	M1	-0.100	-0.294	C	M1	-0.024	-0.006
A	M2	0.100	0.294	C	M2	-0.028	0.094
A	M3	-0.040	2.094	C	M3	-0.026	-0.194
A	M4	-0.012	-0.606	C	M4	-0.026	0.194
A	M5	-0.084	0.006	C	M5	-0.026	-0.906
B	M1	0.073	-0.006	D	M1	-0.026	0.594
B	M2	-0.037	0.894	D	M2	0.011	0.113
B	M3	-0.015	-1.106	D	M3	-0.090	-0.100
B	M4	-0.016	0.006	D	M4	-0.019	0.000
B	M5	-0.044	-0.606	D	M5	-0.033	0.000

계산된 비교값(cv_{ij} 또는 $\tilde{cv}_{ij}$)과 잔차의 산점도(scatter plot)를 Tukey Additive Plot이라고 한다. 이를 검토하여 두 값 사이에 명확한 선형관계가 존재하지 않는다면, 이는 확장된 가법

[3] 스케일링 방법은 문헌, 논문에 따라 다르게 적용된다. 하지만, 이는 그래프의 패턴/형태를 변경하지 않는다.

모형에서 상호작용(cv_{ij}) 항을 고려할 필요가 없다는 증거가 된다. 즉, 단순 가법 모형만으로도 주어진 데이터를 충분히 설명할 수 있음을 의미한다. 다음은 [표 6.9]에서 계산된 ($\tilde{cv}_{ij}$, 잔차$_{ij}$)을 이용하여 도시한 `Tukey Additive Plot`이다. 밀접한 선형 관계는 관찰되지 않는다.

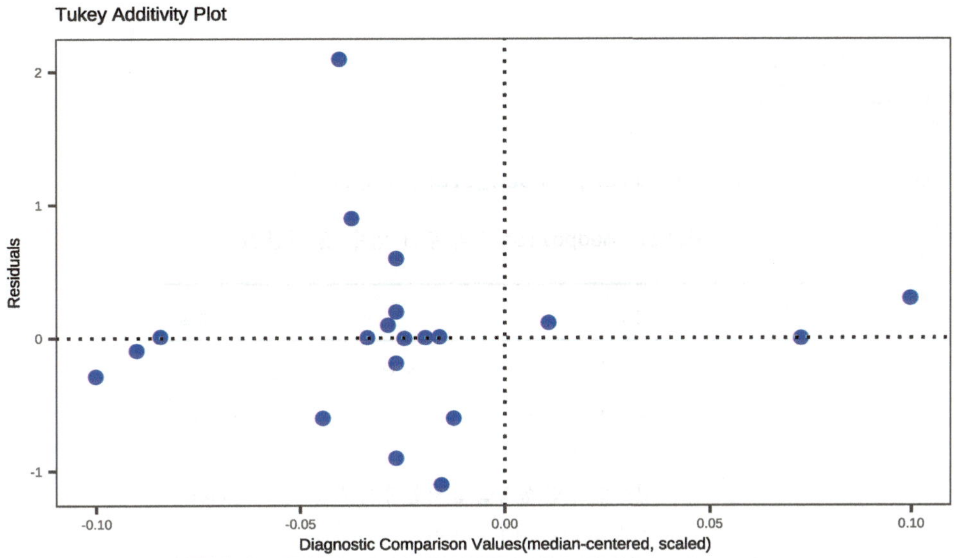

최종 정제된 효과들을 이용하여 각 셀의 값을 추정(붉은색 PM)해 보면 [표 6.10]과 같다.

표 6.10: 원시 데이터와 $k = 4$ 반복 중앙값 정제의 결과

region	M1	M2	M3	M4	M5	PM1	PM2	PM3	PM4	PM5
A	4.8	4.8	3.5	3.5	3.1	5.00	4.70	3.40	3.60	2.89
B	6.1	5.5	3.6	4.6	3.6	5.71	5.41	4.11	4.31	3.60
C	7.4	5.9	3.7	3.0	3.2	5.21	4.91	3.61	3.81	3.10
D	4.8	4.0	3.9	4.6	3.3	5.31	5.01	3.71	3.91	3.20

□

6.1 Python 활용 Using Python

eda_tools.py의 medpolish() 함수를 이용하여 중앙값 정제 알고리즘을 적용할 수 있다.

사용자 정의 함수 불러오기

```
%run eda_tools.py                              # JupyterLab
reticulate::py_run_file("eda_tools.py")        # RStudio
```

medpolish(x, eps, maxiter, trace_iter, na_rm)

표 6.11: medpolish()의 주요 인수 및 기본값

인수	설명	기본값
x	2차원 numpy array 또는 데이터 프레임	필수
eps	수렴 허용오차	0.01
maxiter	최대 반복 횟수	10
trace_iter	반복별 수렴 상황을 출력할지 여부	True
na_rm	결측값(np.nan) 무시 여부	False

practice tools 실습 **7.** 다음은 *10*번의 하계 올림픽에서 여자 자유형 *100, 200, 400, 800m*의 우승자들의 기록(초)으로 각 년도별 그리고 시합의 거리별로 정리된 이원표이다. <swimming.csv>

데이터 불러오기

```
import pandas as pd
data_path = "E:/_data/eda/"                        # 데이터 경로 지정
swim = pd.read_csv(data_path + "swimming.csv")
```

데이터의 구조 및 결측값 확인

변수와 케이스의 수 그리고 변수의 유형을 확인하고, 결측값(missing values; NA)의 존재 여부를 확인한다.

```
print(swim.info())                    # 데이터 구조 및 변수 정보 확인
```

```
<class 'pandas.core.frame.DataFrame'>
RangeIndex: 10 entries, 0 to 9
Data columns (total 5 columns):
 #   Column  Non-Null Count  Dtype
---  ------  --------------  -----
 0   year    10 non-null     int64
 1   v100    10 non-null     float64
 2   v200    10 non-null     float64
 3   v400    10 non-null     float64
 4   v800    10 non-null     float64
dtypes: float64(4), int64(1)
memory usage: 528.0 bytes
None
```

```
print(swim.isna().sum())              # 각 열의 결측값 개수 계산
```

```
year    0
v100    0
v200    0
v400    0
v800    0
dtype: int64
```

```
print(swim.isna().sum().sum())        # 전체 결측값의 수 확인
```

```
0
```

```
print(swim.head(6))                          # 처음 6개의 행 출력
```

```
   year   v100    v200    v400    v800
0  1968  60.00  130.50  271.80  564.00
1  1972  58.59  123.56  259.44  533.68
2  1976  55.65  119.26  249.89  517.14
3  1980  54.79  118.33  248.76  508.90
4  1984  55.92  119.23  247.10  504.95
5  1988  54.93  117.65  243.85  500.20
```

데이터 구조 확인 및 정리

medpolish()는 반드시 숫자형 2차원 array이어야 한다.

- ndim: 배열의 차원 수를 반환하는 numpy 속성이다.
- np.issubdtype(dtype, np.number): dtype(자료형)이 숫자형(numeric)인지 여부를 확인하는 numpy 함수이다.
- dtype: numpy 배열이나 pandas DataFrame/Series의 데이터 타입 정보를 제공한다.
- swim.columns[0]는 첫번째 열 이름이고, set_index()는 지정된 열을 행 인덱스로 지정한다.

```
import numpy as np
is_2d = swim.ndim == 2
is_all_numeric = np.all([np.issubdtype(dt, np.number) for dt in swim.dtypes])
print("2차원 배열:", is_2d)
```

```
2차원 배열: True
```

```
print("모두 숫자형:", is_all_numeric)
```

```
모두 숫자형: True
```

```
record = swim.set_index(swim.columns[0])
```

중앙값 정제

```
result = medpolish(record.values, maxiter=10, trace_iter=True)
```

```
1: 135.86
2: 135.86
Final: 135.86
```

$k = 2$회 반복에서 수렴되었으며, 최종 ARS는 135.86이다. 추정된 공통항, 행효과, 열효과의 일부는 다음과 같다.

출력 자리수의 조정

- np.set_printoptions(suppress=True, precision=3)은 numpy 배열의 출력에서 지수 표기 없이, 소수점 이하 3자리까지의 일반 숫자(고정 소수점)로 보여주도록 설정한다.
- suppress=True는 작은 값도 $1.23e-4$와 같은 지수 표기가 아니라 0.000123과 같이 일반 숫자로 출력하게 한다.
- precision=3은 소수점 이하 3자리까지 반올림하여 출력한다.

```
np.set_printoptions(suppress=True, precision=3)
print("overall:", result['overall'])          # 전체 효과(overall)
```

```
overall: 182.945
```

```
print("row:", result['row'])                   # 행 효과(row effect)
```

```
row: [18.205  8.555  1.63   0.632  0.22   -2.195 -0.405 -0.22  -1.327 -1.552]
```

```
print("col:", result['col'])                   # 열 효과(column effect)
```

```
col: [-128.058  -64.602   64.583  324.156]
```

```
print("residuals:", result['residuals'])       # 잔차
```

```
residuals: [[-13.093  -6.048   6.068  38.694]
 [ -4.852  -3.337   3.357  18.024]
 [ -0.867  -0.712   0.732   8.409]
 [ -0.73   -0.645   0.6     1.166]
```

```
[  0.812   0.668  -0.648  -2.371]
[  2.238   1.503  -1.483  -4.706]
[  0.167  -0.038   0.057  -1.176]
[ -0.167   0.038  -0.057   1.009]
[  0.27    1.225  -0.4    -6.104]
[  0.505   1.24   -0.635  -1.009]]
```

거리(열) 효과의 크기가 행(연도) 효과보다 훨씬 큰 값이므로 기록에 미치는 주요 영향은 거리 변화에서 비롯되며, 일부 잔차가 큰 경우는 해당 연도와 거리 조합에서 모형으로 설명되지 않는 예외적 상황이나 특이값이 존재함을 의미한다.

가법 모형의 타당성 확인을 위하여 Tukey Additive Plot을 확인해 보면 다음과 같다.

가법 모형의 타당성 확인

- tukey_additive_plot()으로 중앙값 정제 결과의 선형성을 검토할 수 있다.
- return_xy = True를 지정하면, 그림의 (x, y) 값을 추출할 수 있다.

표 6.12: tukey_additivity_plot()의 주요 인수 및 기본값

인수	설명	기본값
medpolish_result	중앙값 정제(medpolish) 결과 객체(dict)	필수
scale_x	x축을 $[-0.1, 0.1]$로 스케일링할지 여부	True
xlim	x축 한계값 (튜플)	(-0.1, 0.1)
return_xy	스케일된 x, y 값을 반환할지 여부	False

```
tukey_additivity_plot(result, scale_x = False)
```

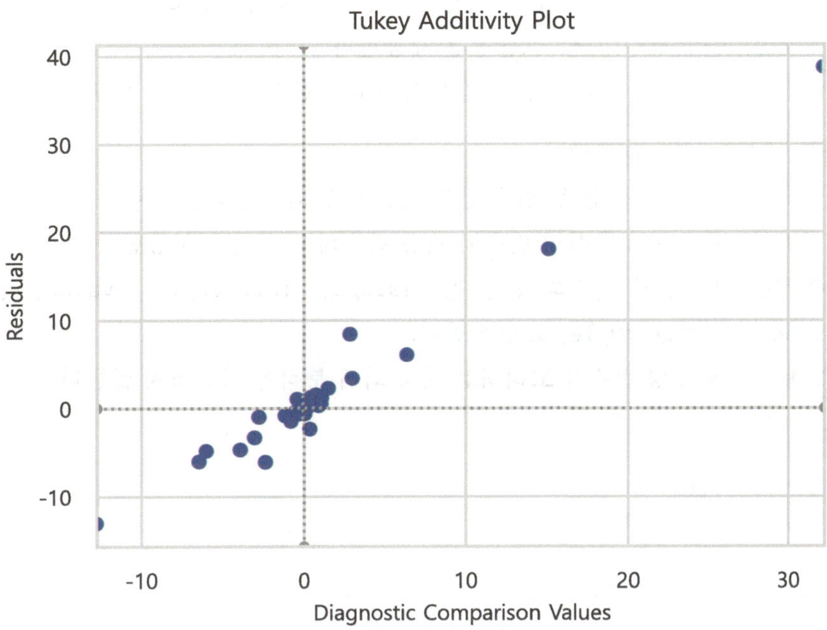

잔차의 패턴이 cv 값에 따라 증가하고 있으며, cv와 잔차 사이에는 뚜렷한 선형 관계가 관찰된다. 이는 단순 가법 모형보다는 승법 모형이 데이터에 더 적합하다는 중요한 증거가 된다.

선형 관계 밀접도 확인

- cv와 잔차의 선형 관계에 대한 기울기를 구해보면 다음과 같다.

Python의 다중 반환값 할당

- `xvals, yvals =` 은 함수의 반환값을 두 개의 변수에 동시에 할당하는 **파이썬의 언팩(unpack)** 문법의 예이다.
- xvals는 지정된 출력의 x축 값들이 1차원 배열로 저장된다.
- yvals는 동일 출력의 y축 값들이 1차원 배열로 저장된다.
- 정의된 xvals, yvals는 추후 산점도, 회귀분석, 표 등 다양한 작업에 직접 활용할 수 있다.

```
xvals, yvals = tukey_additivity_plot(result, scale_x = False, return_xy=True)
```

scipy.stat

- **Python**의 과학 연산 패키지인 SciPy의 하위 모듈이며, 통계분석 기능을 제공한다.
- 평균, 표준편차, 상관계수 등 기본 통계량을 제공한다.

- 정규분포, t분포, 베타분포 등 다양한 확률분포의 확률밀도함수(pdf), 누적분포함수(cdf), 난수 생성, 모수 추정 등을 제공한다.
- t-검정, 카이제곱 검정, 적합도 검정 등의 다양한 검정 방법을 제공한다.

scipy.stats.linregress(x,y)

- linregress(x, y)는 두 변수 간의 단순 선형 회귀분석을 수행하는 함수이다.
- 입력값 x와 y는 각각 설명 변수와 반응 변수의 데이터를 지정한다.
- 추정된 회귀선의 계수와 관련 정보(slope, intercept, rvalue, pvalue, stderr)를 튜플(tuple)로 반환한다.
- 2개 이상의 설명 변수를 고려하는 다중 회귀 분석은 지원하지 않는다.

```
import numpy as np
from scipy.stats import linregress

res = linregress(xvals, yvals)
print("기울기(slope):", round(res.slope, 1))
```

```
기울기(slope): 1.2
```

멱승 변환 및 가법 모형 재적합

- 기울기 $b = 1.2$이므로 멱승 변환 $p = 1 - b = -0.2 \approx 0$을 고려 한다.
- 따라서 log 변환을 적용하고 '가법 모형'을 재적합한다.

```
import numpy as np
lrecord = np.log(record)      # 또는 pd.DataFrame(record).apply(np.log) 도 가능
l_result = medpolish(lrecord, maxiter=10)
```

```
1: 0.19733246934388804
2: 0.17985006313211915
3: 0.17932695215199645
Final: 0.17932695215199645
```

```
print("overall:", l_result['overall'])                # 전체 효과(overall)
```

```
overall: 5.142028395277012
```

```
print("row:", l_result['row'])                    # 행 효과(row effect)
```

```
row: [ 0.096  0.049  0.014  0.001  0.003 -0.01  -0.003 -0.001 -0.011 -0.007]
```

```
print("col:", l_result['col'])                    # 열 효과(column effect)
```

```
col: [-1.139 -0.368  0.367  1.089]
```

적합된 가법 모형의 타당성 확인을 위하여 Tukey Addive Plot을 적용해 보면 다음과 같다.

```
tukey_additivity_plot(l_result, scale_x=False)
```

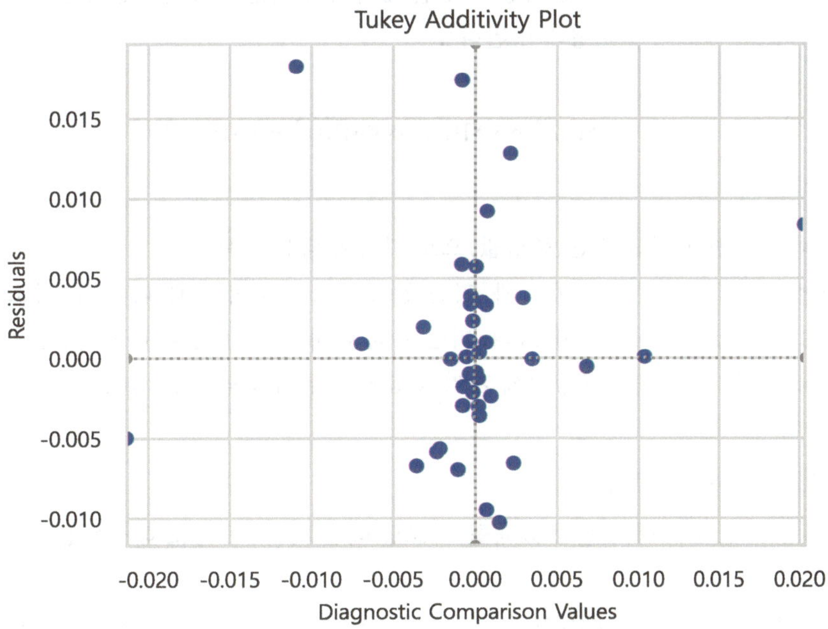

cv와 잔차간의 특정 관계가 존재하지 않으므로 가법 모형이 적합하다고 할 수 있다.

✿ 최종 모형 적합과 역변환

$$\log_e(y_{ij}) = \hat{\mu} + \hat{r}_i + \hat{c}_j + e_{ij}$$

여기서

- 공통항 $\hat{\mu} = 5.14$
- 행 효과 $\hat{r}_i$: $[\,0.096, 0.05, 0.014, 0.00, 0.00, -0.01, -0.00, -0.00, -0.01, -0.01\,]$
- 열 효과 $\hat{c}_j$: $[\,-1.14, -0.37, 0.38, 1.09\,]$
- e_{ij}: 중앙값 정제 후 남은 잔차

공통항 $\hat{\mu}$는 전체 평균 수준(기록의 중앙값, 로그 단위)을 나타내고, 행(년도) 효과 $\hat{r}_i$는 각 연도에서 전체 평균 대비 기록이 얼마나 향상(–) 또는 퇴보(+)하였는가를 의미한다. 또한, 열(거리) 효과 $\hat{c}_j$는 각 종목 거리가 전체 평균 대비 기록이 얼마나 증가(+) 또는 감소(–)하였는지를 보여준다. 이를 지수 함수(exp())를 적용하여 원 데이터의 시간으로 역변환하면 다음과 같은 멱승 모형(power law models)의 형태가 된다[4].

$$y_{ij} = \exp(\hat{\mu}) \times \exp(\hat{r}_i) \times \exp(\hat{c}_j) \times \exp(e_{ij})$$

여기서,

- $\exp(\hat{\mu})$: 전체 평균 수준(중앙값)으로 기준이 되는 기록
- $\exp(\hat{r}_i)$: i번째 연도의 비 효과, 기준 연도 대비 기록이 몇 배 더 향상/감소를 표현
- $\exp(\hat{c}_j)$: j번째 거리의 비 효과, 기준 거리 대비 기록이 몇 배 더 향상/감소를 표현
- $\exp(e_{ij})$: i번째 연도와 j번째 거리 조합에서의 개별 특이성(잔차)

✿ 역 변환 모형 해석과 응용

- 멱승 모형에서 행과 열의 효과를 비교할 때는 비(ratio)로 해석하는 것이 바람직하다.
- 이때, 비교를 위한 기준(기준 연도, 기준 거리 등)은 연구 목적이나 해석에 따라 자유롭게 선택할 수 있다.

먼저, 두 연도 i와 k의 효과를 비교하면 다음과 같다. 이는 기준 연도(k) 대비 연도(i)의 기록이 몇 배 더 빠른지/느린지를 의미한다. 즉, 1보다 크면 연도 i가 느린 것, 1보다 작으면 더 빠른 것을 의미한다.

---

[4] 멱승 모형(power law models)이란 $y = \alpha x_1^{\beta_1} x_2^{\beta_2} \cdots \varepsilon$와 같이 각 변수($x$)가 멱(power) 또는 지수로 결합되고, 전체가 곱셈 구조로 표현되는 모형을 말한다.

$$\frac{\exp(\hat{r}_i)}{\exp(\hat{r}_k)} = \exp(\hat{r}_i - \hat{r}_k)$$

또한, 두 거리(종목) j와 l의 효과를 비교하면 다음과 같다. 이는 기준 거리(m) 대비 거리(j)의 기록이 몇 배 차이 나는지를 의미한다. 1보다 크면 거리 j가 더 느린 것, 1보다 작으면 더 빠른 것을 의미한다.

$$\frac{\exp(\hat{c}_j)}{\exp(\hat{c}_m)} = \exp(\hat{c}_j - \hat{c}_m)$$

예를 들어, 최초 년도(예: 1968년)의 값과 비교한 비를 계산한다면, 이는 최초 년도인 1968년 대비 각 년도의 기록 향상 정도를 확인할 수 있다. 이러한 접근 방법은 수영 경기 기록의 연도별 향상 추세를 직관적으로 설명할 수 있다.

리스트 컴프리헨션(list comprehension)과 f-string 포맷팅

- print([f"v:.2f" for v in reffect_origin_rounded])
- reffect_origin_rounded의 각 원소 v를 순회하며, f"v:.2f" 포맷으로 소수 둘째 자리까지 항상 표시되는 문자열로 변환한다.
- 그 결과는 소수점 아래 두 자리가 항상 유지된 문자열 리스트(예: ['1.00', '0.96', '0.93', ...])로 출력된다.
- 이는 데이터의 소수점 표현을 통일해서 표나 보고서 등에서 일관되게 보여주고 싶을 때 유용하다.

```
import numpy as np

row_origin = np.exp(l_result['row'])                      # 역 변환
reffect_origin = row_origin / row_origin[0]               # 첫 번째 값으로 표준화
reffect_origin_rounded = np.round(reffect_origin, 2)  # 소수 둘째자리 반올림
print([f"{v:.2f}" for v in reffect_origin_rounded])
```

```
['1.00', '0.95', '0.92', '0.91', '0.91', '0.90', '0.91', '0.91', '0.90', '0.90']
```

이 결과를 보면, 2004년의 기록은 0.90으로 1968년(1.00)을 기준으로 약 10% 기록이 향상되었으며, 특히 처음 네 차례(1968~1980)까지는 기록 향상이 두드러지지만, 이후에는 기록 개선 폭이 점차 줄어들면서 일정 수준에 근접해 정체되는 경향을 보인다.

```python
import numpy as np

col_origin = np.exp(l_result['col'])                        # 역변환
ceffect_origin = col_origin / col_origin[0]                  # 첫 번째 값으로 표준화
ceffect_origin_rounded = np.round(ceffect_origin, 2)         # 소수 둘째 자리 반올림
print([f"{v:.2f}" for v in ceffect_origin_rounded])
```

```
['1.00', '2.16', '4.51', '9.28']
```

거리별 기록을 비교해 보면, 100m를 기준으로 200m는 약 2.16배, 400m는 4.51배, 800m는 9.28배의 시간이 더 소요된다. 이는 단순히 거리가 2배, 4배, 8배로 늘어날 때 기록이 정확히 그에 비례해서 증가하는 것이 아니라, 실제로는 더 큰 배수로 시간이 늘어나는 현상을 보여준다. 이러한 결과는 장거리 경기일수록 선수들의 체력 소모와 피로 누적, 속도 저하 등 신체적 한계가 기록에 더욱 크게 반영되기 때문이며, 기록 증가가 거리 증가에 따라 가속적으로 이루어지는 지수적 구조임을 의미한다.

□

7 평활화와 로컬 회귀
Smoothing and Local Regression

특정 모형을 적합하는 아이디어는 항상 "부분" 요약이다.

The idea that fitting some model was always a "partial" summary.

J. W. Tukey(1977)

https://www.patternpictures.com/

2개의 연속형 변수 x와 y가 주어진 경우, 산점도(scatter plot)를 이용하여 두 변수 간의 관계와 밀접도를 시각적으로 확인할 수 있다. 산점도는 x와 y의 각 쌍의 데이터를 평면 위에 점으로 표시하여, 변수 간의 선형성, 상관성, 이상값 등 다양한 정보를 직관적으로 제공한다.

만일 (x, y) 쌍에서 x 변수가 나이, 시간, 횟수, 거리, 위도/경도 등과 같이 순서(order)에 따라 거의 일정한 간격을 갖는 값으로 주어지는 경우에는 각 x 위치에서 y 값이 어떤 패턴을 갖는가가 주된 관심 사항이 된다. 이러한 경우, 단순한 산점도만으로는 잡음(noise)이나 불규칙한 변동으로 인하여 전체적인 패턴을 파악하기 어려울 수 있다.

평활화(smoothing)란 데이터의 잡음이나 불규칙한 변동을 줄이고, y의 변화에서 나타나는 주요 경향이나 패턴을 보다 명확하게 파악하기 위한 통계적 방법이다. 이를 통해 단순 산점도로는 확인 할 수 없는 중요 패턴을 시각적으로 확인할 수 있다.

엄마의 연령대별로 정의된 출산률(birth-rates), 환자의 몸무게에 따른 심근 경색의 발생 빈도, 분기별 제품 판매액 등과 같은 데이터는 (x, y) 형태로 나타낼 수 있지만, 실제로는 x의 순서에 따라 기록된 y의 값만으로 그 구조를 간단하게 나타낼 수 있다. 이렇게 순서가 부여된 값들의 나열을 데이터 시퀀스(data sequence)라고 한다. 특히 x가 연속적인 시간(time) 간격을 의미하는 경우, y의 데이터 시퀀스를 시계열(time series)이라고 부른다.

데이터 시퀀스(data sequence)는 일반적으로 x 대신 순서를 나타내는 값 t로 표시하며, y의 첨자(subscripts)로 활용한다. 즉, 데이터 시퀀스는 다음과 같이 t로 정렬된 y 값의 나열로 간단히 표현할 수 있다. 이 표기법은 대체로 균등한 간격의 x를 전제로 하지만, 간격이 심하게 불규칙하지 않다면 사용 가능하다.

$$y_t, \quad t = 1, 2, \ldots, n$$

데이터 시퀀스 분석의 기초는 전체 패턴을 파악하기 위해 부드러운 곡선을 적합하는 것이다. 이 곡선을 통해 데이터 시퀀스가 크게 변하는 지점, 즉 상승이나 하강과 같은 변곡점, 규칙성, 주기성을 탐색할 수 있다. 이렇게 데이터의 전반적인 흐름을 나타내는 추정 곡선을 평활(smooth)이라고 하며, 이 곡선에서 벗어나는 데이터의 불규칙한 부분을 거침(rough)이라고 부른다. 일반적으로 데이터 = 적합값 + 잔차(data = fit + residuals)로 나타낼 수 있지만, 데이터 시퀀스에서는 다음과 같이 표현한다.

$$data = smooth + rough$$

데이터 평활기(data smoothers)는 데이터 시퀀스의 중복된 구획(segments)에서 **평활(smooth)**을 달성하고자 중앙값 또는 평균을 이용하며, 이를 통하여 도출된 **평활**을 제외한 나머지 잔차가 거침(rough)을 결정한다. EDA에서는 **평활**의 수학적 공식보다 거침의 해석을 더 중요시한다(Velleman and Hoaglin 2004)[1].

[1]Velleman, P., & Hoaglin, D. (2004). The ABC's of EDA: Applications. Basics, p 161, "One unfortunate consequence of the tradition that names these techniques data smoothers is that it may encourage some analysts to forget the importance of the rough."

7.1 중앙값 평활기 Median Smoothers

중앙값 평활기란 주어진 데이터 시퀀스 y_t, $t = 1, 2, \ldots, n$에 대해, 고정된 개수 $k \geq 3$의 연속된 구간(segments, 또는 윈도우)을 순차적으로 이동시키며 각 구간에 포함된 값들의 **중앙값**을 계산하여 해당 구간의 중심 위치에 할당하는 방식으로 데이터의 잡음과 극단값의 영향을 줄이고, 전체적인 추세를 부드럽게 표현하는 평활화 방법이다. 이 과정을 **k-연속 중앙값 평활기**(k-point running median smoother)라고 한다. 이는 이상값에 에 강건하고, 데이터의 급격한 변화(점프 등)도 비교적 잘 보존한다는 장점과 윈도우(구간) 길이가 길어질수록 세밀한 변동이나 국지적 패턴을 표현할 수 없다는 단점을 갖는다. 실무적으로, 짝수 k의 경우 중심 위치가 불명확할 수 있으므로, 주로 홀수 k가 사용된다.

k-연속 중앙값 평활기(k Running Median Smoothers)

- $k = 2h + 1$(홀수)일 때 평활값 $m_i^{(k)}$는 다음과 같이 정의된다.

$$m_i^{(k)} = \begin{cases} \text{median}(y_{i-h}, \ldots, y_i, \ldots, y_{i+h}), & \text{if } h < i \leq n-h \\ \text{정의 불가}, & \text{otherwise} \end{cases}, \quad \text{여기서 } h = \frac{k-1}{2}$$

- $k = 2h$(짝수)인 경우, 평활값 $m_i^{(k)}$는 다음과 같이 정의한다.

$$m_i^{(k)} = \begin{cases} \text{median}(y_{i-h+1}, \ldots, y_i, \ldots, y_{i+h}), & \text{if } h \leq i \leq n-h \\ \text{정의 불가}, & \text{otherwise} \end{cases}, \quad \text{여기서 } h = \frac{k}{2}$$

- 일반적으로 k는 **홀수(odd)** 값을 사용한다.
- 짝수 k의 중앙값은 두 값의 평균, 하위값(lower median), 상위값(upper median) 등으로 정의할 수 있으므로, 중앙값의 계산 방식에 주의해야 한다.

k-연속 중앙값 평활기에서는 양 끝단(데이터의 처음과 끝)에서 평활값을 계산할 수 없는 구간이 발생할 수 있다. 이 경우에는 **Tukey의 끝점 법칙(End Point Rule)**을 적용하여, 윈도우가 커버할 수 있는 한도 내에서만 중앙값을 계산하도록 한다. 즉, 양 끝단에서는 가능한 범위의 데이터만 사용하여 중앙값을 구해 평활값으로 할당한다. 이는 끝점에서는 데이터 경향을 지나치게 외삽하지 않으면서 급격한 변화도 억제하고 가능한 한 자연스러운 패턴을 따르도록 평활값을 결정하는 역할을 한다.

Tukey의 끝점(End Points) 법칙

평활화의 끝점(End Points of Smoothing; EPS)은 다음 원칙에 따라 결정한다.

- EPS 값의 변화는 바로 이전 값과 그 전 값 사이의 변화량의 0 ~ 2배 범위 내에서 결정한다.
- EPS 값은 가능한 한 데이터 시퀀스의 실제 값에 가깝게 선택한다.

[표 7.1]은 암소의 체온 데이터의 일부(처음 10개)에 3-중앙값 평활(3)과 이를 2번 반복(33)한 결과이다(Wheelwright, Makridakis, and Hyndman 1998)[2].

표 7.1: 3-중앙값 평활화(3)와 이의 2번 반복(33)

temp	3	33
60	NA	NA
70	60	NA
54	56	56
56	56	56
70	66	66
66	66	66
53	66	66
95	70	70
70	70	NA
69	NA	NA

3-연속 중앙값 평활기를 적용한 3의 결과를 보면 다음과 같다.

- 첫 번째 값인 $m_1^{(3)}$ 은 평활값을 계산하기 위한 세 개의 연속 관측값을 확보할 수 없으므로 NA로 표시된다.
- 두 번째 값 $m_2^{(3)}$ 는 $y_1, y_2, y_3 = 60, 70, 54$ 의 중앙값인 60으로 평활된다.
- 마지막 값 $m_{10}^{(3)}$ 역시 양끝에 해당하여 3-중앙값 계산이 불가하므로 NA로 표시된다.
- 마지막에서 두 번째 값 $m_9^{(3)}$ 는 $y_8, y_9, y_{10} = 95, 70, 69$ 의 중앙값인 70으로 평활된다.

[2]Forecasting: methods and applications" by Makridakis, Wheelwright & Hyndman (Wiley, 3rd ed., 1998) <https://robjhyndman.com/forecasting/>

이와 같이, 평활 대상이 되는 데이터 시퀀스의 첫 번째 값(y_1)과 마지막 값(y_n)을 **데이터 시퀀스의 끝 점(End Points)**이라고 한다. 이러한 끝점에서는 중앙값 평활기를 직접 적용할 수 없으므로, 특별한 평활 방법을 사용해야 한다.

[예제 1] 3-중앙값 평활화(3)에서의 y_1의 평활값

-	끝점	끝점-1P	끝점-2P
Data	60		
Smooth	?	60	56

(1) 끝점-2P와 끝점-1P의 차이: 56 - 60 = -4
(2) 끝점(smooth)와 끝점-1P의 변화의 한계: [0, 2]*(-4) = [-8, 0]
(3) 끝점(Smooth)의 값은 [52, 60] 중 어떤 값도 가능
(4) 끝점(Smooth)의 값은 끝점(data) 값과 가능하면 비슷해야 하므로, 60으로 결정

[예제 2] 3-중앙값 평활화(3)에서의 y_{10}의 평활값

-	끝점	끝점-1P	끝점-2P
Data	69		
Smooth	?	70	70

(1) 끝점-2P와 끝점-1P의 차이: 70 - 70 = 0
(2) 끝점(smooth)와 끝점-1P의 변화의 한계: [0, 2]*0 = [0, 0]
(3) 끝점(Smooth)의 값은 70만 가능

이와 같이 Tukey의 끝점 법칙을 적용하여 [표 7.1]의 평활 끝값을 구하면, 그 결과는 [표 7.4]와 같다. 또한, 3-중앙값 평활화를 반복적으로 적용해도 평활(smooth) 값에 더 이상 변화가 없는 것을 확인할 수 있다. 이와 같이, 평활값의 변화가 더 이상 없을 때까지 반복적으로 평활을 적용하는 방법을 **3R**이라고 한다[3].

[3] 여기서, R은 Replication을 의미한다.

표 7.4: 끝점 법칙이 적용된 3-중앙값 평활화(3)와 이의 2번 반복(33)

temp	3	33
60	60	60
70	60	60
54	56	56
56	56	56
70	66	66
66	66	66
53	66	66
95	70	70
70	70	70
69	70	70

이를 암소 체온 데이터 전체에 적용해 보면 [그림 7.1]과 같다. [그림 7.1]의 평활 결과를 보면, 이상점의 영향에 둔감하며, 평활 적용 횟수 1회 결과(파란선)보다 2번 적용한 결과(빨간선)가 보다 부드럽게 평활되는 것을 확인할 수 있다. 또한, 암소의 체온은 일정 간격으로 상승과 하강을 반복하는 패턴을 보이며, 첫 번째 주기를 제외하고 나머지 주기들은 거의 유사한 형태를 보임을 확인할 수 있다.

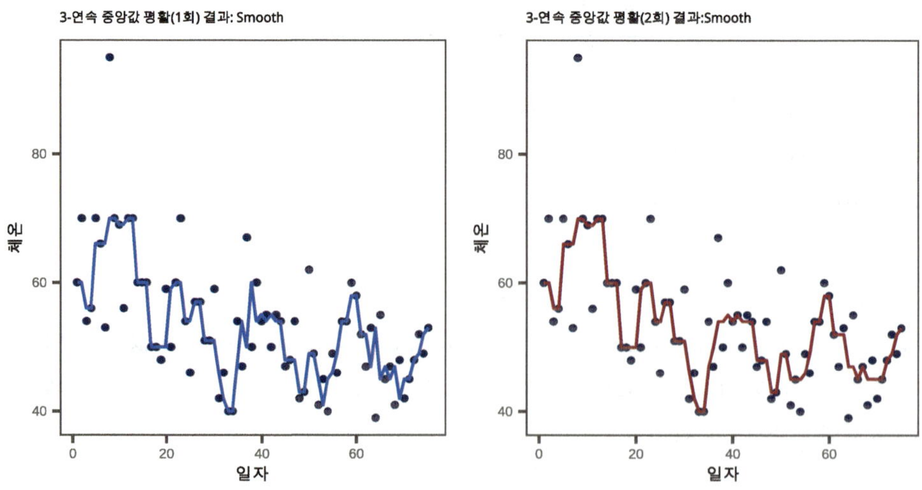

그림 7.1: 3-연속 중앙값 평활기의 평활(Smooth) 결과

또한, [그림 7.3]에서의 거칠(rough)은 중앙값 평활을 2회 적용한 결과가 1회 적용했을 때 보다 무작위성(randomness)을 갖는 것으로 보인다. 이때, 거칠의 값들은 대부분 [−10, 10] 구간 내에 밀집되어 있으며, 이 범위를 벗어나는 값들은 특정 원인 또는 이상 현상이 발생했는지 추가 탐색해 볼 필요가 있다.

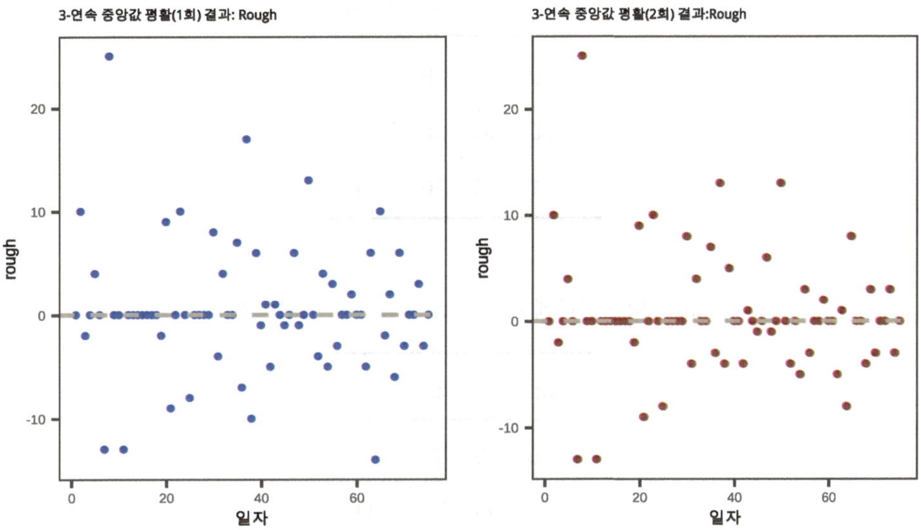

그림 7.2: 3-연속 중앙값 평활기의 거칠(rough) 결과

7.1.1 분리, 재평활 그리고 해닝 Spliting, Rerough and Hanning

분리 평활(Split Smoothing)이란, 중앙값 평활기를 1차로 적용한 뒤 생성된 **피크(peak)**와 **밸리(valley)**를 각각 두 그룹으로 분리하여 각 그룹의 끝점(end points)에 별도의 평활 처리를 한 다음, 다시 중앙값 평활기를 재적용하여 평활 결과를 더욱 향상시키는 방법이다.

분리 평활의 절차(Split Smoothing)

(1) 중앙값 평활기를 우선 적용한다.

(2) 동일한 값으로 평활된 **피크(peak)** 또는 **밸리(valley)**를 기준으로 데이터 시퀀스를 두 개의 부분(segments)으로 분리한다.

(3) 각각의 분리된 시퀀스에 Tukey의 끝점 법칙을 적용하여 끝점들을 평활한다.

(4) 평활된 두 시퀀스를 다시 합쳐 전체에 중앙값 평활기를 재적용한다.

[표 7.4]의 평활 결과를 보면, 56의 밸리가 존재한다. 따라서 이를 분리하여 각각 끝점 법칙을 적용하면 [표 7.5] 그리고 [표 7.6]과 같다.

표 7.5: 밸리에서 구분된 평활화된 시퀀스 I

temp	3	33	split
60	60	60	60
70	60	60	60
54	56	56	60

표 7.6: 밸리에서 구분된 평활화된 시퀀스 II

temp	3	33	split
56	56	56	66
70	66	66	66
66	66	66	66
53	66	66	66
95	70	70	70
70	70	70	70
69	70	70	70

이를 다시 통합하여 3-중앙값 평활기를 적용하면 그 결과는 [표 7.7]과 같다. 이러한 평활 방법을 3RSS라고 부른다.

표 7.7: 3RSS 평활된 결과

temp	3	33	merge
60	60	60	60
70	60	60	60
54	56	56	60
56	56	56	66

70	66	66	66
66	66	66	66
53	66	66	66
95	70	70	70
70	70	70	70
69	70	70	70

재평활(Rerough)는 거침(rough)에 남아 있는 패턴을 추가로 설명하기 위하여 다음과 같은 절차를 적용한다. 이러한 방법을 3RS3R,Twice라고 부른다.

재평활(Rerough)

$$\text{data} = \text{smooth} + \text{rough}$$

여기서

$$\text{rough} = \text{smooth(rough)} + \text{rough(rough)}$$

따라서

$$\begin{aligned}\text{data} &= [\texttt{smooth + smooth(rough)}] + \text{rough(rough)}\\ &= \text{final.smooth} + \text{final.rough}\end{aligned}$$

[표 7.8]은 재평활의 결과이다. 현재 고려한 10개의 데이터에서는 변화가 없다.

표 7.8: 3RS3R을 2번 적용한 결과

temp	3	33	merge	rerough
60	60	60	60	60
70	60	60	60	60
54	56	56	60	60
56	56	56	66	66
70	66	66	66	66

66	66	66	66	66
53	66	66	66	66
95	70	70	70	70
70	70	70	70	70
69	70	70	70	70

해닝(Hanning)은 데이터 시퀀스에서 인접한 3개의 값들에 대한 가중 평균(weighted mean)을 이용한 평활 방법이다[4]. 이는 중앙값 평활기보다 부드러운 적합을 제공한다.

해닝(Hanning; Hann Smoothing)

$$
\begin{aligned}
h_1 &= y_1 \\
h_i &= \frac{1}{4}y_{i-1} + \frac{1}{2}y_i + \frac{1}{4}y_{i+1}, \quad i > 1
\end{aligned}
$$

[표 7.9]는 [표 7.8]의 결과에 대하여 해닝 평활을 추가로 실행한 결과이다.

표 7.9: 3RS3R 2회 적용 후 해닝 평활의 결과

temp	3	33	merge	rerough	hanning
60	60	60	60	60	60.0
70	60	60	60	60	60.0
54	56	56	60	60	61.5
56	56	56	66	66	64.5
70	66	66	66	66	66.0
66	66	66	66	66	66.0
53	66	66	66	66	67.0
95	70	70	70	70	69.0
70	70	70	70	70	70.0
69	70	70	70	70	70.0

[4] 이 함수는 기상 데이터에 3항 가중 평균 평활 기법을 사용한 Julius Ferdinand von Hann(1839~1921)의 이름을 따서 명명되었다.

이를 암소 체온 데이터 전체에 적용해 보면 [그림 7.3]과 같다. 평활된 결과를 보면, 이상점의 영향에 둔감하며, 중복 평활을 적용할 수록 보다 부드러운 형태로 평활되는 것을 확인할 수 있다.

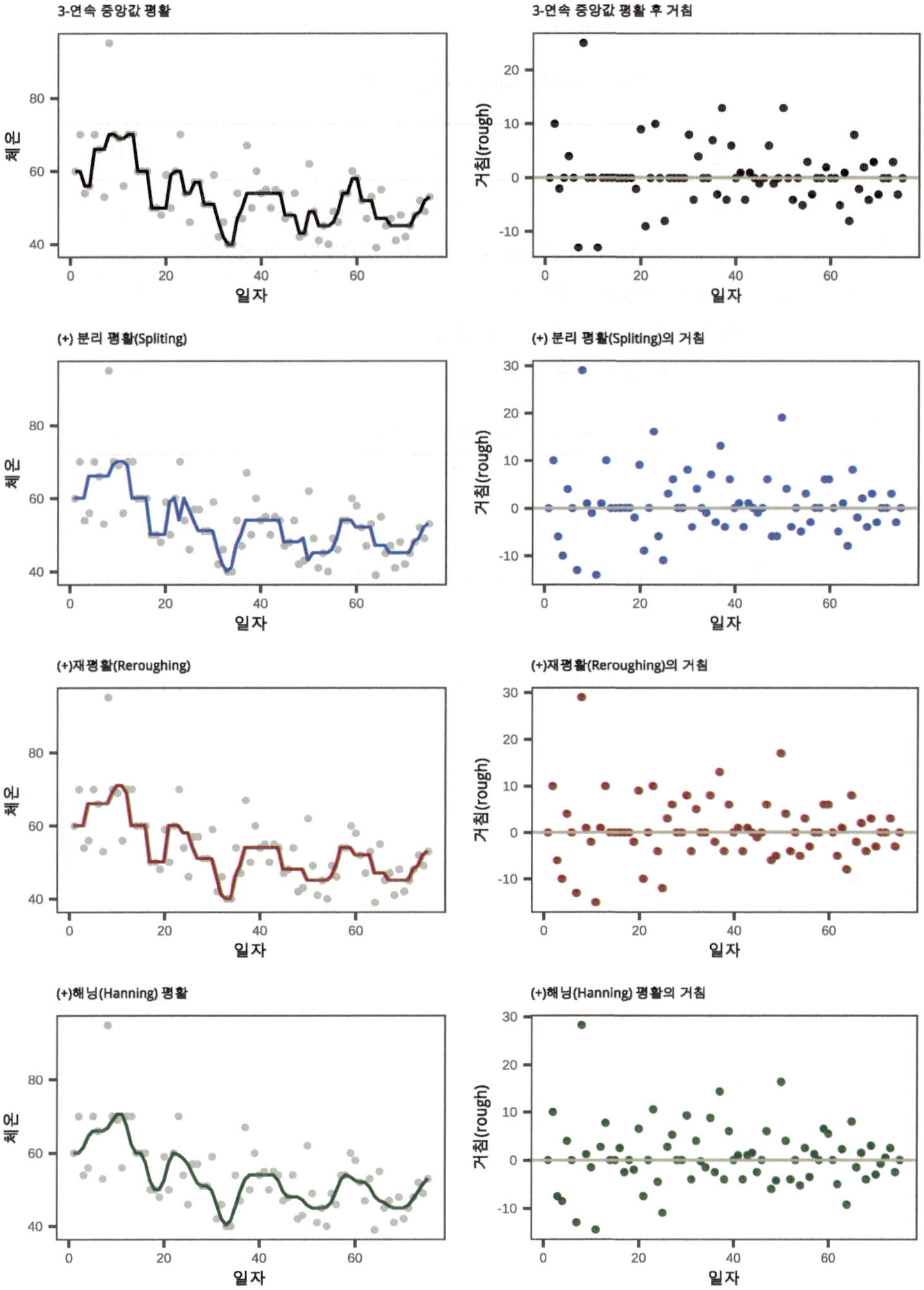

그림 7.3: 다양한 평활 방법에서의 평활(smooth)과 거침(rough)

7.1.2 Python의 활용 Using Python

Tukey의 평활화 관련 함수들은 eda_tools.py에 사용자 정의 함수로 저장되어 있다.

❁ `tukey_smooth(x,kind, twiceit, endrule, do_ends, n_iter)`

표 7.10: tukey_smooth()의 인수 및 기본값

인수	설명	기본값
x	입력 데이터(수치 벡터, list 또는 numpy 배열)	필수
kind	평활 종류: '3RS3R', '3RSS', '3RSR', '3R', '3', 'S' 중 선택	'3RS3R'
twiceit	재평활(Rerough) 적용 여부	False
endrule	'Tukey' 또는 'copy'(끝점 보정 규칙)	'Tukey'
do_ends	끝점(양 끝) 보정 적용 여부	True
n_iter	반복 평활 횟수(3R 또는 3RS3R 시 사용)	3

practice tools 실습 **8.** *2022*년 *K* 리그의 관중수에 대한 탐색 kleague.2022.csv

○ 사용자 정의 함수 불러오기

```
%run eda_tools.py                                  # JupyterLab
reticulate::py_run_file("eda_tools.py")            # RStudio
```

❁ 데이터 불러오기

```
import pandas as pd
data_path = "E:/_data/eda/"                        # 데이터 경로 지정
league = pd.read_csv(data_path + "kleague.2022.csv")
```

데이터의 구조 및 결측값 확인

변수와 케이스의 수 그리고 변수의 유형을 확인하고, 결측값(missing values; NA)의 존재 여부를 확인한다.

```
print(league.info())                    # 데이터 구조 및 변수 정보 확인
```

```
<class 'pandas.core.frame.DataFrame'>
RangeIndex: 1161 entries, 0 to 1160
Data columns (total 12 columns):
 #   Column     Non-Null Count  Dtype
---  ------     --------------  -----
 0   gday       1161 non-null   object
 1   game       1161 non-null   int64
 2   league     1161 non-null   object
 3   month      1161 non-null   int64
 4   day        1161 non-null   int64
 5   date       1161 non-null   object
 6   home       1161 non-null   object
 7   visitor    1161 non-null   object
 8   arena      1161 non-null   object
 9   weather    1161 non-null   object
 10  temp       1133 non-null   float64
 11  spectator  1161 non-null   int64
dtypes: float64(1), int64(4), object(7)
memory usage: 109.0+ KB
None
```

```
print(league.isna().sum())              # 각 열의 결측값 개수 계산
```

```
gday          0
game          0
league        0
month         0
day           0
date          0
home          0
visitor       0
arena         0
weather       0
```

```
temp         28
spectator     0
dtype: int64
```

```
print(league.isna().sum().sum())              # 전체 결측값의 수 확인
```

```
28
```

```
print(league.head(6))                         # 처음 6개의 행 출력
```

```
   gday  game      league  month  ...       arena weather  temp spectator
0  03-01     1  K LEAGUE 1      3  ...    수원월드컵경기장      비   8.8      4022
1  03-01     2  K LEAGUE 1      3  ...     탄천종합운동장      비   8.8      2393
2  03-01     3  K LEAGUE 1      3  ...     강릉종합운동장      비   8.2      1559
3  03-01     4  K LEAGUE 1      3  ...   울산문수축구경기장      비  16.9      5260
4  03-01     5  K LEAGUE 1      3  ...     탄천종합운동장      눈   8.1      1218
5  03-01     6  K LEAGUE 1      3  ...   울산문수축구경기장      비  16.0      3943

[6 rows x 12 columns]
```

홈 구단별 평균 관중 수가 많은 순으로 파악하여 인기 구단 또는 경기장의 관중 동원 정도를 파악해 보고자 한다.

[K 리그 1]의 팀들 간의 평균 관중 수 확인

- 괄호 (…)는 전체 연산을 하나의 표현식으로 감싸 주는 논리적 묶음으로 사용한다.
- pandas 연산처럼 .groupby(...).mean()과 같이 연속된 메서드 를 여러 줄에 나누어 적고, 괄호로 전체를 감싸면 가독성이 좋아지고 안전하게 코드를 실행 할 수 있다.
- groupby('home')은 데이터프레임을 home 열의 값에 따라 그룹화한다.
- ['spectator']는 각 그룹에서 spectator 열만 선택한다.
- mean()은 각 홈 팀 그룹에 대해 관중 수 평균을 계산한다.
- sort_values(ascending=False)는 산출된 평균 값을 내림차순으로 정렬한다.

```
vr = (
    league[league["league"] == "K LEAGUE 1"]
    .groupby(["home", "visitor"], as_index=False)["spectator"]
```

```
        .mean()
    )
print(vr.head(6))
```

```
    home   visitor    spectator
0  FC 서울   강원 FC  3935.666667
1  FC 서울   광주 FC   907.666667
2  FC 서울    김천상무  6264.500000
3  FC 서울   대구 FC  3880.200000
4  FC 서울  부산 아이파크     0.000000
5  FC 서울   상주 상무  2629.000000
```

```
team_mean = (
    league.groupby('home')['spectator'].mean().sort_values(ascending=False)
)

top_team = team_mean.head(3).index

print("관중이 많은은 상위 3개팀:", top_team)
```

```
관중이 많은은 상위 3개팀: Index(['울산 현대', 'FC 서울', '전북 현대'], dtype='object', name='home')
```

관중이 가장 많은 팀은 (1) 울산 현대 (2) FC 서울 (3) 전북 현대이다. 이 중에서 울산 현대의 경기별 관중 수를 확인해 보도록 한다. 리그 중에는 특정 일에 2 개 이상의 경기가 진행되므로 해당 팀의 경기만을 선택한다. 이때 관중이 없는 게임은 제거한다. 경기 간의 일자 간격은 동일하지 않다.

데이터 선별: 울산 현대[5]

- copy()는 원본 데이터프레임으로 부터 특정 처리 후에 새로운 객체로 복사한다. 만일 이를 사용하지 않으면 처리된 데이터가 원본 데이터의 뷰(view)가 되어 원본 데이터에 영향을 줄 수 있다.
- reset_index(drop=True)는 데이터를 정렬한 후, 정렬된 상태에 맞게 인덱스를 0부터 다시 부여하는 작업이다. 이때 drop=True를 지정하면 기존 인덱스를 열로 보존하지 않고 삭제한다.
- Python의 range()는 기본적으로 0부터 시작하므로, +1을 하여 1부터 시작하도록 구성한다. 이는 분석 및 시각화에서 직관적인 도움을 준다.

[5] view란 원본 데이터를 복사하지 않고, 그 일부만을 보여주는 창을 말한다. 이는 원본 데이터를 참조하는 형태로, 수정 시 원본 데이터도 함께 변경될 수 있다.

```python
import pandas as pd

ulsan = league[league['spectator'] != 0].copy()          # 관중 수 0인 경기 제거

# 울산 현대의 경기만 선택
ulsan = ulsan[(ulsan['home'] == '울산 현대') | (ulsan['visitor'] == '울산 현대')]

# 날짜(gday) 기준 정렬
ulsan = ulsan.sort_values('gday').reset_index(drop=True)

# 새로운 변수 ugame에 순차적 경기 번호를 부여(1부터 시작)
ulsan['ugame'] = range(1, len(ulsan) + 1)
```

데이터의 검토

- describe()는 데이터프레임에 포함된 수치형 열(numeric columns)에 대한 기본 통계 요약을 제공한다.
- count는 결측값을 제외한 값의 수를 제공한다.

```python
print(ulsan[['gday', 'home', 'visitor', 'spectator', 'ugame']].head(6))
```

```
    gday   home visitor  spectator  ugame
0  02-20  울산 현대   김천상무       4673      1
1  02-26  성남 FC   울산 현대       1633      2
2  03-01  울산 현대   수원 FC        5260      3
3  03-01  울산 현대   강원 FC        3943      4
4  03-06  광주 FC   울산 현대       1953      5
5  03-06  전북 현대   울산 현대       8297      6
```

```python
ulsan.info()
```

```
<class 'pandas.core.frame.DataFrame'>
RangeIndex: 79 entries, 0 to 78
Data columns (total 13 columns):
 #   Column      Non-Null Count  Dtype
---  ------      --------------  -----
 0   gday        79 non-null     object
 1   game        79 non-null     int64
 2   league      79 non-null     object
```

```
 3   month      79 non-null    int64
 4   day        79 non-null    int64
 5   date       79 non-null    object
 6   home       79 non-null    object
 7   visitor    79 non-null    object
 8   arena      79 non-null    object
 9   weather    79 non-null    object
 10  temp       77 non-null    float64
 11  spectator  79 non-null    int64
 12  ugame      79 non-null    int64
dtypes: float64(1), int64(5), object(7)
memory usage: 8.1+ KB
```

```
ulsan.describe()
```

	game	month	day	temp	spectator	ugame
count	79.000000	79.000000	79.000000	77.000000	79.000000	79.000000
mean	544.734177	6.670886	14.455696	23.633766	5183.025316	40.000000
std	340.150747	2.663724	8.815484	7.148824	4141.140283	22.949219
min	4.000000	2.000000	1.000000	2.400000	586.000000	1.000000
25%	268.000000	4.000000	7.000000	19.000000	2478.500000	20.500000
50%	531.000000	7.000000	14.000000	24.500000	3913.000000	40.000000
75%	827.500000	9.000000	21.000000	29.300000	6720.500000	59.500000
max	1150.000000	12.000000	31.000000	36.300000	23817.000000	79.000000

평활화 방법 적용: tukey_smooth(kind = m)

- 3: 3-중앙값 평활기 1회 적용
- 3R: 3-중앙값 평활기를 수렴할 때까지 반복 적용
- S: 분리 평활 적용
- 3RSS: 3R + S 적용
- 3RS3R: 3R + S + 3R 동시 적용
- twiceit = TRUE: 재평활 적용
- hann(sequence)는 해닝 적합을 반환한다.

```
# 3R 평활
ulsan['s_3R'] = tukey_smooth(ulsan['spectator'].values,
                             kind="3R"
```

```
                               )

# 3RSS 평활
ulsan['s_3RSS'] = tukey_smooth(ulsan['spectator'].values,
                               kind="3RSS"
                               )

# 3RS3R + rerough(재평활)
ulsan['s_3RS3R2'] = tukey_smooth(ulsan['spectator'].values,
                                 kind="3RS3R", twiceit=True
                                 )

# 해닝 적합
ulsan['s_3RS3R2H'] = hann(ulsan['s_3RS3R2'])
```

평활화 결과 확인

(1) 평활(Smooth)

```
plt.figure()
plt.scatter(ulsan["ugame"], ulsan["spectator"],
            color="blue",
            s=10,
            label="원자료")
plt.plot(ulsan["ugame"], ulsan["s_3RS3R2H"],
         color="red",
         label="3RS3R2 + Hann")
plt.xlabel("경기")
plt.ylabel("관중 수")
plt.title("2022년 시즌 [울산 현대]의 관중 수 - 복합 평활(3RS3R2+Hann)")
plt.legend()
plt.tight_layout()
plt.show()
```

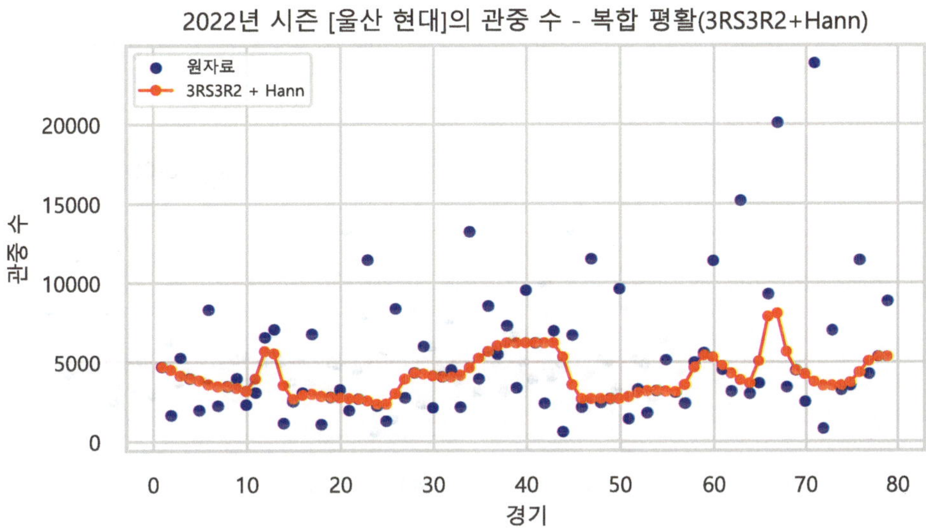

(2) 거칠(rough)

```
# rough □ 10000인 데이터만 추출
ulsan['rough'] = ulsan['spectator'] - ulsan['s_3RS3R2H']

labels_df = ulsan[ulsan["rough"] >= 10000]

plt.figure()
plt.scatter(ulsan["ugame"], ulsan["rough"],
            color="blue",
            s = 10, label="rough")
plt.axhline(0, color="red", linewidth=1)

# 라벨 부착 (rough □ 10000만)
for i, row in labels_df.iterrows():
    plt.text(row["ugame"], row["rough"], str(row["gday"]),
             color="black", fontsize=9, ha='center', va='bottom',
             bbox=dict(boxstyle="round,pad=0.2", fc="white", ec="gray", lw=0.5))

plt.xlabel("경기")
plt.ylabel("거칠(rough)")
plt.title("2022년 시즌 [울산 현대] 관중의 수에 대한 평활 후 거칠(Rough)")
plt.tight_layout()
plt.show()
```

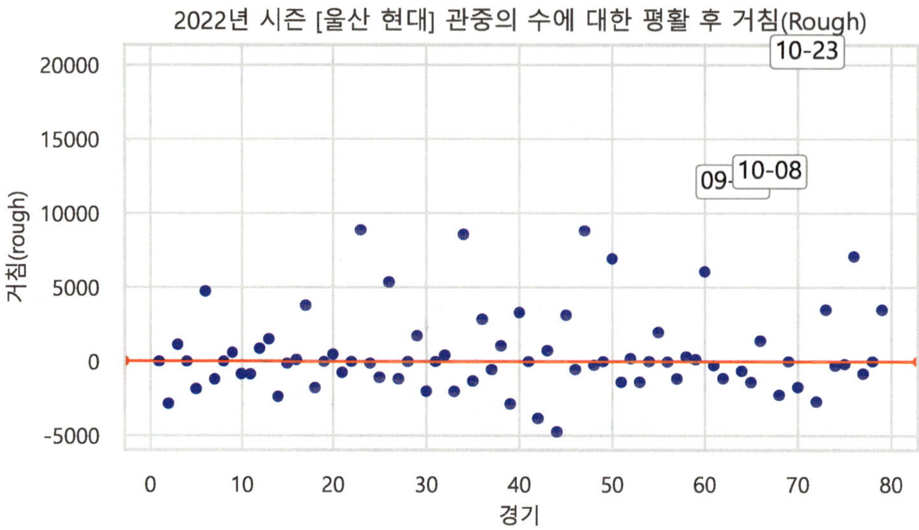

관중 수가 평활 패턴보다 10,000명 이상 많았던 날은 9-18, 10-8, 10-23이다. 그 이유는 다음 표에서 찾을 수 있다.

월	라운드	정규 일정	순연경기 일정
정규 리그			
중략			
9월	29R	9월 2~4일 (금/토/일)	-
	30R	9월 6~7일 (화/수)	-
	31R	9월 10~11일 (토/일)	-
	32R	9월 13~14일(화/수)	-
	33R	9월 18일 (일)	전경기 동시 실시
파이널 라운드			
10월	34R	10월 1~3일 (토/일/월)	-
	35R	10월 8~9일 (토/일)	-
	36R	10월 11~12일 (화/수)	-
	37R	10월 16일 (일)	-
	38R	10월 22~23일 (토/일)	파이널 별 전경기 동시실시

□

7.2 로컬 회귀 Local Regression

로컬 회귀(Local Regression)는 비선형 회귀 분석 중 하나로 주어진 데이터의 특정 위치별 국소 정보를 사용하여 비선형 패턴을 적합하는 방법이다[6]. 이는 비선형성이 강한 데이터 또는 다양한 영역에서 서로 다른 패턴을 갖는 데이터에 유용하다. 가장 널리 알려진 방법은 로우에스(Locally Weighted Scatterplot Smoothing; LOWESS)와 로우리스(Locally Estimated Scatterplot Smoothing; LOESS)를 들 수 있다[7]. 이들은 로컬 회귀의 기본 **알고리즘(algorithm)** 원리하에서 서로 다른 가중치 부여 방식과 회귀 모형을 적용한다[8].

로컬 회귀 알고리즘

[1] $X = x_0$ 에 가장 근접한 $s = \frac{k}{n}$ 비율의 $\{x_i\}$를 x_0의 이웃으로 선택

- s는 이웃(neighborhood)의 크기를 조절하는 **하이퍼파라미터**이다.

[2] 선택된 이웃 데이터에 가중치 할당

$$K_{i0} = K(x_i, x_0) = K\left(\frac{x_i - x_0}{h}\right)$$

- x_0와의 표준화 거리가 가까울수록 높은 가중치를 할당한다.
- x_0 의 이웃을 제외한 나머지 데이터의 가중치는 0이다.
- h는 가중치 함수의 적용 범위를 결정하는 **하이퍼파라미터**이다.

[3] y_i 에 대한 x_i 의 가중 최소제곱(weighted least squares) 회귀 적합

$$\arg\min_g \sum_{i=1}^{n} K_{i0} \left(y_i - g(x_i)\right)^2$$

[4] x_0 에서의 해 $\hat{g}(x_0)$ 도출

$$\hat{g}(x_0) = \sum_{i=1}^{n} w_i(x_0) \cdot y_i, \quad \text{여기서} \quad w_i(x_0) = \frac{K_{i0}}{\sum_{j=1}^{n} K_{j0}}$$

[5] [1] ~ [4]의 과정을 모든 x_0 에 대해 반복

$$\hat{g}(x) = \text{ Combine } \{\hat{g}(x_i) \text{ for each } x_i \in \{x_1, x_2, \dots, x_n\}\}$$

---

[6] 이는 **지역 회귀** 또는 **국소 회귀**로 번역되지만, 여기서는 가장 일반적으로 사용하는 용어인 **로컬 회귀**를 사용하기로 한다.

[7] 이는 둘다 로우리스라고 읽는다. 여기서는 이 둘을 구별하기 위하여 다르게 표기하였다.

[8] **알고리즘(algorithm)**이란 특정 문제를 해결하기 위해 실행해야 할 단계적인 절차를 말한다.

두 개의 하이퍼파라미터 s와 h 그리고 가중 함수에 의하여 로컬 회귀의 적합이 결정된다. s는 이웃(neighborhood)의 비율을 나타내며, 국소 적합에 사용될 근접 데이터의 범위를 결정한다. s가 클수록 국소 적합에 더 많은 데이터가 포함된다. h를 밴드폭(bandwidth)이라고 하며, 이는 적합된 곡선의 매끄러움을 결정한다. h가 작을수록 추정선은 거칠고 복잡해 지며, h가 클수록 추정선은 더 매끄럽고 단순해진다. 가중 함수는 다양한 함수와 커널이 가능하지만 주로 가우시안(Gaussian) 커널이 주로 사용된다.

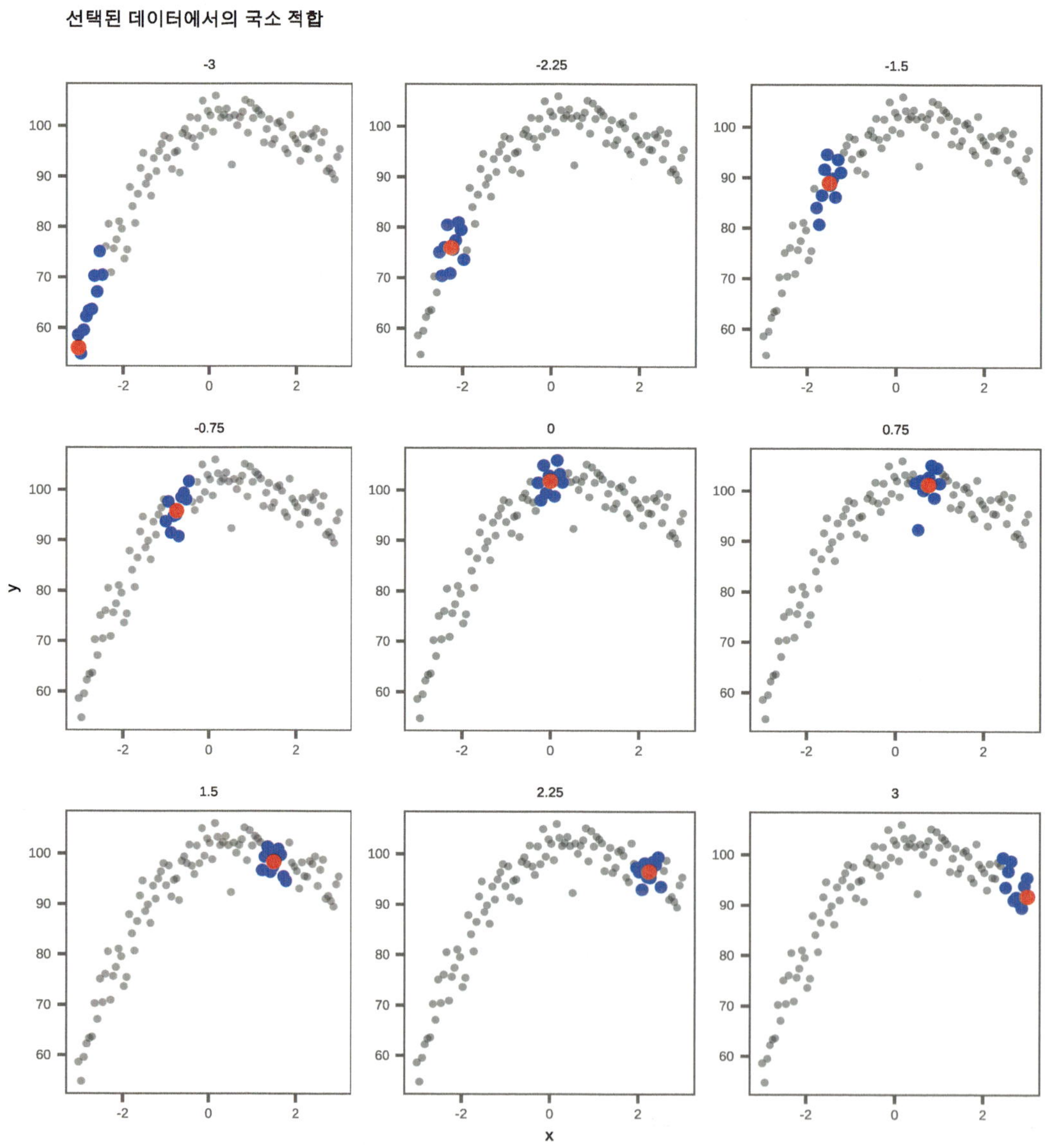

그림 7.4: 개별 x_0에서의 국소 적합(예)

[그림 7.4]는 선택된 일부 x_0에서 $s = 0.1(10\%)$의 이웃(파란색)을 이용하여 국소 적합된 결과값(빨간색)을 보여주며, [그림 7.5]는 모든 x에서 적합된 결과를 통합한 전체 데이터에 대한 로컬 회귀 적합 결과를 보여준다. 여기서, 이웃 비율 s를 변경하면 적합 결과의 매끄러움을 조정할 수 있다. [그림 7.6]은 서로 다른 이웃 비율에 대한 로컬 회귀 적합 결과이다. $s = 0.05$의 경우에는 거칠고 복잡한 패턴을 적합하였고, $s = 0.2$는 패턴의 거침의 정도와 복잡도가 줄어 들었으며, $s = 0.7$은 매끄럽고 간단한 패턴이 적합됨을 확인할 수 있다.

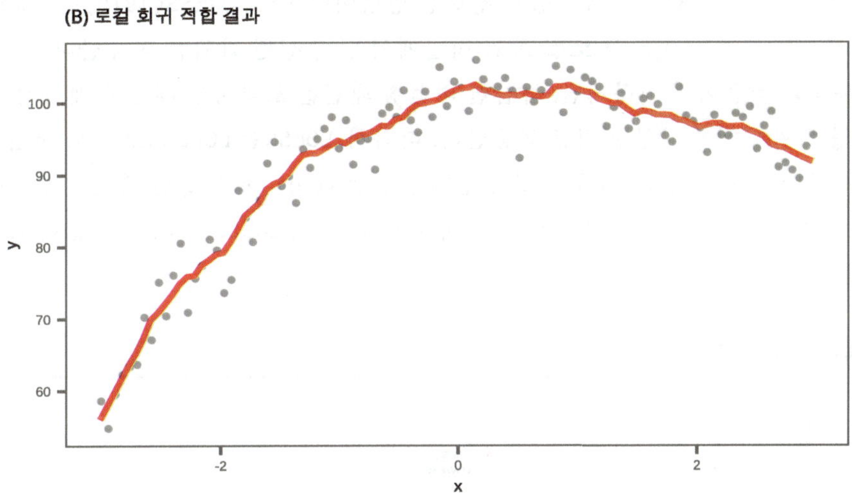

그림 7.5: 국소 적합에 기초한 전체 적합 결과

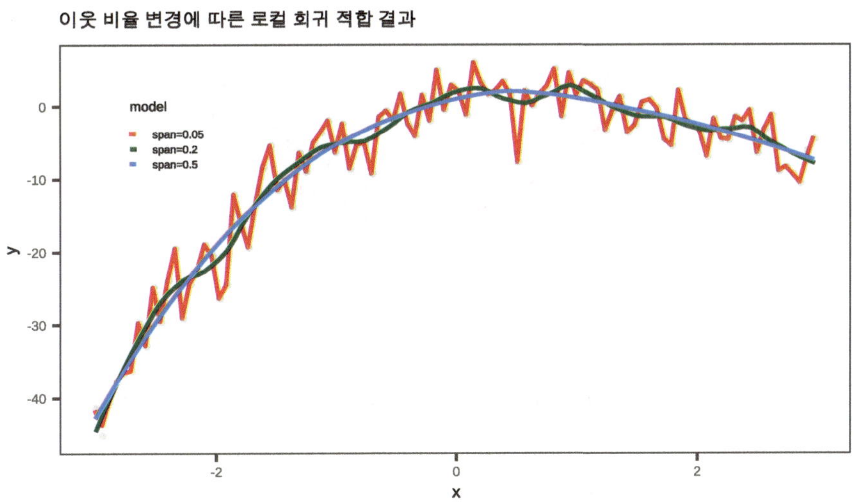

그림 7.6: 이웃 비율(s) 변화에 따른 로컬 회귀 적합 결과

로컬 회귀는 데이터의 개별 영역에서 개별적인 해석을 가능하게 한다. 그러나 로컬 회귀는 모든 데이터에서 국소 모형을 적합해야 하므로 데이터의 규모가 큰 경우 계산 비용이 높다. 또한, 로컬 회귀는 국소 관계를 추정하여 통합하므로 데이터의 전체 패턴을 해석하는데는 한계가 있다.

LOWESS(Locally Weighted Scatterplot Smoothing)와 LOESS(Locally Estimated Scatterplot Smoothing)는 로컬 회귀의 대표적인 방법으로 데이터의 국소 특성을 반영하여 선형 또는 비선형 회귀를 적합하여 패턴을 추정하는 방법이다[9,10]. LOWESS(1979)는 LOESS(1988)의 초기 버전으로 이웃 데이터의 로컬 회귀 적합에서 단순 선형 회귀를 적용한다. 이는 구조가 간단하여 해석과 적용이 용이하지만, 복잡한 비선형 패턴을 포착하는 데는 한계가 있다. LOESS는 단순 선형 회귀 대신에 다항 회귀를 적용한다. 따라서, LOESS는 LOWESS보다 더 복잡한 비선형 패턴을 모형화할 수 있다. [그림 7.7]은 2차 형태를 갖는 데이터에 동일한 평활화 모수를 적용한 두 방법의 결과이다. LOWESS는 올바로 적합하지 못하지만, LOESS는 패턴을 올바로 적합하는 것을 확인할 수 있다.

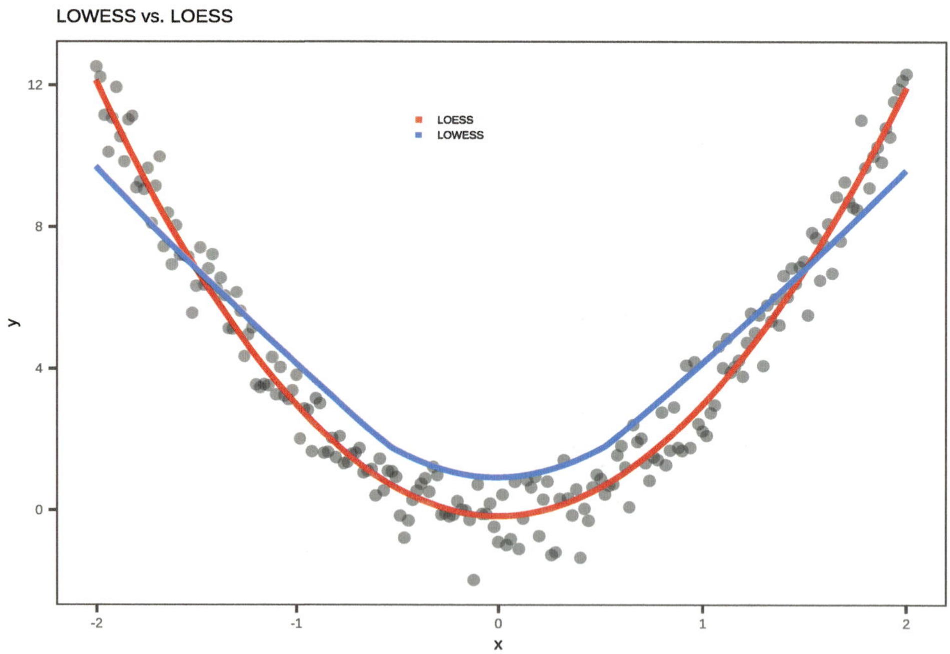

그림 7.7: 동일한 평활화 모수에서의 LOWESS와 LOESS 적합

[9] Cleveland, W. S. (1979). Robust locally weighted regression and smoothing scatterplots. Journal of the American statistical association, 74(368), 829-836.

[10] Cleveland, W. S., & Devlin, S. J. (1988). Locally weighted regression: an approach to regression analysis by local fitting. Journal of the American statistical association, 83(403), 596-610.

LOWESS 알고리즘

[1] $X = x_0$ 에 가장 근접한 $s = \frac{k}{n}$ 비율의 $\{x_i\}$를 x_0의 이웃으로 선택

- s는 이웃(neighborhood)의 크기를 조절하는 **하이퍼파라미터**이다.

[2] 선택된 이웃 데이터에 가중치 할당: 트라이큐브(Tricube) 커널

$$w_{i0} = \left(1 - \left|\frac{x_i - x_0}{h}\right|^3\right)^3$$

- 표준화된 거리 $\frac{x_i - x_0}{h}$ 가 중심점에서 가까울 수록 높은 가중치를 할당한다.
- x_0 의 이웃을 제외한 모든 데이터의 가중치는 0이다.
- h는 가중치 함수의 범위를 결정하는 **하이퍼파라미터**이다.

[3] y_i 에 대한 이웃 데이터 $\{x_i\}$의 가중 최소제곱(weighted least squares) 회귀 적합

$$\arg\min_{\beta} \sum_{i=1}^{n} w_{i0} \left(y_i - \beta_0 - \beta_1 x_i\right)^2$$

[4] x_0 에서의 해 $\hat{g}(x_0)$ 도출

$$\hat{g}(x_0) = \hat{\beta}_0 + \hat{\beta}_1 x_0$$

여기서

$$\hat{\beta}_0(x_0) = \overline{y}_0 - \hat{\beta}_1(x_0)\overline{x}_0 \quad \text{그리고} \quad \hat{\beta}_1(x_0) = \frac{\sum_{i=1}^{n} w_{i0}(x_i - \overline{x}_0)(y_i - \overline{y}_0)}{\sum_{i=1}^{n} w_{i0}(x_i - \overline{x}_0)^2}$$

$$\overline{x}_0 = \frac{\sum_{i=1}^{n} w_{i0} x_i}{\sum_{i=1}^{n} w_{i0}}, \quad \overline{y}_0 = \frac{\sum_{i=1}^{n} w_{i0} y_i}{\sum_{i=1}^{n} w_{i0}}$$

[5] [1] ~ [4]의 과정을 모든 x_0 에 대해 반복

$$\hat{g}(x) = \text{ Combine } \{\hat{g}(x_i) \text{ for each } x_i \in \{x_1, x_2, \dots, x_n\}\}$$

LOESS 알고리즘

[1] $X = x_0$ 에 가장 근접한 $s = \frac{k}{n}$ 비율의 $\{x_i\}$를 x_0의 이웃으로 선택

- s는 이웃(neighborhood)의 크기를 조절하는 하이퍼파라미터이다.

[2] 선택된 이웃 데이터에 가중치 할당: 가우시안(Gaussian) 커널

$$w_{i0} = \exp\left(-\frac{(x_i - x_0)^2}{2h^2}\right)$$

- 표준화된 거리 $\frac{x_i - x_0}{h}$ 가 중심점에서 가까울수록 높은 가중치를 할당한다.
- x_0 의 이웃 외의 데이터도 0이 아닌 가중치를 가질 수 있다.
- h는 가중치 함수의 범위를 결정하는 하이퍼파라미터이다.

[3] y_i 에 대한 이웃 데이터 $\{x_i\}$의 가중 최소제곱(weighted least squares) 회귀 적합 회귀를 적합하여 다음을 최소화하는 함수 도출

$$\arg\min_{\beta} \sum_{i=1}^{n} w_{i0} \left(y_i - \sum_{j=0}^{d} \beta_j x_i^j\right)^2$$

[4] x_0 에서의 적합치 계산

$$\hat{g}(x_0) = \sum_{j=0}^{d} \hat{\beta}_j x_0^j,\ j = 0, 1, \ldots, d,\ \text{여기서}\ \hat{\beta}_j = \left(X_j^T W X_j\right)^{-1} X_j^T W Y$$

[5] [1] ~ [4]의 과정을 모든 x_0 에 대해 반복

$$\hat{g}(x) = \text{ Combine } \{\hat{g}(x_i) \text{ for each } x_i \in \{x_1, x_2, \ldots, x_n\}\}$$

[그림 7.8]의 (A)는 LOWESS의 가중치 함수 그리고 (B)는 LOESS의 가중치 함수이다. 두 그림 모두 밴드폭(bandwidth) h에 따라 어떻게 변화하는지를 확인할 수 있다. (A)는 트라이큐브 커널(Tricube Kernel)을 사용하여 중심점 (x_0)와 가까운 데이터에 높은 가중치를 부여하고, 중심점에서 멀어질수록 가중치가 급격히 감소하는 형태를 갖는다. 또한 (h=0.5)와 (: h=1.5)를 비교했을 때, (h)가 작을수록 중심 영역에 가중치가 집중되고 나머지 데이터는 가중치가 거의 0에 가깝다는 것을 확인할 수 있다. 이를 통하여 LOWESS가 국소적인 데이터 중심의 분석에서 유리하며, (h)가 작을수록 국소 패턴에 집중한다는 것을 알 수 있다. (B)는 가우시안 커널(Gaussian Kernel)을 사용하여, 중심점으로부터 멀어질수록 가중치가 점진적으로 감소하는 형태를 갖는다. (h=0.5)와 (: h=1.5)를 비교해 보면, (h)가 클수록 가중치가 더 넓은 범위의

데이터에 적용된다. 이는 LOESS가 전체적인 데이터 패턴 적합에 유리하며, LOWESS와 비교할 때 비선형 패턴을 더 잘 포착할 수 있다는 것을 확인할 수 있다.

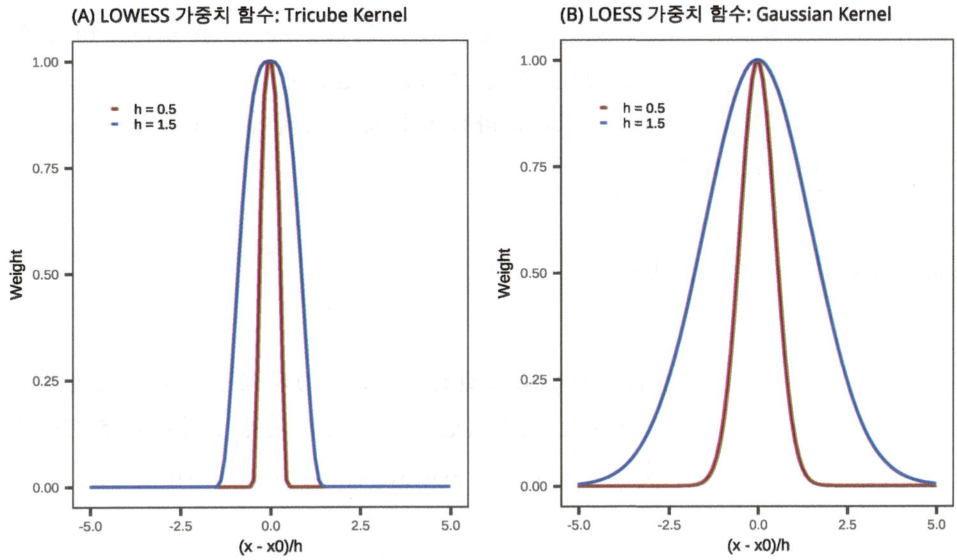

그림 7.8: LOWESS와 LOESS의 가중치 함수

두 모형은 데이터의 특정 패턴을 모형화하는데 유용하지만, (1) 계산 비용이 높아 대규모 데이터에는 적합하지 않고 (2) 하이퍼 파라미터의 선택이 결과에 큰 영향을 미치며 (3) 국소적인 패턴에 집중하므로 전체적인 데이터의 패턴 해석이 어려울 수 있다는 단점을 공유한다.

7.2.1 Python의 활용 Using Python

statsmodels 모듈

- cmd 또는 터미널에서 pip install statsmodels 명령을 통해 모듈을 설치한다.
- statsmodels.api는 규모가 큰 statsmodels 패키지 내에서 자주 사용하는 함수와 클래스에 쉽게 접근할 수 있도록 구성된 통합 인터페이스이다.
- lowess() 함수는 statsmodels.nonparametric.smoothers_lowess 하위 모듈에 포함되어 있으며, 별도로 import 해야 사용 가능하다.

```
import statsmodels.api as sm
from statsmodels.nonparametric.smoothers_lowess import lowess
```

scikit-misc(skmisc) 모듈

- cmd 또는 터미널에서 pip install scikit-misc 명령을 통해 모듈을 설치한다.
- skmisc.loess는 LOESS 회귀에 특화된 모듈로, degree, span, stderror 등의 인자를 통해 다항 국소 회귀 및 신뢰구간 추정을 지원한다.
- Loess() 클래스는 skmisc.loess 하위 모듈에 포함되어 있으며, 별도로 import 해야 사용 가능하다.

```
from skmisc.loess import loess
```

practice tools 실습 **9.** 다음은 특정 환경 노출로 조절된 긴장도('x')와 특정 자극에 대한 반응 속도('y'; ms)를 조사한 데이터이다. 이에 대한 전체적인 패턴과 함께 환경 변화에 따른 반응 속도의 국소 패턴 해석의 필요성을 확인해 보고자 한다. <fatigue.response.csv>

데이터 불러오기

```
import pandas as pd
data_path = "E:/_data/eda/"                                    # 데이터 경로 지정
fatigue = pd.read_csv(data_path + "fatigue.response.csv")
```

데이터의 구조 및 결측값 확인

변수와 케이스의 수 그리고 변수의 유형을 확인하고, 결측값(missing values; NA)의 존재 여부를 확인한다.

```
print(fatigue.info())                          # 데이터 구조 및 변수 정보 확인
```

```
<class 'pandas.core.frame.DataFrame'>
RangeIndex: 200 entries, 0 to 199
Data columns (total 2 columns):
 #   Column  Non-Null Count  Dtype
---  ------  --------------  -----
 0   x       200 non-null    float64
 1   y       200 non-null    float64
dtypes: float64(2)
memory usage: 3.2 KB
None
```

```
print(fatigue.isna().sum())                    # 각 열의 결측값 개수 계산
```

```
x    0
y    0
dtype: int64
```

```
print(fatigue.isna().sum().sum())              # 전체 결측값의 수 확인
```

```
0
```

```
print(fatigue.head(6))                         # 처음 6개의 행 출력
```

```
       x          y
0  203.0  12.524656
1  201.0  12.225464
2  199.0  11.154237
3  197.0  10.111322
4  195.0  11.078560
5  193.0  11.941589
```

```
'data.frame':   200 obs. of  2 variables:
 $ x: num  203 201 199 197 195 193 191 189 187 185 ...
 $ y: num  12.5 12.2 11.2 10.1 11.1 ...
```

LOWESS 모형의 적합

lowess()는 LOWESS 모형을 적합한다.

- frac = $\alpha \in (0, 1]$은 국소 회귀에 사용할 데이터의 비율로, 클수록 더 부드러운 곡선을 생성한다.
- frac을 지정하지 않는 경우, 기본값은 $\alpha = 0.67\ldots$을 가정한다.

```
lowess_fit = lowess(
    endog=fatigue["y"],                # 반응 변수
    exog=fatigue["x"],                 # 설명 변수
    frac=0.67                          # 국소 회귀의 윈도우 비율
)
print(lowess_fit[:3])                  # numpy.ndarray로 저장
```

```
[[-195.          9.82575889]
 [-193.          9.69957762]
 [-191.          9.57367837]]
```

LOWESS 적합 결과 시각화

(1) 적합 결과

```
x_fit = lowess_fit[:, 0]                                    # 데이터 분리
y_fit = lowess_fit[:, 1]

plt.figure()
plt.scatter(fatigue["x"], fatigue["y"], s = 15,
            color='blue', alpha = 0.5, label="Data")
plt.plot(x_fit, y_fit,
         color='red', label="LOWESS fit(0.67))")
plt.xlabel("x")
plt.ylabel("y")
plt.title("LOWESS Fit to Fatigue Data")
plt.legend()
plt.grid(True)
plt.tight_layout()
plt.show()
```

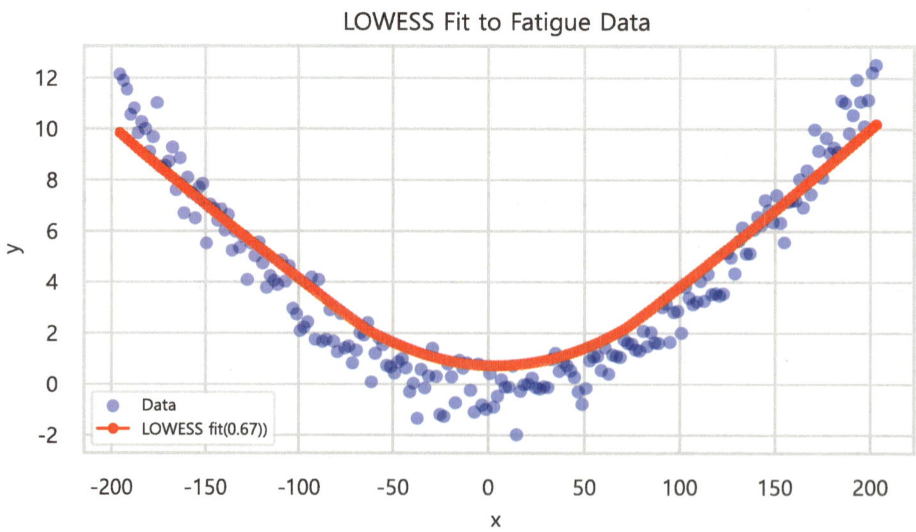

(2) 잔차: $\text{residual}_i = y_i - \hat{y}_i, i = 1, 2, \ldots, n$

```
lowess_df = pd.DataFrame(lowess_fit, columns=["x", "y_smoothed"])

# 잔차 계산
fatigue_resid = pd.merge(fatigue, lowess_df, on="x", how="left")
fatigue_resid["residual"] = fatigue_resid["y"] - fatigue_resid["y_smoothed"]

plt.figure()
plt.scatter(fatigue_resid["x"], fatigue_resid["residual"],
            s=15, alpha=0.5, color="blue"
            )
plt.axhline(0, color="red", linestyle="--")
plt.xlabel("x")
plt.ylabel("residual")
plt.title("잔차 (Residuals)")
plt.tight_layout()
plt.show()
```

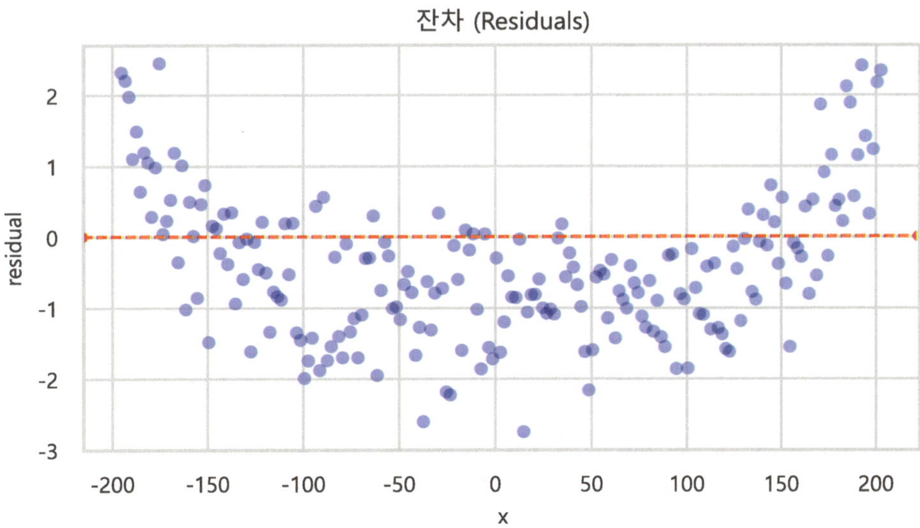

현재의 적합은 기본값인 $f = 0.67$을 적용한 결과이다. 이 적합에서는 긴장도(x)가 0을 중심으로 한 인접 구간에서 과대 추정되었으며, 이는 해당 구간에서 음의 잔차로 나타난다. 이러한 추세는 LOWESS가 해당 영역의 데이터 구조를 충분히 반영하지 못했음을 시사하므로, 적합률(f)의 크기를 조정해 볼 필요가 있다. 여기서, 적합률 f의 값이 크면 더 많은 데이터를 고려해 부드러운 곡선을 생성하지만, 국소적인 구조를 반영하지 못할 수 있다. 반대로 f가 작으면 세부 구조를 잘 반영하지만 과도한 변동이 생길 수 있으므로, 데이터의 특성에 따라 적절한 값을 선택해야 한다.

LOESS 모형의 적합: skmisc.loess

- Loess(x, y, span = α, degree = d)는 LOESS 모형을 적합한다.
- $\alpha \in (0, 1]$이며, 이 값이 클수록 더 많은 국소 데이터를 사용한다.
- span을 지정하지 않는 경우, $\alpha = 0.75$가 기본값으로 사용된다.
- - degree = d는 사용되는 다항식의 차수를 의미하며, 일반적으로 1(선형) 또는 2(이차 다항식)을 적용한다.

```
import matplotlib.pyplot as plt
from skmisc.loess import loess

# 변수 추출
x = fatigue["x"].values
y = fatigue["y"].values


model = loess(x, y, span=0.75, degree=2)          # 2차 LOESS 적합
model.fit()

pred = model.predict(x, stderror=True)
fit = pred.values                                 # 추정값
ci = pred.confidence()                            # 신뢰 구간
lower = ci.lower
upper = ci.upper

# 시각화
plt.figure()
plt.scatter(x, y, s=15, color = "blue", alpha=0.5, label="관측값")
plt.plot(x, fit, color="red", label="LOESS 적합")
plt.fill_between(x, lower, upper,
                 color="red", alpha=0.2, label="95% 신뢰 구간")
plt.axhline(0, color="gray", linewidth=0.5, linestyle="--")

plt.xlabel("긴장도 (x)")
plt.ylabel("반응 (y)")
plt.title("fatigue 데이터에 대한 2차 LOESS 적합(span = 0.75)")
```

```
plt.legend()
plt.tight_layout()
plt.show()
```

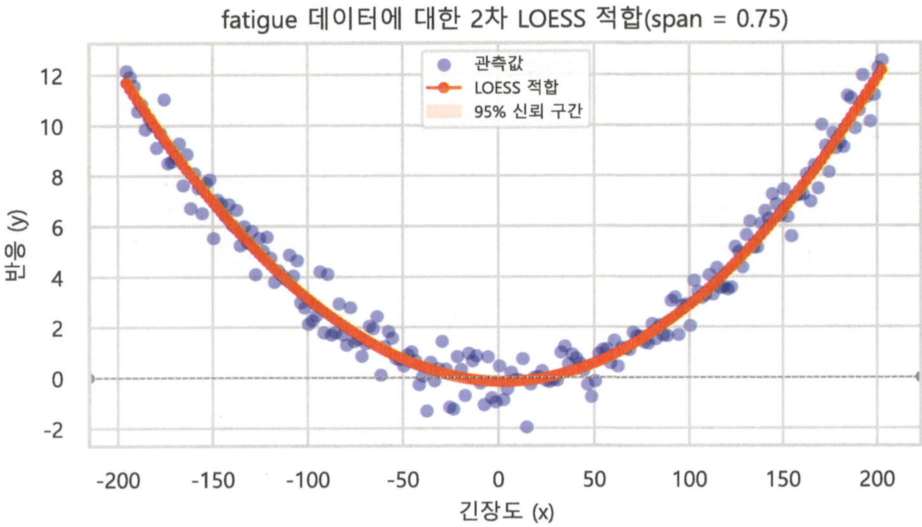

기본값인 span = 0.75에서도 비선형 패턴이 잘 적합되었다. 이는 잔차 그림에서 랜덤한 산점 형태로 확인할 수 있다. 현재 LOESS 추정은 비교적 큰 span 값에서 적합도가 높다. 이는 데이터가 전역적 특성을 가지고 있다는 것을 의미한다. 반면, 작은 span 값에서 적합도가 높다면 데이터가 국소적 특성이 강하여 세부적인 국소적 해석이 필요하다는 의미이다. 따라서, 현재 데이터는 전역적 특성을 보이고 있으므로 전체적인 패턴을 중심으로 해석해도 별 문제가 되지 않는다. 이는 LOWESS의 경우에도 동일하게 적용된다. 또한 잔차의 패턴에 대한 LOESS 재적합을 통하여 이를 객관적으로 검증해 볼 수 있다.

[검증] 잔차에 대한 LOESS 재적합

```
residuals = y - fit                                    # LOESS 잔차

resid_model = loess(x, residuals, span=0.5, degree=2)  # 잔차에 재적합
resid_model.fit()
resid_pred = resid_model.predict(x)
resid_smooth = resid_pred.values

plt.figure()
```

```
plt.scatter(x, residuals, color="blue",
            s=15, alpha=0.5, label="LOESS 잔차"
            )
plt.plot(x, resid_smooth, color="red", linewidth=2,
         label="잔차에 대한 LOESS 적합"
         )
plt.axhline(0, color="gray", linestyle="--", linewidth=0.8)

plt.title("긴장도 vs. LOESS 잔차 with LOESS 재적합")
plt.xlabel("긴장도 (x)")
plt.ylabel("LOESS 잔차")
plt.legend()
plt.tight_layout()
plt.show()
```

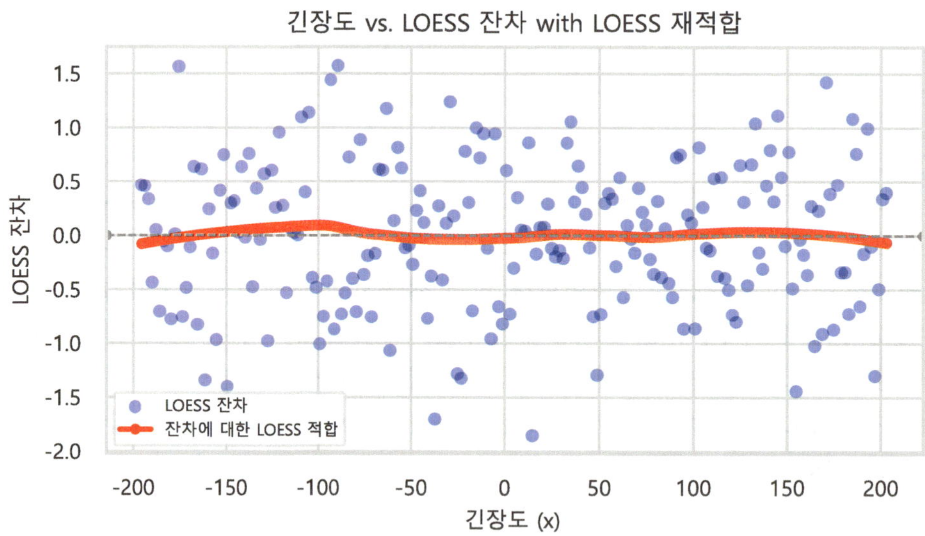

LOESS 잔차에 대해 다시 LOESS를 적합한 결과, 잔차는 긴장도(x)의 전 구간에 걸쳐 일관된 무작위 분포를 보이며, 평균 또한 0에 근접한 값을 유지하고 있다. 이는 잔차에 특정 패턴이 남아 있지 않으며, 모형이 긴장도(x)에 따른 패턴을 적절히 설명하고 있음을 의미한다.

□

8 시각화 Visualization

수치적 요약은 예상된 값에 집중하고, 시각적 요약은 예상하지 못한 값에 집중한다.

Numerical quantities focus on expected values,
graphical summaries on unexpected values.
J. W. Tukey(1977)

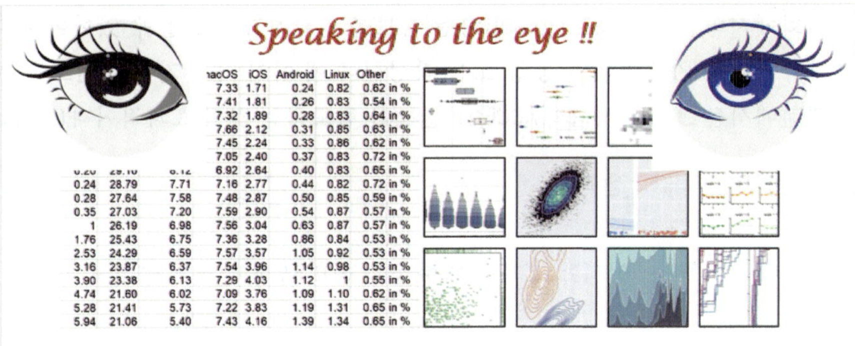

그래프(graphs)는 단순히 데이터를 정리하는 수단이 아니다. 이는 의도된 메시지의 생생함과 불가피성 그리고 숫자만으로는 전달할 수 없는 정보를 표현하는 **커뮤니케이션 도구**이다. 그래프는 **추세, 군집, 이상값, 비선형성, 상호작용** 등 요약된 숫자들만으로는 포착하기 어려운 데이터의 구조적 특징을 제공함으로써, 분석의 방향 설정과 해석에 중요한 통찰을 제공한다. 이러한 그래프의 역할은 EDA의 기본 철학인 데이터와의 직접적인 대화를 실현하게 하며, **탐색, 진단, 설명, 전달**의 전 과정에서 핵심적인 도구로 작용한다. **데이터 시각화(visualization)**를 위한 하드웨어와 소프트웨어 기술이 발전함에 따라, EDA의 철학과 원칙은 다양한 그래픽 기법의 개발과 적용에 이론적 그리고 해석적 기반을 제공하고 있다.

데이터의 분석에 기반한최근의 데이터 시각화 방법들은 [표 8.1]과 같이 다양한 목적 하에서 활용되고 있다(M. Friendly and Meyer 2015)[1]. 좁은 의미에서의 EDA 시각화는 분석-탐색-탐지를 위하여 적용되며, 다른 목적과 목표를 달성하기 위한 기초 작업의 역할을 한다.

표 8.1: 데이터 시각화의 목적, 목표 그리고 설계 원칙

목적	목표	시각화 설계 원칙
분석(Analysis)	탐색 Exploration	탐지 Detection
	수색 Reconnaissance	인지 Perception
	진단 Diagnosis	비교 Comparison
소개(Presentation)	예증 To Simulate	미학 Aesthetics
	설득 To Persuade	수사 Rhetoric
	알림 To Inform	설득 Exposition

데이터 시각화에서의 모든 그래프(graphs)는 정보를 명확하게 전달할 수 있어야 한다. 따라서 효과적인 그래픽 요약을 위해서는 작성 중 또는 작성한 후에 여러 가지 기준을 검토해야 한다. 데이터 분석의 관점에서는 그래프 작성의 ACCENT 원칙을 검토하는 것이 효과적이다(Burn 1993)[2].

그래프 작성의 ACCENT 원칙

- A(Apprehension, 인지): 고려한 변수들을 올바르게 반영할 수 있는 방법 선택
  - 그래프가 고려한 변수들 간의 관계를 이해하는 데 최적화되어 있는가?
- C(Clarity, 명확): 그래프의 모든 요소를 시각적으로 구분
  - 가장 중요한 요소나 관계가 시각적으로 가장 잘 나타나는가?
- C(Consistency, 일치): 이전 그래프와의 유사성을 고려한 표현
  - 그래프의 요소, 기호, 모양, 색상이 이전 그래프와 일관되는가?
- E(Efficiency, 효율): 복잡한 관계를 가능한 한 단순하게 묘사
  - 그래프의 요소가 경제적으로 사용되었는가?
  - 그래프는 쉽게 해석될 수 있는가?

[1] Friendly, M., & Meyer, D. (2015). Discrete data analysis with R: visualization and modeling techniques for categorical and count data (Vol. 120). CRC Press.

[2] Burn, D. A. (1993), Designing Effective Statistical Graphs. In C. R. Rao, ed., Handbook of Statistics, vol. 9, Chapter 22.

- N(Necessity, 필요): 반드시 필요한 그래프인지 그리고 각 요소들은 적절한지 검토
  - 그래프가 표나 요약값 등 다른 표현보다 더 유용한가?
  - 전달하고자 하는 관계를 표현하는 데 모든 요소가 필요한가?
- T(Truthfulness, 진실): 암묵적/명시적 척도가 정확히 반영되도록 설계
  - 그래프의 요소들이 정확하게 배치되고, 적절한 척도로 조정되었는가?

올바른 시각화를 위해서는 분석자가 제시하고자 하는 정보 또는 데이터 소비자의 요구 사항을 주어진 데이터로부터 확보할 수 있는가를 먼저 고려해야 한다. 따라서, 데이터 시각화의 유용성은 다음 세 가지 요인에 의해 결정된다.

- 데이터 소비자의 요구 사항에 대한 적합성
- 목적에 적합한 데이터 확보 가능성
- 데이터에 대한 분석자의 이해도와 다양한 시각화 방법에 대한 구현 역량

시각화를 통해 제공할 수 있는 기본 정보는 [표 8.2]와 같이 **10-키-인포(10-Key-Info)**로 요약할 수 있다.

표 8.2: 데이터 시각화를 위한 10-Key-Info

	정보	설명
1	크기 Magnitude	빈도(frequency, counts) 또는 양(size)의 비교
2	순서 Order	크기의 오름(ascending) 또는 내림(descending)의 순위(rank)
3	부분/비율 Proportion	전체에서 항목들의 집계 수 또는 비중(fraction)
4	편차 Deviation	기준값(reference value(s))과의 차이(양(+) 또는 음(-))
5	분포 Distribution	전체 데이터의 구조(structure), 형태(shape), 위치, 범위 등
6	흐름 Flow	기준값의 변화에 따른 데이터(시퀀스)의 패턴(patterns)
7	변화 Change	시간의 변화에 따른 트렌드(trends)
8	상관 Correlation	2개의 양적 변수들 간의 상관성(correlations)
9	연관 Association	개체 간의 관계(network) 또는 밀접도(associations)
10	공간 Space	공간적(spatial)/지리학적(geographical) 표현 또는 변화(changes)

최근의 데이터 시각화 방법들은 이러한 정보를 두 가지 이상 복합적으로 표현할 수 있는 다양한 응용 방식을 제공한다. 이러한 방법을 활용할 때는 반드시 앞서 제시한 ACCENT 기준 중 효율성(E)과 필요성(N)을 우선적으로 검토해야 한다.

8.1 데이터 사전 정리

데이터 시각화에서 의도된 메시지를 효과적으로 전달하기 위해서는 변수(variables)나 범주(categories) 등에 대한 사전 정리가 필요하다. 일반적으로 데이터는 효율적인 입력을 위해 축약된 형태의 변수명이나 범주명을 사용하므로, 시각화를 적용하기에 앞서 필요한 변수, 범주, 단위 등을 정보 전달의 관점에서 검토하고 변경해야 한다. 이를 통해 그래픽 요약에서 각 요소의 의미를 명확하게 표현할 수 있다.

데이터 시각화를 위한 사전 정리

- 변수 이름(들)과 범주 이름(들)은 시각화 소비자에게 의미 있는 용어로 변경하고, 시각적 요소에 반영한다.
- 시각화 소비자의 관점에서 단위(units) 또는 척도(scale)를 조정하고, 이를 축 또는 범례 등에 명시적으로 표시한다.
- 시각화를 위해 변경하거나 가공된 데이터는 원시(raw) 데이터와 구분하여 별도로 저장/관리하여, 재현 가능성(reproducibility)을 확보한다.

다음은 데이터 시각화를 위한 사전 정리에 자주 사용되는 **Python**함수이다.

모듈	함수	설명
pandas	`read_csv()`	CSV 파일을 불러와 데이터프레임으로 생성
	`to_csv()`	데이터프레임을 CSV 형식으로 저장
	`copy()`	원본을 유지한 채 데이터프레임 복사
	`rename()`	열 이름을 지정한 이름으로 변경
	`replace()`	특정 값들을 다른 값으로 치환
	`cut()`	연속형 변수를 구간화하여 범주형으로 변환
	`astype()`	열의 자료형을 명시적으로 변환
	`columns.str.lower()/upper()`	모든 열 이름을 소/대문자로 변환
	`columns.str.replace()`	열 이름의 문자열 일부를 치환
pickle	`dump()`	데이터프레임을 바이너리(.pkl) 파일로 저장

practice tools 실습 10. 데이터 사전 정리 <mtcars.csv>

mtcars는 1974년도 미국의 Motor Trend US Magazine에 수록된 1973~1974년 출시 자동차의 다양한 특징들을 기록한 것이다. 고려된 변수들과 데이터의 유형은 [표 8.3]와 같다[3].

표 8.3: mtcars의 변수 설명과 데이터 유형

변수명	설명	데이터 유형
mpg	연비(Miles per Gallon)	연속형
cyl	실린더 수(No. of Cylinders)	이산형
disp	배기량($inch^3$)	연속형
hp	최대 마력(Gross Horsepower)	연속형
drat	후방 차축비(Rear Axle Ratio)	연속형
wt	차량 무게(1000 lbs)	연속형
qsec	1/4 마일 주행 시간(402m 도달 시간)	연속형
vs	엔진 형식(0 = V형, 1 = 직렬형)	범주형
am	변속기 유형(0 = 자동, 1 = 수동)	범주형
gear	전진 기어 수(No. of Forward Gears)	범주형
carb	기화기 수(No. of Carburetors)	범주형

데이터 불러오기

```
import pandas as pd
data_path = "E:/_data/eda/"                         # 데이터 경로 지정
mtcars = pd.read_csv(data_path + "mtcars.csv")
```

데이터 구조 파악

```
print(mtcars.info())                      # 데이터 구조 및 변수 정보 확인
```

```
<class 'pandas.core.frame.DataFrame'>
RangeIndex: 32 entries, 0 to 31
Data columns (total 12 columns):
 #   Column    Non-Null Count  Dtype
```

[3] mtcars는 R에 내장된 데이터이다. 다음의 Rdatasets에서 다운 받아 사용할 수 있다. <"https://vincentarelbundock.github.io/Rdatasets/csv/datasets/mtcars.csv">

```
---  ------    --------------  -----
 0   rownames  32 non-null     object
 1   mpg       32 non-null     float64
 2   cyl       32 non-null     int64
 3   disp      32 non-null     float64
 4   hp        32 non-null     int64
 5   drat      32 non-null     float64
 6   wt        32 non-null     float64
 7   qsec      32 non-null     float64
 8   vs        32 non-null     int64
 9   am        32 non-null     int64
 10  gear      32 non-null     int64
 11  carb      32 non-null     int64
dtypes: float64(5), int64(6), object(1)
memory usage: 3.1+ KB
None
```

```
print(mtcars.isna().sum().sum())                # 전체 결측값의 수 확인
```

```
0
```

```
print(mtcars.head(6))                           # 처음 6개의 행 출력
```

```
            rownames   mpg  cyl   disp   hp  ...   qsec  vs  am  gear  carb
0          Mazda RX4  21.0    6  160.0  110  ...  16.46   0   1     4     4
1      Mazda RX4 Wag  21.0    6  160.0  110  ...  17.02   0   1     4     4
2         Datsun 710  22.8    4  108.0   93  ...  18.61   1   1     4     1
3     Hornet 4 Drive  21.4    6  258.0  110  ...  19.44   1   0     3     1
4  Hornet Sportabout  18.7    8  360.0  175  ...  17.02   0   0     3     2
5            Valiant  18.1    6  225.0  105  ...  20.22   1   0     3     1

[6 rows x 12 columns]
```

그래프 사용자가 쉽게 이해할 수 있는 변수명으로 전환한다. 한글도 가능하다.

변수명 정리

- `df.columns.str.lower()`와 `df.columns.str.upper()`는 열 이름 전체를 소/대 대문자로 변환한다.

- df.columns는 열 이름(인덱스객체)을 반환하지만, 문자열 함수는 직접 적용할 수 없다. 이때 .str을 추가하면, 각 열 이름에 문자열 메서드를 벡터화하여 적용할 수 있다.
- df.columns.str.replace("old", "new")는 열 이름 내에서 문자열을 대체한다. 예를 들어, df.columns.str.replace(" ", "_")는 공백을 밑줄로 바꾼다.

```
auto_74 = mtcars.copy()                          # 원본 유지, 데이터프레임 복사
auto_74.columns = auto_74.columns.str.lower()    # 열 이름을 모두 소문자로 변환

auto_74 = auto_74.rename(columns={               # 일부 열 이름을 변경
    "cyl": "cylinders",
    "disp": "displacement",
    "drat": "rratio",
    "wt": "weight",
    "am": "trans",
    "carb": "carburetors"
})

print(auto_74.head(3))
```

```
       rownames   mpg  cylinders  displacement  ...  vs  trans  gear  carburetors
0     Mazda RX4  21.0          6         160.0  ...   0      1     4            4
1 Mazda RX4 Wag  21.0          6         160.0  ...   0      1     4            4
2    Datsun 710  22.8          4         108.0  ...   1      1     4            1

[3 rows x 12 columns]
```

변수 mpg는 Miles/Gallon으로 기록되어 있다. 이를 Km/litter로 전환하면 다음과 같다.

- 1 gallon = 3.78541 litters
- 1 mile = 1.60934 Km
- 따라서, $km/l = \frac{mpg \times 1.60934}{3.78541}$

연속형 데이터 단위 변경

```
auto_74["kml"] = (auto_74["mpg"] * 1.60934) / 3.78541
print(auto_74[["mpg", "kml"]].head())
```

```
 mpg       kml
```

```
0  21.0  8.928000
1  21.0  8.928000
2  22.8  9.693257
3  21.4  9.098057
4  18.7  7.950171
```

범주형 변수의 범주값들은 입력 편의성을 위하여 간단한 문자 또는 숫자로 입력한다. mtcars의 경우에도 vs와 trans 는 $\{0, 1\}$로 입력되었다.

범주형 변수의 범주명 정리

- replace({0: "v", 1: "s"})는 변수 vs의 값을 숫자에서 문자로 치환하는 명령이다. 기본 구조는 replace({old: new})이다.
- replace()는 원본 객체를 직접 변경하지 않고, 변경된 복사본을 반환한다. 따라서 값을 수정된 결과를 유지하고자 하는 경우, 해당 열에 재할당해야 한다. 만약 재할당하지 않으면, 변수는 변경 전의 상태를 유지한다.
- .str.replace()는 replace()와 달리 문자열에서만 가능하고, 문자열 내부의 일부 패턴을 수정할 때 사용된다. (예) df.columns.str.replace(" ", "_")

```
auto_74["vs"] = auto_74["vs"].replace({0: "v", 1: "s"})
auto_74["trans"] = auto_74["trans"].replace({0: "auto", 1: "manual"})

print(auto_74[["vs", "trans"]].head())
```

```
  vs   trans
0  v  manual
1  v  manual
2  s  manual
3  s    auto
4  v    auto
```

연속형 변수는 구간화(intervalization)를 통하여 범주형으로 전환할 수 있다. 이는 연속형 변수의 구간을 소수의 범주들로 구분하여 새로운 연산 또는 기준을 적용할 때 유용하다. 예를 들어, 2022년 현재 국내 자동차 세금은 엔진 배기량(displacement)에 세액을 곱하여 최종 납부액을 산출한다. 비영업용 차량에 대한 분류와 세금 납부액은 [표 8.4]와 같다.

표 8.4: 국내 자동차의 분류와 자동차 세금(2022년 12월 기준)

분류	배기량(cc)	차체 크기(m)	세액 기준
경차	1000미만	(L, W, H) = (3.6, 1.6, 2.0) 이하	80원/cc
소형	1600미만	(L, W, H) = (4.7, 1.7, 2.0) 이하	140원/cc
중형	2000미만	소형 기준에서 1가지 이상 초과	200원/cc
대형	2000이상	중형 차체와 동일 또는 그 이상	200원/cc

mtcars의 배기량(displacement)는 **큐빅 인치**($inch^3$) 단위로 기록되어 있으며, 국내의 세금은 cc(cubic centimeter)이므로 이를 적절하게 환산하여 세금 부과 기준에 적용해 볼 수 있다.

$$(1\,inch)^3 = 16.387cm^3$$

연속형 변수의 구간화

- pd.cut() 함수는 연속형 변수를 구간(bins)으로 나누어 범주형 변수로 변환한다.
- 예를 들어, bins = [0, 1000, 1600, np.inf]는 세 구간(1000cc 미만, 1000 ~1600cc, 1600cc 초과)을 정의한다.
- right = TRUE는 각 구간이 오른쪽 경계 포함임을 의미한다. 예를 들어, 1000은 두 번째 구간에 포함된다.
- include_lowest = TRUE 옵션을 추가하면 최소값이 첫 번째 구간에 포함된다.

```
import pandas as pd
import numpy as np

auto_74["displacement_c"] = auto_74["displacement"] * 16.387     # 배기량 변환

bins = [0, 1000, 1600, np.inf]                                    # 세금 구간 정의
labels = [80, 140, 200]

auto_74["taxclass"] = pd.cut(auto_74["displacement_c"],
                             bins=bins, labels=labels, right=True)

auto_74["tax"] = (                                                # 세금 계산
                 auto_74["displacement_c"] * auto_74["taxclass"]
                 .astype(float)
                 )
```

```
print(auto_74[["displacement", "displacement_c", "taxclass", "tax"]].head())
```

```
   displacement  displacement_c taxclass        tax
0         160.0        2621.920      200   524384.0
1         160.0        2621.920      200   524384.0
2         108.0        1769.796      200   353959.2
3         258.0        4227.846      200   845569.2
4         360.0        5899.320      200  1179864.0
```

최종 정리된 데이터프레임은 새로운 이름으로 저장한다.

정리된 최종 파일 저장[4]

- to_csv()는 데이터프레임을 CSV 파일로 저장한다. 이때, encoding="utf-8-sig"를 지정하면, Excel에서도 한글이 올바로 표현된다. index=False 는 인덱스를 제외하고 저장한다.
- pickle.dump()는 객체를 바이너리 형식(.pkl)으로 저장한다. with open(..., "wb") 구문은 파일을 바이너리 쓰기 모드로 열어 안전하게 저장한다.

```
import pandas as pd
import pickle                          # R의 save()에 해당하는 binary 저장용

data_path = "E:/_data/eda/"                                 # 저장 경로 지정
file_final = "auto_74"

auto_74.to_csv(data_path + file_final + ".csv",             # CSV 파일로 저장
               encoding="utf-8-sig",
               index=False)

with open(data_path + file_final + ".pkl", "wb") as f:     # 참고
    pickle.dump(auto_74, f)

print("CSV 및 pickle 파일 저장 완료")
```

```
CSV 및 pickle 파일 저장 완료
```

□

[4]CSV는 호환성과 가독성이 높아 외부 공유나 저장용으로 적합하며, Pickle은 속도가 빠르고 복잡한 객체의 구조가 보존되므로 내부 데이터 저장에 적합하다. 단, 보안상 신뢰도가 떨어진다. 데이터 분석에서 두 포맷은 각각의 목적에 따라 함께 사용되는 경우가 많다.

8.2 Python의 시각화 라이브러리 Visualization libraries in Python

Python은 시각화에 유용한 다양한 라이브러리와 모듈을 제공한다. 예를 들어, **pandas** 라이브러리에서는 plot() 함수를를 통하여 Series와 DataFrame으로부터 선 그래프, 막대 그래프, 히스토그램, 박스 플롯 등 - 다양한 차트와 그래프를 쉽게 생성할 수 있다. 이는 Matplotlib 라이브러리를 백엔드(backend)로 사용하는 편리한 랩핑(wrapping) 기능으로, Matplotlib에서 제공하는 다양한 플롯(plot) 생성 및 제어 관련 함수/메서드를 함께 적용할 수 있다[5].

Numpy를 기초로 개발된 **맷플롯립(Matplotlib)**은 다양한 차트와 그래프 생성을 위한 라이브러리 중의 하나이다[6]. 이는 다양한 사용 환경과 사용자 요구 사항에 대응하는 플롯 생성과 구성 요소에 대한 유연한 제어가 가능하도록 설계되었다. 특히, 사용자 요구 사항들 - 제목, 축 이름, 라벨 등 - 을 세부적으로 섬세하게 조정할 수 있는 고품질의 플롯을 생성하고, 이를 pdf, jpg, png, gif 등의 다양한 파일 형식으로 저장할 수 있다. 하지만, 제어를 원하는 플롯의 구성 요소들을 개별적으로 지정해야 한다는 불편함을 갖는다.

Matplotlib을 기반으로 개발된 **시본(Seaborn)** 라이브러리는 Matplotlib.Pyplot이 제공하는 대부분의 함수/메서드와 호환되면서 데이터 분석을 위한 다양한 형태의 고품질 차트와 그래프를 쉽게 생성하고 제어할 수 있도록 설계되었다. 또한 pandas의 DataFrame 객체와 원활하게 연동되어, 열(columns) 기준으로 다양한 플롯을 생성하고, 축 레이블에 열 이름을 자동으로 설정하는 등, 시각화 작업을 용이하게 한다. 이러한 호환성 덕분에 사용자는 pandas를 이용한 데이터 처리 결과와 Seaborn의 강력한 시각화 기능을 결합하여 효율적인 시각화 작업을 수행할 수 있다. 데이터 분석 관점에서 이러한 그래프 생성 관련 라이브러리/모듈의 활용 범위는 [그림 8.1]와 같다.

여기서는 Matplotlib과 Seaborn을 이용한 **플롯(plot)** 생성과 구성 요소를 세부적으로 조정하는 방법을 설명한다. 먼저 Matplotlib 라이브러리를 이용한 플롯 생성과 **서브 플롯(subplot)**의 레이아웃 배치, 세부 요소 지정 및 조정 방법 그리고 다양한 파일 포맷으로 생성된 플롯을 저장하는 방법을 확인한다[7]. 그리고 Seaborn 라이브러리를 이용하여 데이터 분석에서 자주 사용되는 다양한 플롯을 생성하고, 고품질 플롯 생성을 위한 스타일링(styling) 옵션을 소개한다. 이러한 접근 방법은 Matplotlib과 Seaborn에서의 중복 학습을 피하고, Matplotlib의 강력한 구성 요소 제어 기능과 Seaborn의 간편한 사용성을 결합하여 효율적인 시각화 작업을 가능하게 한다.

---

[5] **백엔드**로 사용한다는 것은 pandas의 시각화 기능이 내부적으로 Matplotlib 라이브러리를 기반으로 작동하고 Matplotlib과 호환성을 갖는다는 의미이다. **랩핑(wrapping)**이란 복잡한 기능을 간편하게 사용할 수 있도록 프로그램 코드에서 특정 기능을 단순화하거나 추상화하기 위해 다른 코드를 감싸는 것을 의미한다.

[6] Matplotlib은 2003년에 John D. Hunter가 MATLAB과 유사한 플롯 기능을 **Python**에서 제공하기 위하여 제안되었다. <https://matplotlib.org/stable/plot_types/index.html>은 다양한 플롯에 대한 예시와 코드를 제공한다.

[7] 시각화 도구에서 **플롯(plot)**은 차트와 그래프를 모두 포함하는 더 넓은 범주의 용어이다.

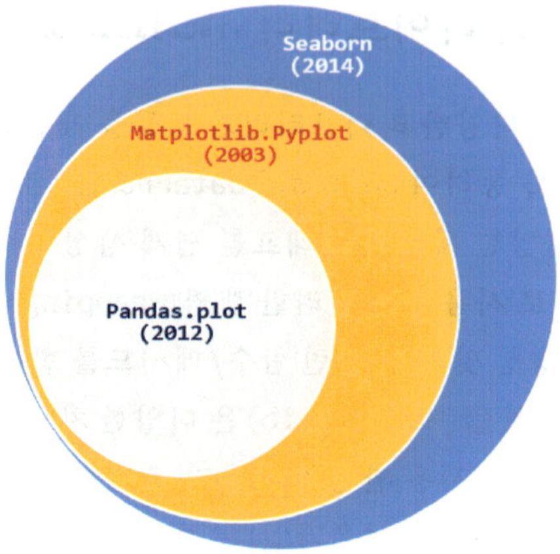

그림 8.1: 데이터 분석에서 pandas.plot - Matplotlib.Pyplot - Seaborn의 활용 범위

8.2.1 맷플롯립 Matplotlib

C:\> 라이브러리 설치: pip install matplotlib

Matplotlib의 import 컨벤션은 다음과 같다. Matplotlib 패키지는 여러 모듈을 포함하고 있으며, 그 중에서 Pyplot 모듈은 차트와 그래프 등의 플롯 생성을 지원한다. import된 Pyplot 모듈은 plt라는 별칭으로 사용한다.

import 컨벤션

```
import matplotlib.pyplot as plt
```

그래프에 한글을 표현하기 위하여 시스템에 설치된 한글 폰트를 기본 폰트로 지정한다.
- plt.rc()의 중요 옵션과 지정값은 그래프 전역 옵션의 설정[p.266]을 참조

```
plt.rc('font', family='Malgun Gothic')                  # 한글 폰트 설정
plt.rcParams['axes.unicode_minus'] = False              # 유니코드 음수 설정
```

Matplotlib에서 모든 플롯은 Figure 객체 내에 존재한다. Figure 객체는 하나 이상의 Axes 객체를 포함하는 컨테이너(container)이며, 하나의 Figure 객체 내에서 여러 개의 서브플롯을 생성할 수 있다. 개별 Axes 객체는 독립적인 플롯(plot)을 구성하며, 플롯의 제목, 축 레이블, 눈금, 눈금 레이블, 선, 마커 등 다양한 심미적(aesthetic) 요소를 제어한다.

plt.figure는 새로운 Figure 객체를 생성한다.

- figsize=(width,height)은 플롯의 크기를 인치(inch) 단위로 지정한다.
- plt.show()는 생성된 플롯을 지정된 방법(예: 콘솔, 독립된 창, 에디터 창 등)으로 출력한다.
- savefig("file_name", dpi = k)는 생성된 플롯을 file_name으로 저장한다.

Matplotlib에서는 단일 또는 다중 플롯 생성을 위한 다양한 함수들 - plt.plot(), plt.subplot(), plt.subplots() 등 - 을 제공한다.

- plt.plot()은 별도의 설정 없이 빠르게 단일 플롯을 생성할 수 있는 간단한 함수로, 가장 기본적인 시각화 작업에 적합하지만, 여러 플롯을 배치하는 데는 한계가 있다.
- plt.subplot()은 단일 창에 여러 플롯을 배치할 수 있는 함수로, 행과 열을 지정하여 subplot들을 생성할 수 있으나, 각 플롯에 대한 세부 조정이 어렵고 코드가 길어진다는 단점이 있다
- plt.subplots()는 Matplotlib에서 가장 유연하고 강력한 함수 중 하나로, 한번에 subplot들을 한 번에 생성하고, 각 플롯을 개별적으로 조정할 수 있는 객체(Axes)를 반환하므로 시각화 작업에서 자주 사용된다.

plt.subplots()의 중요 옵션

옵션	설명	가능한 값
nrows	서브플롯 그리드의 행 수	Integer
ncols	서브플롯 그리드의 열 수	Integer
figsize	전체 그림의 크기 (width, height)	(tuple)
sharex	다른 서브플롯과 x축 공유	Boolean 또는 Axes 객체
sharey	다른 서브플롯과 y축 공유	Boolean 또는 Axes 객체
constrained_layout	서브플롯 간 간격 자동 조정	True 또는 False
gridspec_kwargs	서브플롯 간격 관련 키워드 설정	dict
subplot_kw	각 서브플롯 생성 시 개별 옵션 전달	dict

단일 플롯의 생성

```
fig, ax = plt.subplots(constrained_layout=True) # Figure 객체와 Axes 객체 정의

ax.plot([1, 2, 3, 4], [10, 20, 25, 30])          # Axes 객체를 통하여 플롯 생성
```

```
ax.set_title('단일 그림')                          # 메서드를 적용하여 심미적 요소 조절
ax.set_xlabel('X-축')
ax.set_ylabel('Y-축')

plt.show()
```

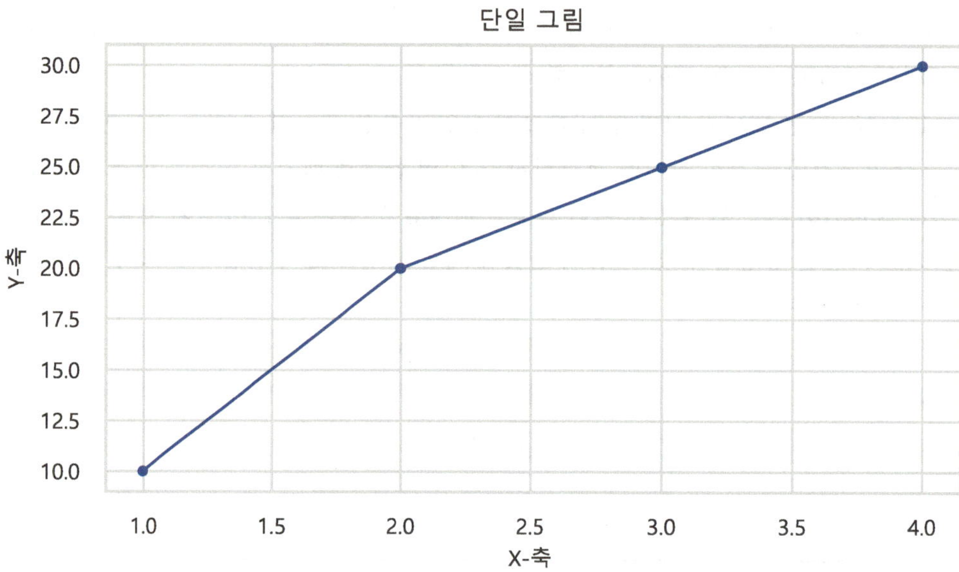

plt.subplots()은 동일한 크기의 서브플롯을 배열 형식으로 배치할때 유용하다.

다중 플롯의 생성

- plt.subplots(nrows, ncols)는 생성된 서브플롯 객체를 담는 Numpy 배열을 반환한다.
- axes 배열은 2차원 배열처럼 색인할 수 있다.

```
fig, axs = plt.subplots(3, 2)                     # Figure 객체 생성
print(type(axs))                          #[결과] <class 'numpy.ndarray'>
```

생성된 객체 배열의 색인은 다음과 같다.

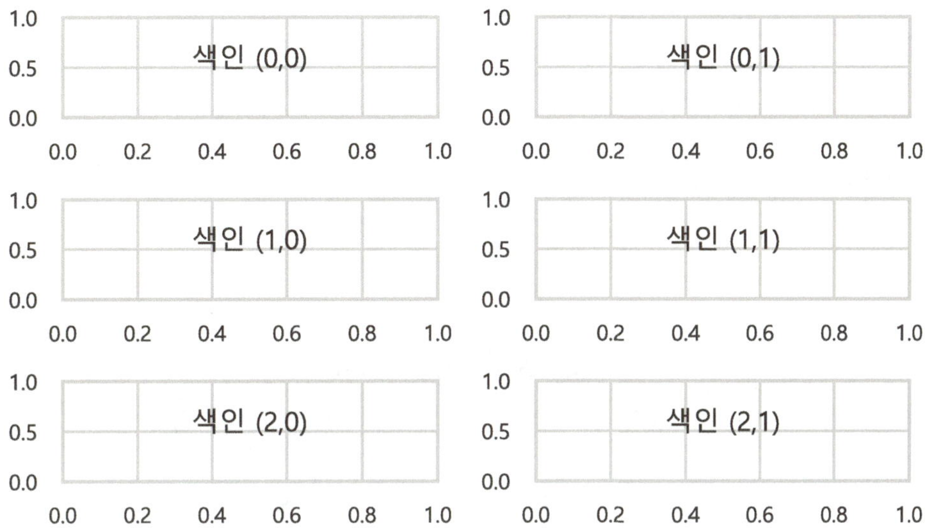

다중 플롯을 생성할 때, 다음의 메서드가 유용하다.

- subtitle()은 Figure 객체내의 서브플롯 집단의 제목을 지정한다[8].
  - fontsize 옵션을 지정할 수 있고, y 인수로 상대적인 수직 위치를 조정한다.
- plt.tight_layout()은 서브플롯의 배치 영역을 자동으로 조정한다[9].
  - 서브플롯 간의 간격과 Figure의 경계 간의 간격을 최적화한다.
  - rect = [left, bottom, right, top]은 서브플롯 배치 영역을 [0,1] 값으로 지정한다.

```
fig, axs = plt.subplots(1, 2)
fig.suptitle('다중 플롯: (1, 2) 형태', fontsize=11, y=0.95)  # Figure 전체 제목 설정

axs[0].plot([1, 2, 3, 4], [10, 20, 25, 30])              # 첫 번째 Axes 객체 설정
axs[0].set_title('그림 1')
axs[0].set_xlabel('X 축')
axs[0].set_ylabel('Y 축')

axs[1].plot([1, 2, 3, 4], [30, 25, 20, 10])              # 두 번째 Axes 객체 설정
```

[8] y 값은 Figure 전체 높이를 기준으로 한 상대적인 위치를 나타낸다. y=1.0은 가장 상단, y=0.0은 가장 하단을 의미하며, y=1.02는 상단보다 약간 위쪽에 제목을 배치한다.

[9] left와 right에서 0은 왼쪽 끝, 1은 오른쪽 끝을 의미하며, bottom과 top에서 0은 아래 끝, 1은 위 끝을 의미한다. 예를 들어, rect=[0, 0.03, 1, 0.95]로 지정되었다면, 아래에 3%, 위에 5%의 여백을 지정한 것이다.

```
axs[1].set_title('그림 2')
axs[1].set_xlabel('X 축')
axs[1].set_ylabel('Y 축')

fig.tight_layout()                                    # 여백 자동 조정(기본값)

plt.show()
```

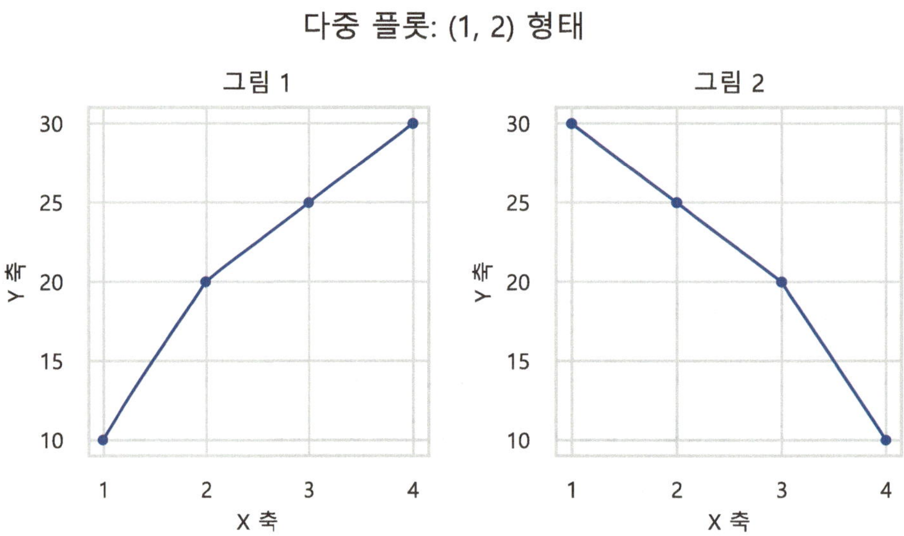

fig.tight_layout(rect=[0.0, 0.1, 0.8, 0.9])을 적용해 보세요.

8.2.1.1 plot 함수와 Axes 메서드

Matplotlib.pyplot 모듈의 plot() 함수는 독립적으로 사용되거나 Axes 객체의 메서드로 사용될 수 있다[10]. 간단한 플롯을 빠르게 생성하고자 할 때는 주로 독립적인 함수로 사용되며, 여러 개의 플롯을 포함한 복잡한 다중 플롯을 생성할 때는 Axes 객체의 메서드로 사용된다. 다음은 동일한 데이터를 이용한 두 가지 방식의 플롯 생성 방법이다. 결과는 동일하다.

```
x = [1, 2, 3, 4]
y = [10, 20, 25, 30]
```

- 독립적인 함수로 사용된 plot()

```
plt.plot(x, y)
plt.xlabel('X 축')
plt.ylabel('Y 축')
plt.title('기본 그림')
plt.legend()
plt.show()
```

- Axes 객체의 plot() 메서드

```
# Figure와 Axes 객체 생성
fig, axs = plt.subplots()

axs.plot(x, y)
axs.set_xlabel('X 축')
axs.set_ylabel('Y 축')
axs.set_title('기본 그림')
axs.legend()
plt.show()
```

두 방식 모두 동일한 옵션(예: 마커의 종류와 크기, 색상, 선 스타일 등)을 사용하여 다양한 플롯을 생성할 수 있다. Axes 객체의 메서드로 사용될 경우, 추가적인 메서드(예: set_title, set_xlabel, set_ylabel 등)를 적용하여 그래프의 제목, 축 이름, 축 눈금 등을 좀 더 세부적으로 제어할 수 있다.

[10] Figure 객체는 전체 플롯을 나타내는 객체로, 하나 이상의 Axes 객체를 포함할 수 있다. Axes 객체는 Figure 객체 내의 개별 플롯 영역으로, 각각은 하나의 플롯을 나타낸다.

plot() 함수의 주요 옵션

옵션	설명	기본값
marker	점을 표시할 스타일	none
markersize	마커의 크기(float)	6.0
color	선의 색상(문자열)	C0
linestyle	선 스타일	-
linewidth	선의 두께(float)	1.5
alpha	선의 투명도(0 1)	1.0
drawstyle	선에서의 연결 방식	default
label	범례의 레이블	

plot() 함수의 주요 옵션에서 지정 가능한 인수값들을 확인해 보면 다음과 같다.

marker와 markersize

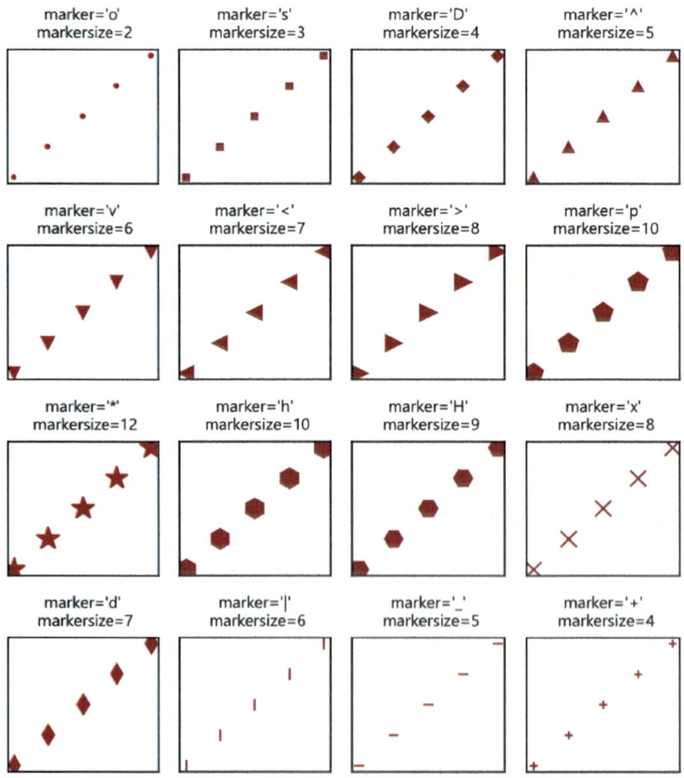

color

C0는matplotlib의 기본 색상 사이클의 첫번째 색상이다. 이는 matplotlib의 다양한 플롯에서 색상 간의 시각적 구분을 돕기 위해 설계된 것으로 (1) 다양한 그래프에서 일관성 유지 (2) 서로 다른 데이터의 명확한 구분 (2) 지정하지 않아도 자동 적용됨을 통하여 생성된 그래프의 가독성 및 사용 편의성을 향상하고, 그래프의 품질을 높이고자 적용된다. 기본 색상 사이클을 구성하는 C0 ~ C9의 10가지 색상은 다음과 같다.

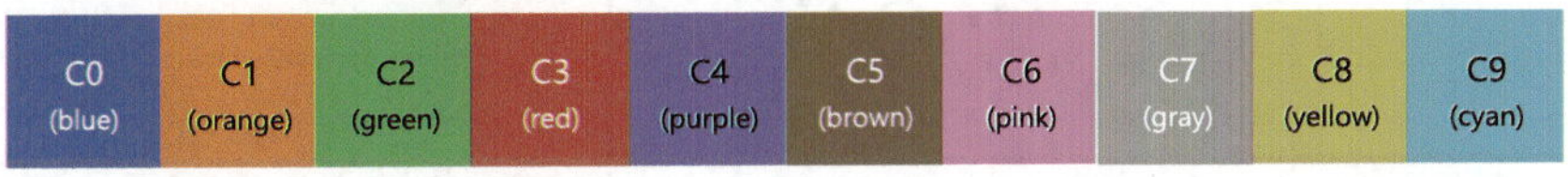

Matplotlib에서는 기본 색상에 대하여 다음의 약자를 사용할 수 있으며, 원하는 색상을 헥사 코드(예: '#0000FF')로 지정할 수 있다[11].

표 8.5: Matplotlib 색상 약어

약자	색상	설명
b	'blue'	파란색
g	'green'	녹색
r	'red'	빨간색
c	'cyan'	청록색
m	'magenta'	자홍색
y	'yellow'	노란색
w	'white'	흰색
k	'black'	검정색

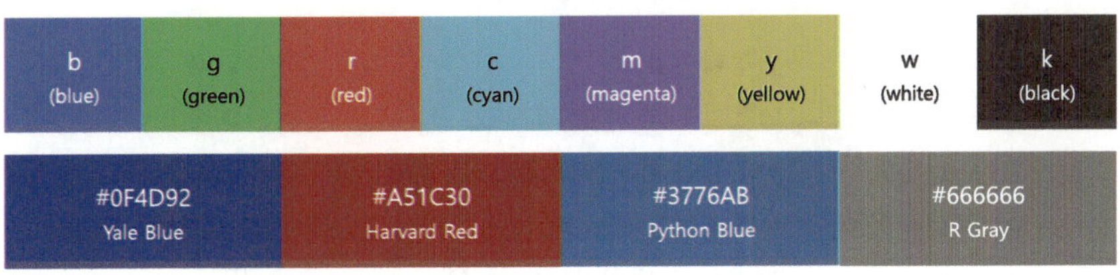

[11]헥사 코드(hexadecimal code)는 색상을 16진수로 표현한 것으로 빨강, 초록, 파랑(RGB) 성분을 각각 2자리 16진수로 나타내어 #RRGGBB의 형식을 갖는다. 각 성분은 0부터 255까지의 값을 가질 수 있으며, 이를 16진수로 표현하면 00부터 FF로 표현된다. 예를 들어, 빨간색(Red)는 #FF0000 그리고 파란색(Blue)는 #0000FF 등으로 표현된다.

linestyle, linewidth, alpha 그리고 drawstyle

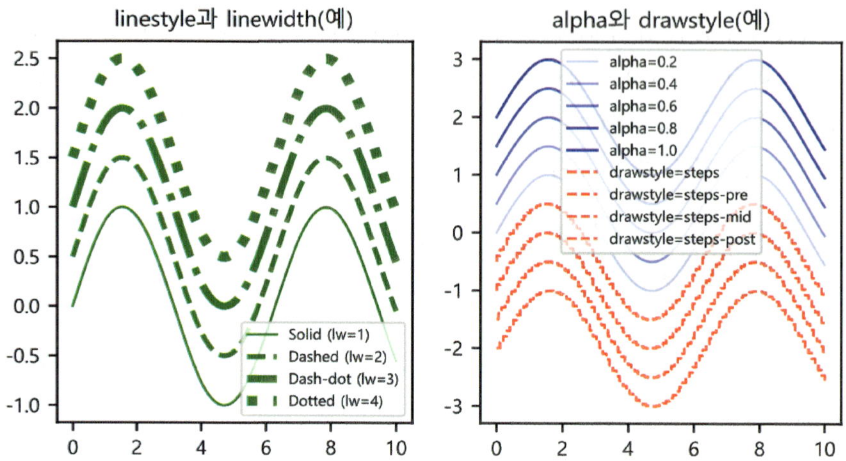

Axes 객체는 플롯의 핵심 구성 요소로, 그래프에서 데이터가 표시되는 실제 영역을 담당한다. 이는 다양한 메서드를 제공하여 플롯을 세부적으로 조정하고 시각적 요소를 제어할 수 있다. 다음은 plot() 함수와 관련된 추가적인 Axes 메서드이다.

Axes 객체의 중요 메서드

- Axes 객체에 set_과 함께 적용한다[예: ax.set_title()]

메서드	설명	예
title()	플롯의 제목	'기본 그림'
xlabel()	x축 레이블	'X 축'
xlim()	x축 범위(최소값, 최대값)	(0, 10)
xticks()	x축 눈금 위치(리스트 또는 배열)	[0, 3, 5]
xticklabels()	x축의 눈금 레이블	['A', 'B', 'C']
ylabel()	y축 레이블	'Y 축'
ylim()	y축 범위(최소값, 최대값)	(10, 50)
yticks()	y축 눈금 위치(리스트 또는 배열)	[10, 30, 50]
yticklabels()	y축의 눈금 레이블	['RL', 'RC', 'RU']
grid()	그리드 표시 여부(True, False)	True
legend()	호출 시 범례 및 위치 지정	loc = 'best'

- 각 축에 참조선을 추가할 수 있다. 단, 참조선은 set_을 적용하지 않는다.

메서드	설명	예
axhline()	y값에서 수평 참조선	'y=0, color='gray''
axvline()	x값에서 수직 참조선	'x=0, linestyle='–''
axline()	절편(또는 점)과 기울기 참조선	'(0, 0), slope=1'

예제 5. 다양한 Axes 메서드의 적용

```
np.random.seed(311)                                    # 데이터 생성
x_s1 = np.random.rand(100) * 10
y_s1 = np.random.rand(100) * 10
x_s2 = np.random.rand(100) * 10
y_s2 = np.random.rand(100) * 30
#
x = np.linspace(0, 10, 100)
y1 = np.sqrt(x)
y2 = np.log1p(x)                                       # log(1+x)

fig, axs = plt.subplots(1, 2)

axs[0].plot(
  x, y1, marker='none', color='#0F4D92', alpha=1,
  linestyle=':', linewidth=1.5, drawstyle='default', label='Square Root'
)
axs[0].plot(
  x, y2, marker='none', color='#A51C30', alpha=0.5,
  linestyle='--', linewidth=3, drawstyle='default', label='log(1+x)'
)

axs[0].set_title('수학 함수: 로그와 제곱근', color = 'C4')     # 첫번째 플롯
axs[0].set_xlabel('독립 변수')
axs[0].set_ylabel('종속 변수')
axs[0].set_xticks([0, 2, 4, 6, 8, 10])
axs[0].set_xticklabels(['Min', '2', '4', '6', '8', 'Max'], color = '#666666')
axs[0].set_yticks([0, 1, 1.5, 2, 2.5, 3, 4])
axs[0].set_yticklabels(['0', '1', 'B1', '2', 'B2', '3', '4'], color = '#3776AB')
axs[0].grid(True)
axs[0].legend(loc='best')

axs[0].axvline(x=0, color='g', linestyle='--')
```

```
axs[0].axvline(x=10, color='g', linestyle='--')

axs[1].scatter(x_s1, y_s1, color='b', alpha=0.7, label='Case 1')  # 두번째 플롯
axs[1].scatter(x_s2, y_s2, color='r', alpha=0.2, label='Case 2')
axs[1].set_title('산점도 비교', color = 'C5')
axs[1].set_xlabel('Input')
axs[1].set_ylabel('Output')
axs[1].set_xticks([0, 2, 4, 6, 8, 10])
axs[1].set_xticklabels(['0', '2', '4', '6', '8', '10'], color = 'C7')
axs[1].set_yticks([0, 10, 20, 30])
axs[1].set_yticklabels(['0', '10', '20', '30'], color = 'r')

axs[1].legend(loc='best')
axs[1].axhline(y=10, color = 'g', linestyle = '--')

fig.tight_layout()

plt.show()
```

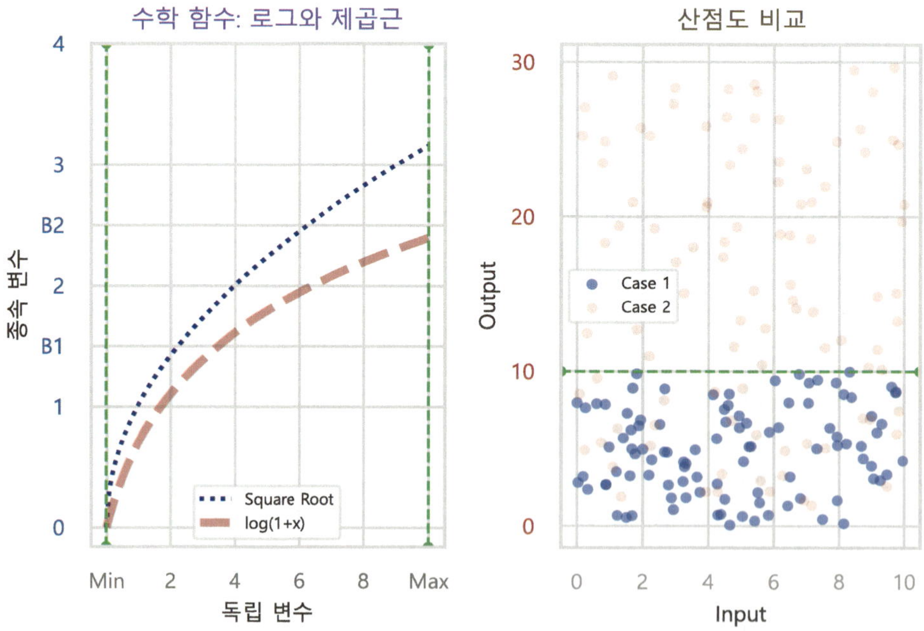

8.2.1.2 그래프 저장

생성된 플롯(들), 즉, 활성화된 Figure 객체는 savefig() 메서드를 이용하여 원하는 형식의 파일로 저장할 수 있다. 이때 사용 가능한 옵션은 다음과 같다.

savefig()의 중요 옵션

표 8.6: savefig() 함수의 주요 옵션

옵션	설명	예
fname	저장할 파일 이름	'plot.png'
dpi	이미지 해상도(dots per inch)	300
format	저장 파일 형식 - 'pdf', 'png', 'jpeg' 등	'png'
bbox_inches	그림 크기(인치) - 'tight'는 그림 주위 여백 최소화	'tight'
pad_inches	그림 주위 여백 설정(인치)	0.1
transparent	투명한 그림 배경(True, False)	True
facecolor	그림 배경 색	'w'
edgecolor	그림 테두리 색	'w'
orientation	페이지 방향 - 'landscape' 또는 'portrait'	'landscape'

다음은 savefig 옵션을 사용하는 간단한 예제이다.

A4 사이즈로 지정하고자 한다면, figsize=(8.27, 11.69)를 지정한다.
- bbox_inches='tight'는 플롯의 주위의 빈공간을 최대한 줄인다.
- pad_inches=k는 최소 k인치 만큼의 여백을 확보하여 'tight'을 보완한다.

```
x = [1, 2, 3, 4]
y = [10, 20, 25, 30]
fig, ax = plt.subplots(figsize=(8.27, 11.69))          # A4 용지 크기 (단위: 인치)
ax.plot(x, y)
ax.set_title('기본 그림')

fig.savefig(                                             # 그래프 저장
    'plot.png', dpi=300, bbox_inches='tight', pad_inches=0.1
)
```

지금까지 Matplotlib을 이용하여 플롯의 생성, 다중 플롯의 배치 그리고 심미적 요소를 제어하는 다양한 방법에 대하여 소개하였다[12]. 실제로 Matplotlib은 거의 모든 요소를 조절하여 높은 품질의 그래프를 작성하고 다양한 레이아웃으로 표현할 수 있지만, 이를 위해서는 많은 시간과 노력이 필요하다는 제약을 갖는다. 이러한 제약을 극복하기 위하여 Michael Waskom은 Matplotlib에 기반하여 2014년 데이터 시각화와 통계 분석을 보다 쉽게 수행할 수 있는 시본(Seaborn) 라이브러리를 소개하였다[13].

8.2.2 시본 Seaborn

라이브러리 설치: pip install seaborn

Seaborn의 import 컨벤션은 다음과 같다.

import 컨벤션

```
import seaborn as sns
```

Matplotlib 기반으로 설계된 시본(Seaborn)은 효과적인 데이터 시각화를 위하여 다음의 새로운 기능을 제공한다[14].

1) Matplotlib의 복잡한 설정을 단순화한 명령과 고품질의 플롯 생성[15]
2) 다양한 스타일(style), 색상 팔레트(palette), 컨텍스트(context) 등의 플롯 스타일링 테마(theme) 지원
3) pandas DataFrame과의 호환성을 통한 직관적인 통계적 시각화 지원

예를 들어, Seaborn에서 lineplot은 다음 명령으로 플롯을 생성한다. Matplotlib을 이용한 기본 플롯과 비교할 때, 점과 선을 좀 더 변별력있게 표현하고자 한다.

---

[12] https://matplotlib.org/stable/plot_types/index.html의 tutotials page와 gallery에서 다양한 예제와 코드를 제공한다.

[13] Seaborn은 특정 약어에서 유래한 것은 아니며, 창시자에 의해서 명명된 고유의 라이브러리 이름이다. It's not an acronym. It's just a name I liked.(Michael Waskom)

[14] <https://seaborn.pydata.org/examples/index.html>에서 다양한 예제와 코드를 제공한다.

[15] Seaborn의 플롯은 Matplotlib의 Axes 객체 위에 그려지며, Matplotlib의 함수를 사용하여 세부적인 조정이 가능하다. 즉, Seaborn의 시각화 함수의 옵션을 적용한 다음, Matplotlib의 설정을 활용하여 더욱 정교하게 조정할 수 있다.

```
sns.lineplot(data=data).set_title("Seaborn의 기본 플롯")
```

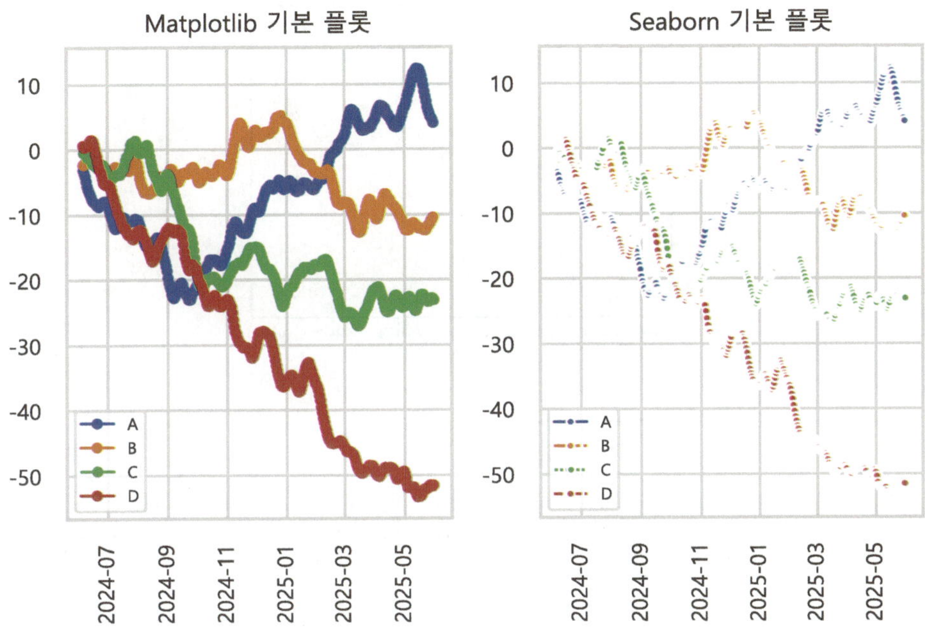

Seaborn은 set_theme()를 통하여 고품질의 일관된 플롯을 생성할 수 있는 (1) style (2) palette (3) context 그리고 사용자 정의 옵션을 반영한 (4) rc를 지정할 수 있다.

```
sns.set_theme(style = 'ticks',                    # 플롯 스타일링 테마 지정
              palette = 'bright',
              context = 'paper',
              rc = custom_rc )
```

지정된 set_theme()는 이를 재지정하기 전까지 모든 플롯에서 기본값으로 적용된다. 따라서 각 플롯에 대한 개별적인 스타일링(styling) 없이 일관된 형태와 요소를 유지할 수 있다. 먼저 style은 [그림 8.2]와 같이 5개 중에서 하나를 선택할 수 있다.

style의 종류 - ticks, white, whitegrid, dark, darkgrid

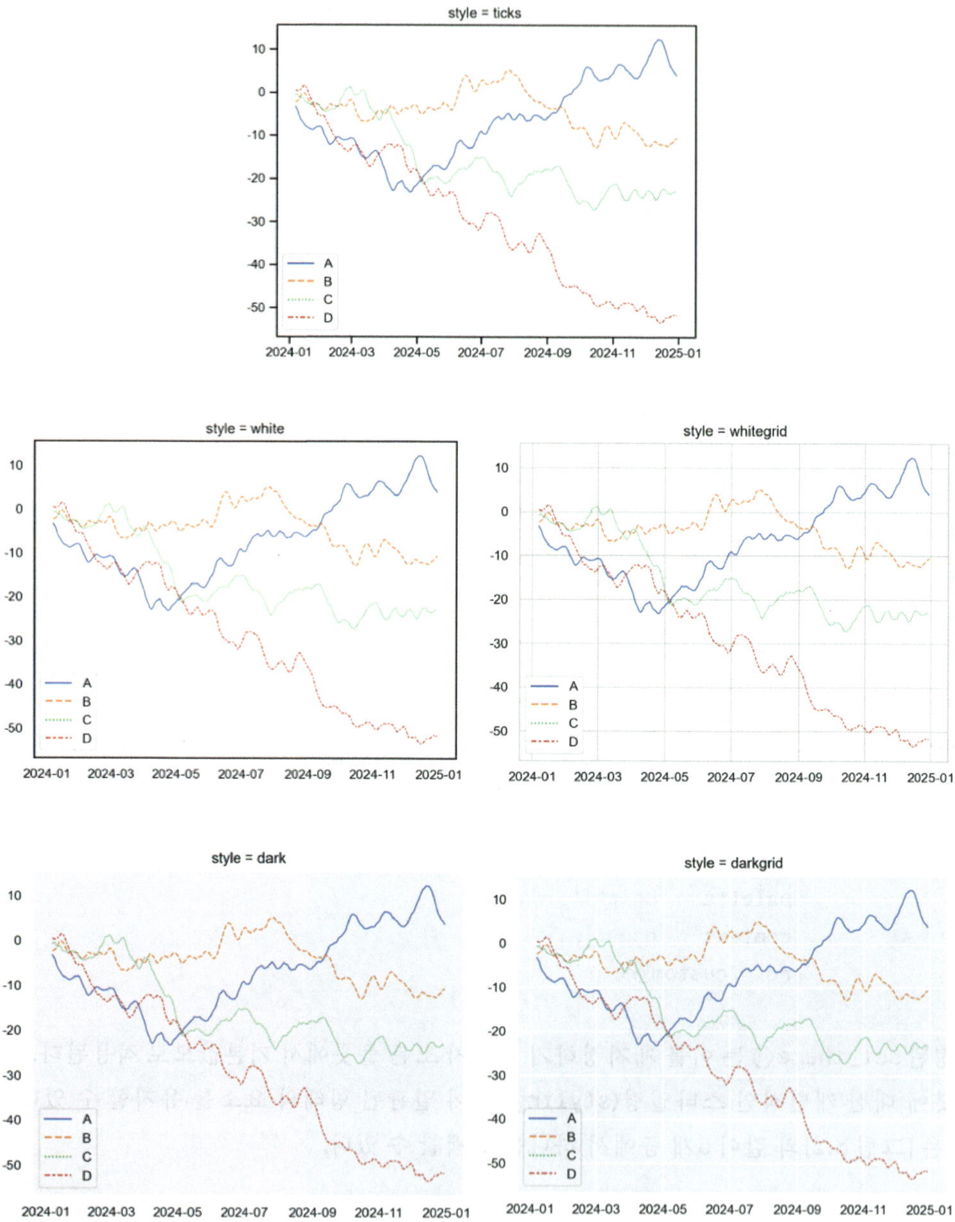

그림 8.2: 기본 스타일(style)의 종류

palette는 기본적으로 [그림 8.3]과 같이 6개 중에서 선택할 수 있으며, 추가적으로 Matplotlib에서 제공하는 기본 색상 사이클 팔레트(tab10)를 포함하여 [그림 8.4]의 다양한 palette도 사용할 수 있다[16].

palette의 종류

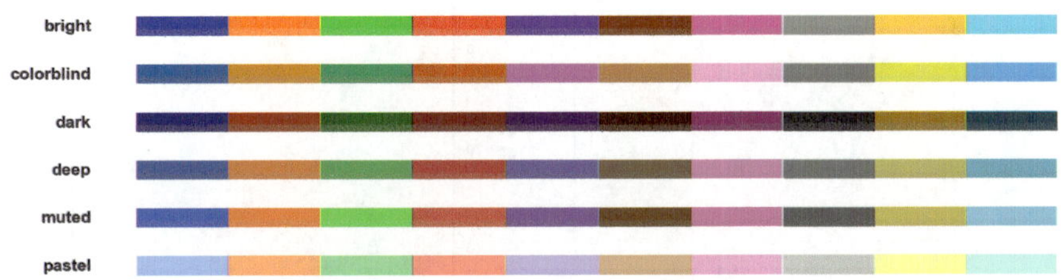

그림 8.3: 기본 색상 파레트(palette)의 종류

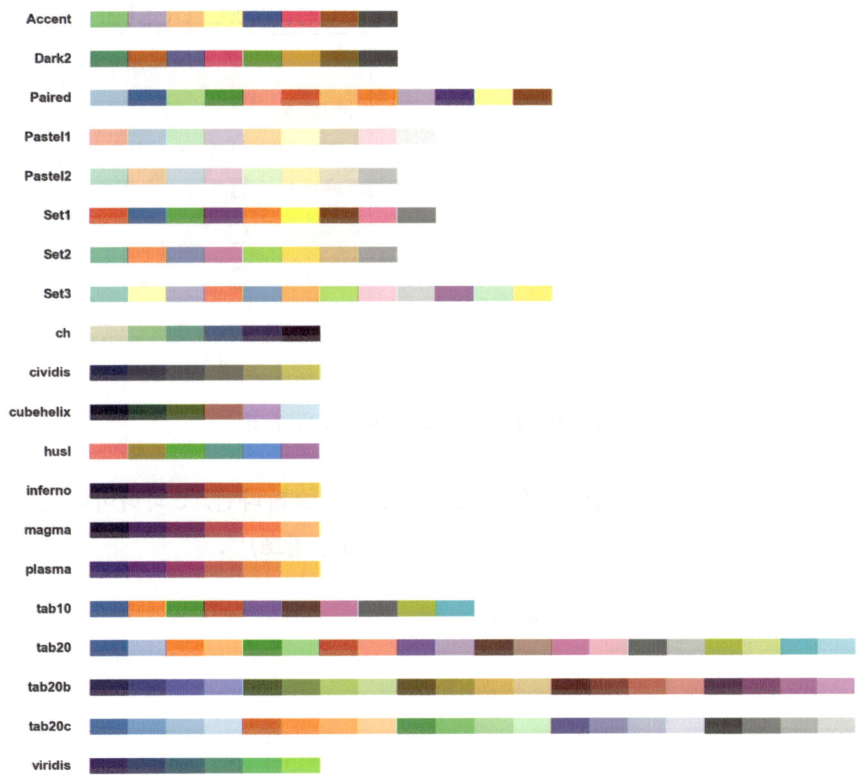

그림 8.4: 추가색상 파레트(palette) 종류

[16] 만일 생성되는 플롯에서 구별하고자 하는 범주 또는 그룹이 palette에서 제공하는 색상의 수 보다 적다면, 일반적으로 첫번째 색상부터 필요한 만큼 선택하여 플롯에 적용한다.

context는 [그림 8.5]와 같이 4개 중에서 선택할 수 있다. 이는 원하는 목적에 따라 title(제목 폰트), markers(점 크기), lines(선 두께), legend(범례) 등을 서로 다르게 정의한다.

context의 종류 - paper, notebook, talk, poster

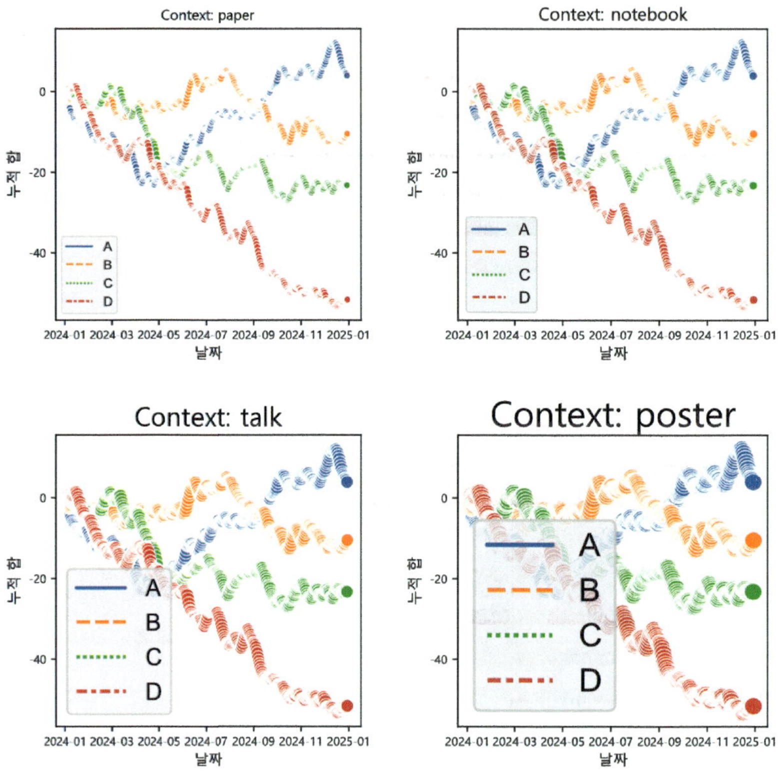

그림 8.5: 컨텍스트(context)의 종류

만일 이러한 설정 이외에 추가적인 플롯 요소의 조정이 필요하다면, rc 파라미터 정의를 통하여 이를 플롯에 반영할 수 있다(플롯의 전역 옵션 설정[p.266] 참조)[17].

rc 파라미터를 이용한 추가 조정(예)

```
custom_rc = {
    'legend.fontsize': 10                  # 범례 폰트 크기
    'grid.linestyle': '--',                # 그리드 라인 스타일
}
```

[17] rc 인수를 사용하여 matplotlib.pyplot.rc에서 지정할 수 있는 모든 옵션을 설정할 수 있다. 여기서, rc는 런타임 설정(runtime configuration)의 약자로 플롯의 다양한 속성을 사용자가 정의할 수 있도록 한다.

이외에도 Seaborn에서 제공하는 다양한 시각화 함수들은 시각화 작업을 더욱 세밀하게 조정할 수 있는 특정 옵션을 제공한다. 이는 set_theme()의 전역적 설정과 독립적으로 적용되며, 개별 시각화 함수 내에서 특정 요구 사항에 맞추어 유연하게 구성 요소들을 변경할 수 있다. 특히, hue와 palette는 많은 함수에서 지원되며, style 옵션은 특정 함수에서 주로 사용한다.

- hue: 색상으로 구분할 변수 지정
- palette: 구분할 변수의 범주 별 색상 지정
- style: 마커, 라인 스타일 지정

Seaborn의 주요 시각화 함수와 hue, palette, style 적용 가능 여부[18,19]

함수	설명	hue	palette	style
countplot	빈도 막대 그림	O	O	X
barplot	막대 그림	O	O	X
histplot	히스토그램	O	O	X
boxplot	상자 그림	O	O	X
violinplot	바이올린 그림	O	O	X
scatterplot	산점도	O	O	O
lineplot	선 그림	O	O	O
jointplot	결합 분포도	X	X	X
lmplot	회귀 적합 산점도	O	O	O
pairplot	쌍별 산점도	O	O	X
heatmap	히트맵	X	O	X

[18] Seaborn에서 기본적으로Pie chart는 제공하지 않는다. 이는 Matplotlib을 이용하여 도시한다.

[19] jointplot, pairplot, lmplot은 figure-level 함수로, 하나의 플롯(axes)을 그리는 것이 아니라 전체 figure(예: 여러 subplot 포함 구조)를 생성하고 관리하는 함수이다. 따라서, style 인자처럼 라인 모양, 마커 등 개별 선에 적용되는 속성(style aesthetics)은 직접 지정할 수 없거나, 내부적으로 제한적으로만 적용된다.

8.3 데이터 분석 시각화 도구

Seaborn에서는 Pandas의 DataFrame 형식을 직접 사용할 수 있다. 이는 데이터 전처리 또는 정제 과정 중에서도 특별한 구조 변경 없이 시각화 기능을 수행할 수 있게 한다. 또한 Seaborn의 개별 시각화 함수들은 DataFrame의 열 이름을 직접 사용하거나 자동 맵핑할 수 있어 보다 직관적인 시각화 작업을 가능하게 한다. 이러한 Seaborn의 Pandas DataFrame과의 통합 기능은 데이터의 정보를 보다 효율적으로 탐색할 수 있도록 한다.

Seaborn은 다양한 출처로 부터 수집된 예제 데이터를 Pandas DataFrame의 형태로 제공한다. Seaborn의 내장 데이터의 목록을 확인하는 방법은 다음과 같다.

```
dataset_names = sns.get_dataset_names()
list(set(dataset_names))
```

내장 데이터 중에서 원하는 데이터를 다음과 같이 로딩(loading)하여 사용할 수 있다.

load_dataset()

```
tips = sns.load_dataset('tips')
```

로드된 데이터는 [표 8.7]의 함수를 이용하여 구조, 각 열의 유형 그리고 결측값 유무 등을 검토할 수 있다.

표 8.7: 데이터 검토를 위한 주요 함수

명령	설명
info()	전체 구조 및 요약 정보 확인
head()	상위 5개 또는 지정 행 미리보기
tail()	하위 5개 또는 지정 행 미리보기
dtypes	각 열의 데이터 유형 확인
shape	행과 열의 수 확인
columns	열 이름 확인
isna().sum()	각 열의 결측값의 개수 확인
nunique()	각 열의 고유한 값 개수 확인
duplicated().sum()	중복된 행의 수 확인
describe()	수치형 데이터에 대한 기본 통계 정보 확인

개별 시각화 함수들의 기본 사용 방법을 소개하기 위하여 기본적으로 tips 데이터를 사용하기로 한다. 각 도구를 소개하면서, 다양한 스타일링 테마(styling theme)를 적용하여 시각화의 심미적 효과를 확인하기로 한다.

미국 뉴욕의 한식당 Oiji Mi, 17 W 19th St.

tips 데이터의 변수명과 데이터 유형[20]

변수명	설명	데이터 유형
total_bill	총 계산금액(USD; $)	연속형
tip	팁(USD; $)	연속형
sex	성별	범주형
smoker	흡연 여부	범주형
day	요일	범주형
time	시간대	범주형
size	식사 인원수(명)	이산형

데이터 로딩 및 검토

```
tips = sns.load_dataset('tips')
```

기본 정보 확인

```
tips.info()
```

```
<class 'pandas.core.frame.DataFrame'>
```

[20] 시각화에서는 이산형과 연속형을 간단히 숫자형(numeric)으로 간주된다. 하지만, 통계 데이터 분석에서는 이산형과 연속형은 서로 다른 특징을 표현하므로, 이를 항상 구분하고 데이터를 고찰하는 것이 바람직하다.

```
RangeIndex: 244 entries, 0 to 243
Data columns (total 7 columns):
 #   Column      Non-Null Count  Dtype
---  ------      --------------  -----
 0   total_bill  244 non-null    float64
 1   tip         244 non-null    float64
 2   sex         244 non-null    category
 3   smoker      244 non-null    category
 4   day         244 non-null    category
 5   time        244 non-null    category
 6   size        244 non-null    int64
dtypes: category(4), float64(2), int64(1)
memory usage: 7.4 KB
```

tips 데이터는 Pandas의 DataFrame class이며, 244개의 행과 7개의 열로 구성되어 있고, 각 열에는 결측값이 존재하지 않는다. 열 이름 total_bill과 tip은 부동 소수점 숫자 데이터이며, size는 정수형이다. sex에서 time까지 4개의 변수는 일정 수의 범주를 갖는 범주형 데이터이다. 전체 DataFrame은 7.4 KB의 메모리를 사용한다.

범주형 변수의 기본 정보는 다음과 같이 확인할 수 있다. 여기서 unique는 각 변수별 범주의 수를 말하고 top은 최빈값 그리고 freq는 최빈값의 빈도를 의미한다.

```
tips.describe(include=['category'])
```

```
         sex smoker  day    time
count    244    244  244     244
unique     2      2    4       2
top     Male     No  Sat  Dinner
freq     157    151   87     176
```

tips 데이터의 처음 5개의 행은 다음과 같다.

```
tips.head()
```

```
   total_bill   tip     sex smoker  day    time  size
0       16.99  1.01  Female     No  Sun  Dinner     2
1       10.34  1.66    Male     No  Sun  Dinner     3
2       21.01  3.50    Male     No  Sun  Dinner     3
3       23.68  3.31    Male     No  Sun  Dinner     2
4       24.59  3.61  Female     No  Sun  Dinner     4
```

원하는 형태의 플롯의 형식과 색상 등을 위하여 다음과 같이 스타일링 테마를 사전 지정할 수 있다. 한번 지정된 스타일링 테마는 추가되는 모든 플롯에 동일하게 적용된다.

플롯 스타일링 테마: set_theme() 지정[21]
- 올바른 한글 출력을 위하여 rc={'font.family': 'Malgun Gothic'}를 지정한다[22].

```
sns.set_theme(style = 'ticks',
              palette = 'bright',
              context = 'paper',
              rc = {'font.family': 'Malgun Gothic'}
              )
```

8.3.1 선 그림과 요약점 그림 lineplot and pointplot

Seaborn의 lineplot()은 x 변수가 연속형 또는 증가하는 형태의 순서를 갖는 범주형 변수에 사용되며, pointplot()은 x 변수가 순서를 갖지 않는 범주형 변수에 주로 사용된다[23]. 두 경우 모두 구간 추정 결과인 신뢰구간을 시각화할 수 있으며, x 축에서 동일한 값이 여러 개 일 경우, 자동으로 평균을 계산하여 시각화한다. 이들의 특징을 정리하면 [표 8.8]과 같다.

표 8.8: lineplot과 pointplot의 비교

항목	lineplot	pointplot
용도	연속형 x에 따른 변화 추적	범주형 그룹 간 평균 비교
x축	연속형 또는 순서형 (time, 수치 등)	범주형 (unordered categories)
y축	관측값 또는 집계 통계량	집계 통계량 (기본: 평균)
선의 의미	연속적인 변화 추세	범주 간의 비교선
신뢰구간	기본 95%(변경 가능) 신뢰구간	기본 95% 신뢰구간
그룹 구분	hue, style, size 등	hue, dodge 등
적합 데이터	시간/수치 데이터	요약된 범주형 데이터
시계열 표현	적합	부적합

[21] seaborn.set_theme()는 Seaborn의 전역 플롯 스타일링을 설정하는 함수로, 배경, 격자선, 폰트 등의 시각적 속성을 한 번에 조정할 수 있다. set() 역시 Seaborn의 style, palette, context를 설정할 수 있지만, 최신 버전의 Seaborn에서는 set_theme()의 사용이 권장된다.

[22] matplotlib에서의 한글 출력은 폰트 설정이 필요하며, Windows 환경에서는 Malgun Gothic을 주로 사용한다.

[23] Python의 pointplot()은 요약 통계량(평균 등)을 점으로 표현하며 선으로 연결하는 함수로, R의 dotchart() 또는 단변량 dot plot과는 개념적으로 서로 다른 함수이다.

두 그림에서 관찰 가능한 정보는 다음과 같다.

선 그림(lineplot)에서 관찰 가능한 정보

- 데이터의 시간적 추세 또는 패턴
- 변화의 방향과 급격한 변동 구간
- 주기성의 존재 여부
- 이상값 또는 급격한 점프(jump)와 밸리(valley) 존재 여부
- 그룹 별 다중 그림을 통한 그룹 간 변화 양상 비교

요약점 그림(pointplot)에서 관찰 가능한 정보

- 범주형 그룹별 중심 경향(평균, 중앙값 등)의 비교
- 다양한 통계량의 그룹 간 변화 방향 및 차이 검토
- hue를 통한 비교 그룹 지정 시 다중 점-선 구조를 통한 교차 비교
- 요약 중심값에 기반한 패턴 시각화

다음은 가장 간단한 구조로 구현한 선 그림과 요약점 그림이다. 두 그림 모두 요일(day) 별로 평균 팁(tip)을 도시한 것이다.

기본 그림

```
plt.figure()
sns.lineplot(data=tips, x='day', y='tip', errorbar=None)          # 선그림
plt.title('[lineplot] 요일 별 평균 팁 금액')
plt.xlabel('요일')
plt.ylabel('평균 팁')
plt.show()

plt.figure()
sns.pointplot(data=tips, x='day', y='tip', errorbar=None)         # 요약점 그림
plt.title('[pointplot] 요일 별 평균 팁 금액')
plt.xlabel('요일')
plt.ylabel('평균 팁')
plt.grid(True)
plt.show()
```

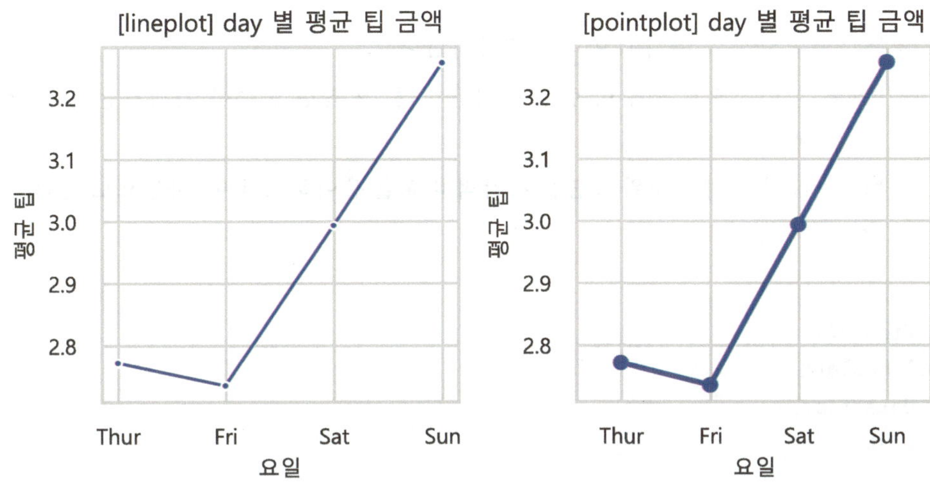

✿ 오차 한계의 추가

- errorbar는 lineplot(), pointplot() 등에서 통계량에 대한 오차 막대를 설정한다.
  - errorbar = None으로 지정하면 오차 막대를 추가하지 않는다.
  - errorbar = ('ci', 95), ('pi', 90), ('se', 1) 중 하나를 지정하면, 각각 신뢰구간(confidence interval), 예측구간(prediction interval), 표준오차(standard error)의 배수로 오차 막대를 추가한다.

```
sns.lineplot(data=tips, x='day', y='tip',errorbar = ('ci', 95))
sns.pointplot(ax=axes[1], data=tips, x='day', y='tip', errorbar = ('ci', 95))
```

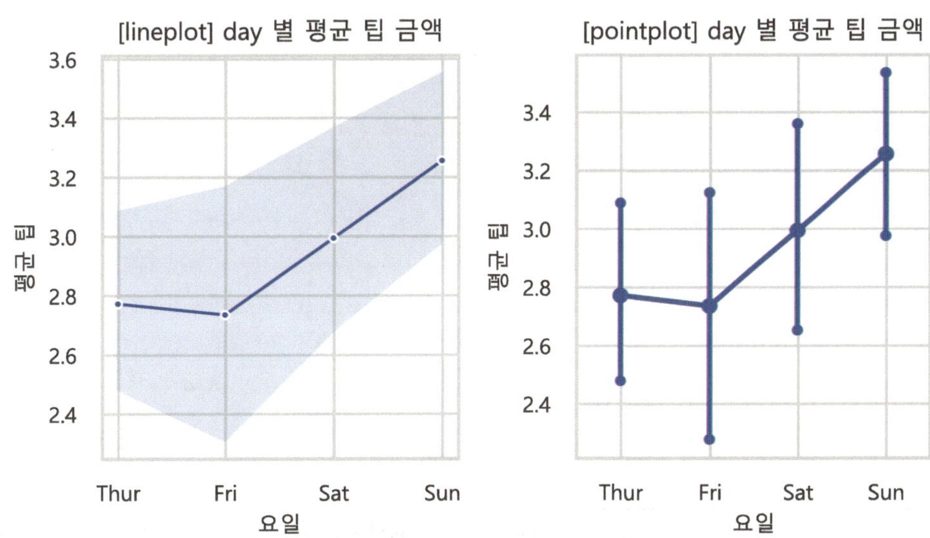

데이터 그룹화

hue는 범주형 변수에 따라 데이터를 그룹화한다[24].

- hue는 일반적으로 범주형 변수에 사용한다. 연속형 변수를 지정하는 경우, 색상 그라데이션이 적용된다.
- hue는 데이터 내의 하위 그룹을 시각적 비교를 용이하게 하며, 자동으로 범례(legend)를 생성한다.

```
plt.figure()
sns.lineplot(
    data=tips,
    x='day', y='tip',
    hue='time',                                 # 그룹화 변수 지정
    marker='o'
    )

plt.title('시간과 요일에 따른 평균 팁 금액')
plt.xlabel('Day')
plt.ylabel('평균 팁 금액')
plt.legend(title='Time')
plt.tight_layout()
plt.show()
```

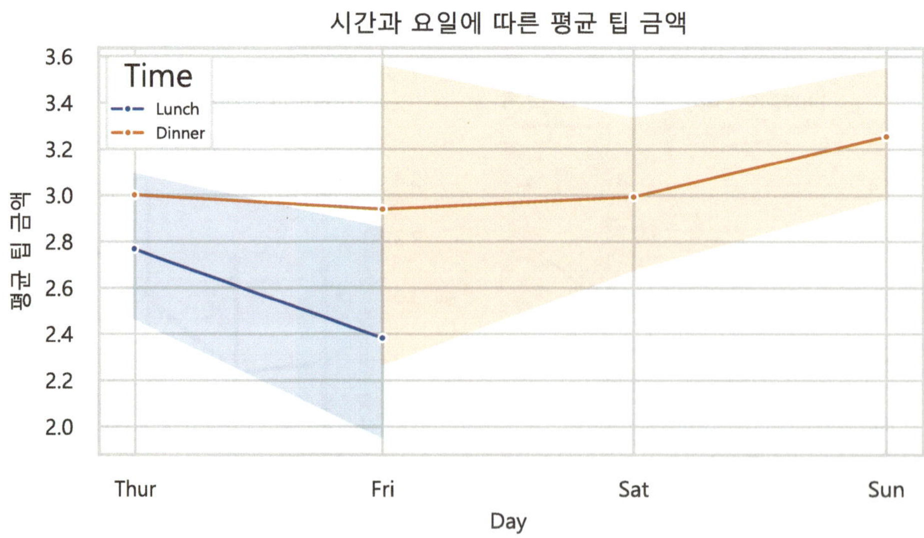

24hue는 색조, 색상을 의미하며 색의 종류나 빛깔의 뉘앙스를 표현하는 영어 단어이다. 프로그래밍/시각화 도구에서는 이 색조(hue) 개념이 확장되어, 범주형 변수에 따라 색상을 다르게 구분짓는 역할로 사용된다.

관심 통계량 반영

estimator를 이용하여 플롯에 표시될 통계량을 지정할 수 있다.

- Numpy의 함수(예: np.mean, np.median, np.sum)나 len과 같은 집계 함수를 직접 지정할 수 있다.
- 기본값은 np.mean이다.

```
plt.figure()

sns.lineplot(
    data=tips,
    x='day', y='tip', hue='time', marker='o',
    estimator = np.median                                    # 중앙값 지정
    )

plt.title('시간과 요일에 따른 팁 중앙값')
plt.xlabel('Day')
plt.ylabel('팁 중앙값')
plt.legend(title='Time')
plt.tight_layout()
plt.show()
```

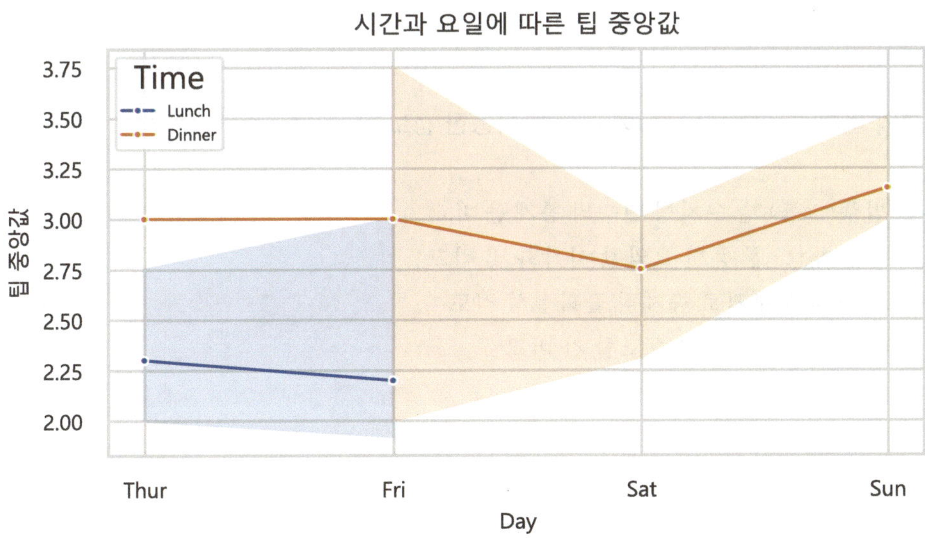

8.3.2 빈도 막대 그림 countplot과 막대 그림 barplot

Seaborn의 countplot()과 barplot()은 범주형 데이터의 시각화를 위한 막대 그림을 생성한다. countplot()은 단일 또는 2개의 범주형 변수에 대하여 단순 빈도(counts)를 시각화하고, barplot()은 기준이 되는 범주형 변수 하에서 연산이 가능한 변수(들)에 대한 함수 값(예: mean, sum, 사용자 정의 함수 등)을 시각화한다. 이들의 특징을 비교해 보면, 표[8.9]와 같다.

표 8.9: exttt countplot과 exttt barplot의 비교

구분	countplot()	barplot()
사용 목적	범주 분포의 크기 비교	범주별 수치 변수의 비교
대상 변수	범주형 변수 1개 또는 2개	범주형 변수와 수치형 변수
y축 값	빈도	통계적 요약값 (기본: 평균)
집계 방식	value_counts()	estimator

두 그림에서 관찰 가능한 정보는 다음과 같다.

빈도 막대 그림(countplot)에서 관찰 가능한 정보

- 범주형 변수의 각 범주의 관찰 빈도 확인
- 하나의 범주형 변수 또는 hue를 이용한 이중 범주의 빈도 비교
- 범주형 데이터의 불균형 진단 및 검토
- 데이터 전처리 없이 범주별 빈도 파악 가능

요약 막대 그림(barplot)에서 관찰 가능한 정보

- 범주(그룹) 별 수치형 변수의 통계량 비교
- estimator를 통한 요약값 시각화 및 비교
- 오차 막대 추가로 통계적 불확실성 검토
- hue를 통한 다중 범주 조합 간 비교

countplot()

- 원하는 형태에 따라 범주형 변수를 x(세로형) 또는 y(가로형)에 지정한다.

```
sns.countplot(x='day', data=tips)                    # 요일별 빈도 막대그래프(세로형)
plt.title('요일(day)별 데이터의 빈도(세로형)')
plt.xlabel('요일')
plt.ylabel('빈도')
plt.show()
#
sns.countplot(y='day', data=tips)                    # 요일별 빈도 막대그래프(가로형)
plt.title('요일(day)별 데이터의 빈도(가로형)')
plt.xlabel('요일')
plt.ylabel('빈도')
plt.show()
```

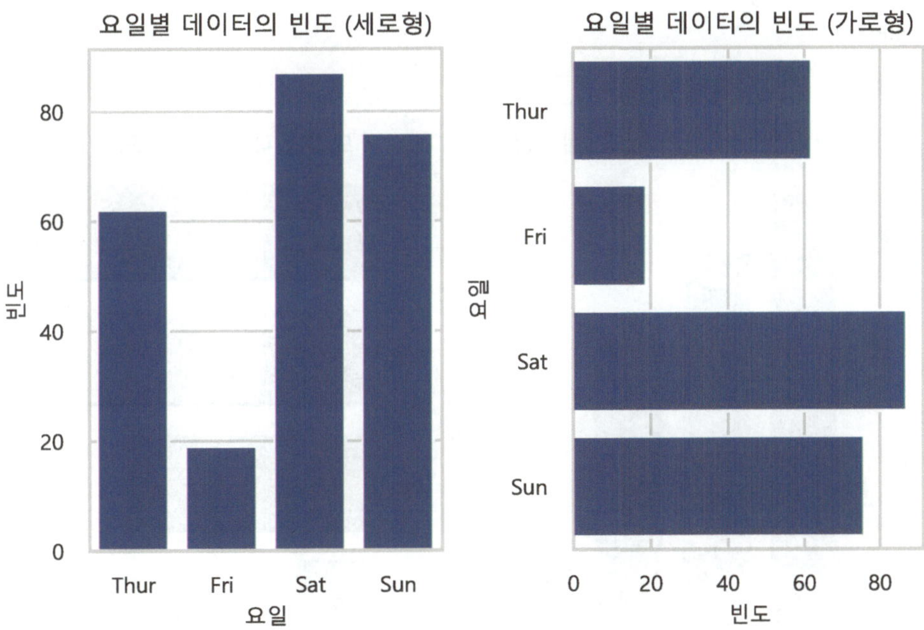

분석 목적에서 범주형 변수의 범주들의 순서가 고려되지 않는 명목형(nominal)인 경우, 범주별 빈도 순서로 막대 그림을 표현하는 것이 바람직하다.

✿ 빈도의 오름 차순/내림 차순 정렬

- order 인수를 통하여 각 범주의 빈도를 반영한다[25].
  - value_counts().index는 범주별 빈도의 순서에 따라 정렬된 리스트를 반환한다.

```
day_order = tips['day'].value_counts().index           # 범주별 빈도 계산 및 정렬

sns.countplot(x='day', data=tips, order = day_order)       # order 인수 지정
plt.title('요일별 데이터의 빈도(세로형)')
plt.xlabel('요일')
plt.ylabel('빈도')
plt.show()
#
sns.countplot(y='day', data=tips, order = day_order)       # order 인수 지정
plt.title('요일별 데이터의 빈도(가로형)')
plt.xlabel('요일')
plt.ylabel('빈도')
plt.show()
```

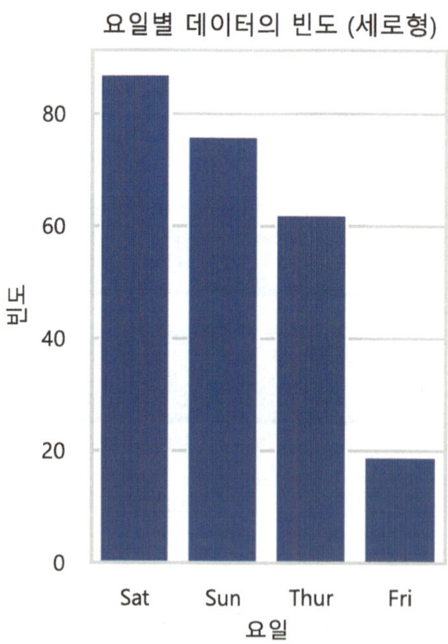

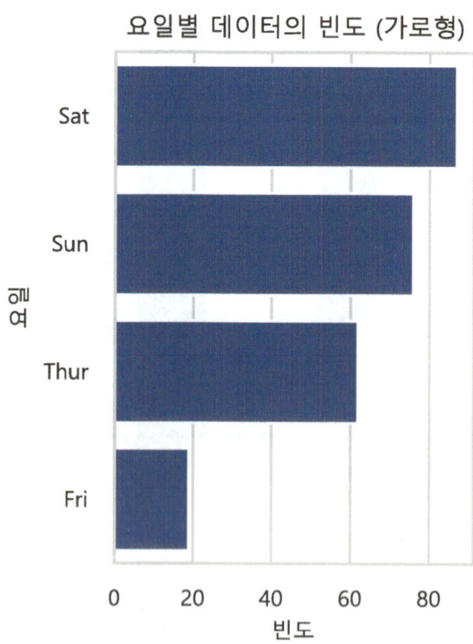

[25] 만일 역순으로 정렬하고자 하는 경우에는 value_counts().index[::-1]을 적용한다.

막대의 빈도 표시

matplotlib의 bar_label()을 적용하여 개별 막대의 빈도를 플롯에 표시할 수 있다.

```
day_order = tips['day'].value_counts().index

fig, ax = plt.subplots()
plot = sns.countplot(x='day', data=tips, order=day_order, ax=ax)
ax.bar_label(ax.containers[0])                          # 각 막대 끝에 빈도 수 표시
plt.title('요일별 데이터의 빈도(세로형)')
plt.xlabel('요일')
plt.ylabel('빈도')
plt.show()

fig, ax = plt.subplots()
plot = sns.countplot(y='day', data=tips, order=day_order, ax=ax)
ax.bar_label(ax.containers[0])
plt.title('요일별 데이터의 빈도(가로형)')
plt.xlabel('빈도')
plt.ylabel('요일')
plt.show()
```

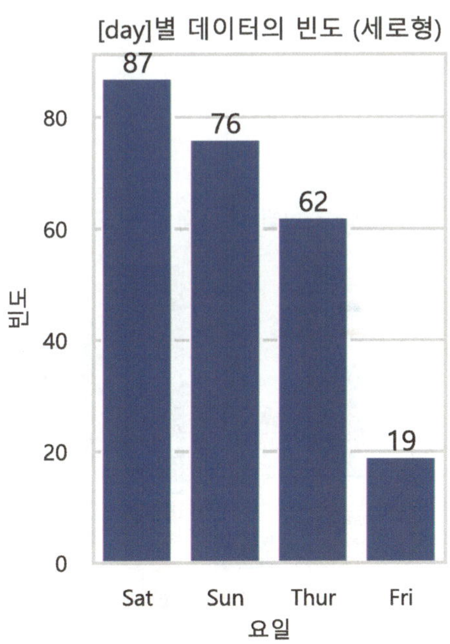

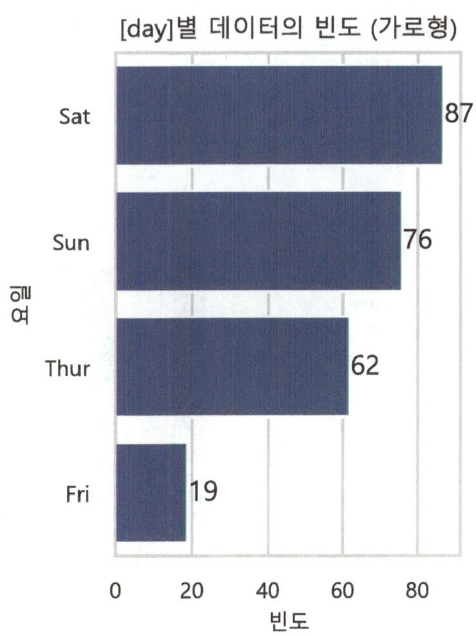

두 개의 범주형 변수를 고려하는 경우, 제 1 변수(예: day)를 중심으로 제 2 변수(예: sex)의 빈도를 함께 표현할 수 있다. 이때, 병렬(dodge)형과 누적(stack)형을 적용할 수 있다.

두개의 변수의 병렬/누적 표시 - palette='colorblind' 적용

countplot()은 기본적으로 병렬(dodge)형을 제공한다.

- stack 방법은 histplot()을 이용하여 간접적으로 구현한다. 여기서, shrink는 막대의 너비의 감소 폭을 조정하는 인자([0, 1])이며, discrete는 x축이 이산형 변수(범주형) 여부를 지정한다.

```
plt.figure()                                               # dodge형의 막대그래프
sns.countplot(data=tips,x='day', hue='sex', palette='colorblind')
plt.title('[day, sex]별 데이터의 빈도(dodge)')
plt.xlabel('요일')
plt.ylabel('빈도')
plt.show()

plt.figure()
sns.histplot(data=tips,x='day', hue='sex', palette='colorblind',
             multiple='stack',                                 # stack형 지정
             shrink=0.7, discrete=True, alpha=1.0)
plt.title('[day, sex]별 데이터의 빈도(stack)')
plt.xlabel('요일')
plt.ylabel('빈도')
plt.show()
```

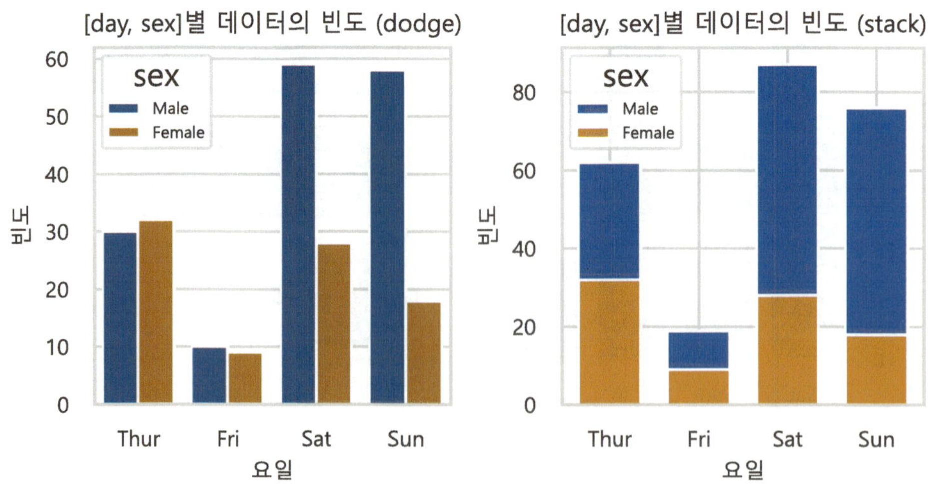

두 개의 범주형 변수에서 제 1 변수의 범주 별 빈도(marginal counts)가 동일하지 않은 경우, 제 2 변수의 범주 별 빈도 보다는 비율(proportion)을 고려하는 것이 바람직한 경우가 많다.

각 범주별 비율(proportion)의 누적(stack)형

```
stacked_data = tips.groupby(['day', 'sex']).size().unstack()
# 행 별 백분율 계산
stacked_data_p = stacked_data.div(stacked_data.sum(axis=1), axis=0) * 100
# 데이터 long-from으로 재구성
stacked_data_p = stacked_data_p.reset_index().melt(
                                                    id_vars='day',
                                                    var_name='sex',
                                                    value_name='percentage'
                                                    )
plt.figure()
sns.histplot(data=stacked_data_p, x='day', hue='sex',
             multiple='stack', palette='colorblind',
             weights='percentage', shrink=0.7, discrete=True, alpha=1.0
             )
plt.title('[day, sex]별 데이터의 빈도(백분율)')
plt.xlabel('요일')
plt.ylabel('백분율(%)')
plt.tight_layout()
plt.show()
```

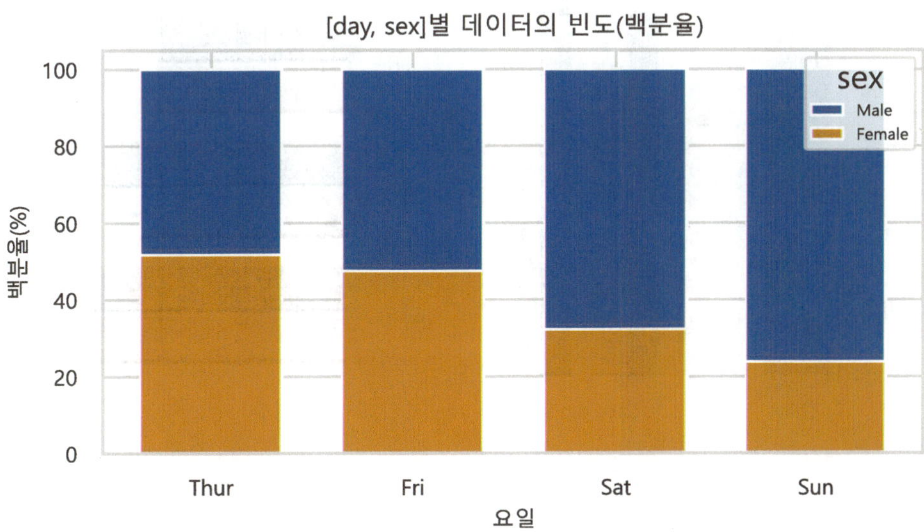

barplot()은 countplot()과 유사하지만, 주로 범주형 변수(x)를 기준으로 연산이 가능한 변수(y)에 대한 함수(예: mean) 값을 시각화한다. 이는 x 또는 y 중 하나만 적용하는 countplot()과 달리 x, y 인수 모두 필요하다.

범주형 변수 별 평균 반영 - palette='dark' 적용

```
plt.figure()                    # 요일과 성별에 따른 평균 식사 인원수 막대그래프
sns.barplot(
            data=tips,
            x='day',
            y='size',
            hue='sex',
            estimator='mean',
            palette='dark'
            )
plt.title('[day, sex]별 평균 식사 인원수(세로형)')
plt.xlabel('요일')
plt.ylabel('평균')
plt.show()                              # 가로형은 x, y를 서로 바꾸면 생성된다.
```

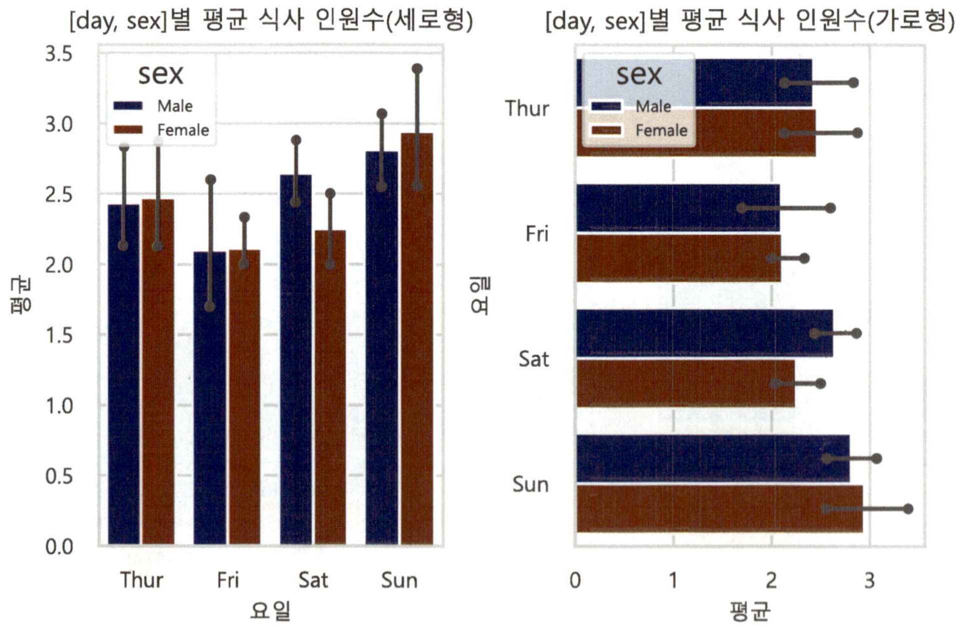

8.3.3 원 그림 pie chart

Seaborn은 기본적으로 원그림(pie chart)을 제공하지 않는다. 대신에 matplotlib의 pie() 함수를 이용하여 생성할 수 있다. 원 그림에서 관찰 가능한 정보는 다음과 같다.

원그림에서 관찰 가능한 정보

- 원의 면적으로 표현된 범주형 변수의 범주별 빈도의 크기를 확인할 수 있다.
- 전체(Total; 100%)를 고려할 때, 범주 별 비중(%)을 확인할 수 있다.

- 파이 그림은 대부분 막대 그림으로 전환할 수 있다.
- 전체(Total)가 대상이 아닌 경우, 막대 그림을 사용한다.

경우에 따라서, 플롯 생성 요소 별로 메시지가 출력되는 경우가 있다.

플롯 옵션 메시지 억제 - palette='deep' 적용
- warnings모듈의 warnings.catch_warnings(),warnings.simplefilter("ignore")[26]

```
import warnings
day_counts = tips['day'].value_counts()
labels = day_counts.index
sizes = day_counts.values
colors = sns.color_palette('deep')[0:len(labels)]        # deep 색상 팔레트 적용

with warnings.catch_warnings():                           # 경고 메시지 억제
    warnings.simplefilter("ignore")

    plt.figure()                                          # 파이 그림
    plt.pie(sizes, labels=labels, colors=colors,
            autopct='%1.1f%%',
            startangle=90                                 # 조각의 시작 각도
            )
    plt.axis('equal')  # 파이를 원형으로 정의
    plt.title('요일별 빈도수')
    plt.show()
```

[26] _ =를 이용하여 matplotlib의 플롯 생성 함수가 반환하는 메시지를 변수 _에 할당하여 메시지를 출력되지 않도록 할 수 있다.

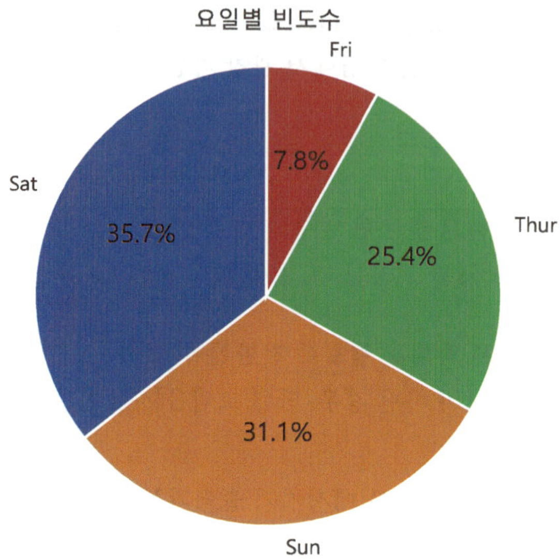

8.3.4 히스토그램 histogram

히스토그램(histogram)은 연속형 데이터의 대략적인 분포(distribution)를 검토하기 위하여 사용된다(Pearson 1895)[27]. 이는 사전 정의된 빈(bin)의 수 또는 크기(binwidth)를 기준으로 빈도(frequncy) 또는 그림의 총 면적을 1.0으로 척도화한 **확률 밀도**(probability density)를 도시하여 분포의 모양을 판단한다. 필요한 경우, 히스토그램의 이산성을 보완하여 데이터의 분포를 더욱 부드럽게 적합하는 하기 위하여 커널 밀도 추정(kernel density estimation; KDE)을 고려할 수 있다(p.?? 참조). 이는 연속적이고 매끄러운 분포 곡선을 제공하여 데이터의 기저에 있는 확률 분포를 추정하는데 도움이 된다.

히스토그램에서 관찰 가능한 정보

- 데이터의 좌우대칭 여부와 양(+)과 음(−)의 왜도
- 데이터의 대표값에 대한 대략적 위치
- 데이터의 범위와 산포의 정도

[27] Pearson은 다음의 논문에서 통계적 데이터의 분포를 시각적으로 나타내기 위하여 히스토그램을 사용하였다. Pearson, K. (1895). "Contributions to the Mathematical Theory of Evolution. II. Skew Variation in Homogeneous Material". Philosophical Transactions of the Royal Society A: Mathematical, Physical and Engineering Sciences. 186: 343–414.

- 군집(clusters)의 존재 유무
- 이상값(outliers)의 존재 유무

총 매출액과 팁 금액의 히스토그램

subplots()를 이용한 histplot()

- bin=k을 지정하지 않는 경우, 자동으로 계산된 bin의 수를 지정한다.
- 사전 정보가 있는 경우, binwidth = k를 지정할 수 있다.
- kdeplot()은 KDE 밀도 함수를 표현한다. 이때, bw_adjust 값이 클수록 부드러운 밀도 함수를 제공한다.
- hue가 없으면 palette는 무시되며, color가 지정되면 해당 색상이 우선 적용된다.

```
fig, axes = plt.subplots(1, 2)                                    # 서브플롯 생성

# 첫 번째 플롯(총 매출액의 히스토그램)
sns.histplot(tips['total_bill'], kde=False, palette='deep', ax=axes[0])
axes[0].set_title('총 매출액의 관찰 분포')
axes[0].set_xlabel('총 매출액')
axes[0].set_ylabel('빈도')

# 두 번째 플롯(팁 금액의 히스토그램과 KDE)
sns.histplot(tips['tip'], bins=10,
             kde=False, stat='density', palette='deep',
             ax=axes[1]
             )
sns.kdeplot(tips['tip'], bw_adjust=1.5, fill=True,
            color='red',
            ax=axes[1]
            )
axes[1].set_title('팁 금액의 관찰 분포와 KDE')
axes[1].set_xlabel('팁 금액')
axes[1].set_ylabel('확률 밀도')

plt.tight_layout()
plt.show()
```

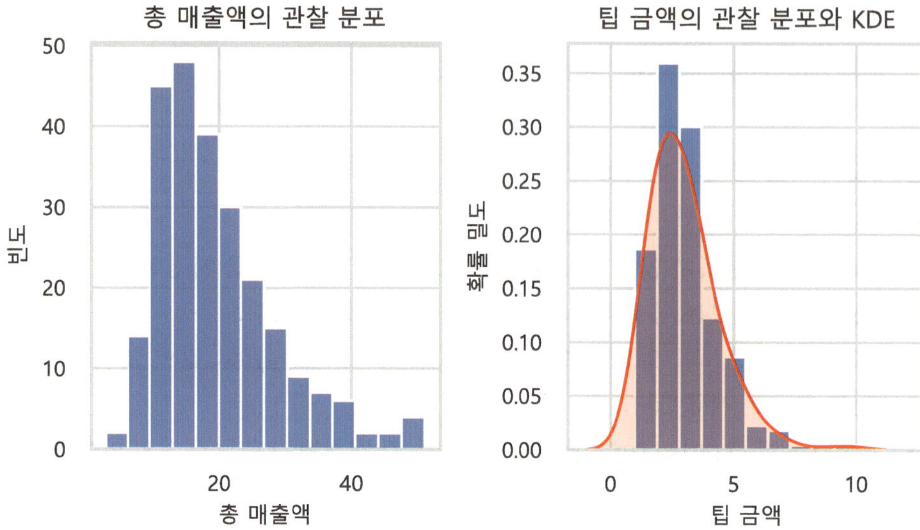

히스토그램은 구간 수(bins)와 커널 밀도 추정의 부드러움 정도(bw_adjust)에 따라 서로 다른 형태로 표현된다. 이 두 매개변수는 데이터 분포 구조를 단순 또는 복잡하게 표현할 수 있으므로, 다양한 값을 시도해 보고 해석에 가장 적합한 구간 수와 부드러움 정도를 선택하여 시각화해야 한다.

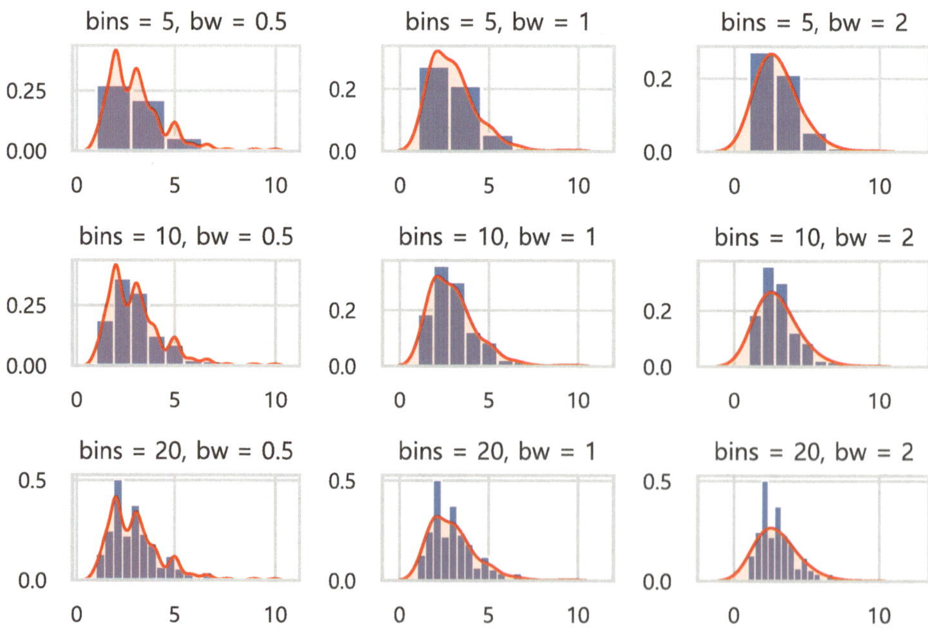

그림 8.6: bin과 bw_adjust에 따른 히스토그램과 커널 밀도 추정

[그림 8.6]은 팁 금액 변수에 대해 다양한 구간 수(bins)와 커널 밀도 추정의 부드러움 정도 (bw_adjust)를 적용한 결과이다. 행은 각각 bins $= 5, 10, 20$에 대응하며, 열은 bw_adjust $= 0.5, 1, 2$에 해당한다. bins 값이 커질수록 데이터 분포의 세부 구조를 더 잘 반영하지만, 과도하게 큰 경우에는 잡음이 강조될 수 있다. 또한, bw_adjust 값이 커질수록 KDE 곡선은 더 부드러워지고, 작을수록 국소적인 변화에 민감해진다. 이처럼 bins와 bw_adjust는 데이터의 전체적 형태와 국소적 특성을 조절하는 매개 변수이다.

범주별 히스토그램

- hue는 데이터프레임 내 범주형 변수를 기준으로 그룹화한다.
- stat은 y축에 표시할 값을 지정하며, "count"(기본값), "frequency", "probability", "density" 중 하나를 선택할 수 있다. 예를 들어, "density"로 지정하면 각 막대의 면적 합이 1이 되도록 정규화된다.
- palette는 각 hue 그룹에 대응되는 색상 조합을 설정하는 데 사용된다. 문자열 이름 ("pastel", "deep" 등) 또는 딕셔너리({"Male": "blue", "Female": "red"}) 형태로 지정할 수 있다.

```
plt.figure()
sns.histplot(
    data=tips,
    x="tip",
    hue="sex",                                             # 그룹 변수 지정
    bins=15,
    stat="count",
    element="bars",
    common_norm=False,
    palette="deep",
    edgecolor="white"
)
plt.title("성별에 따른 팁 금액 분포")
plt.xlabel("팁 금액")
plt.ylabel("빈도")
plt.tight_layout()
plt.show()
```

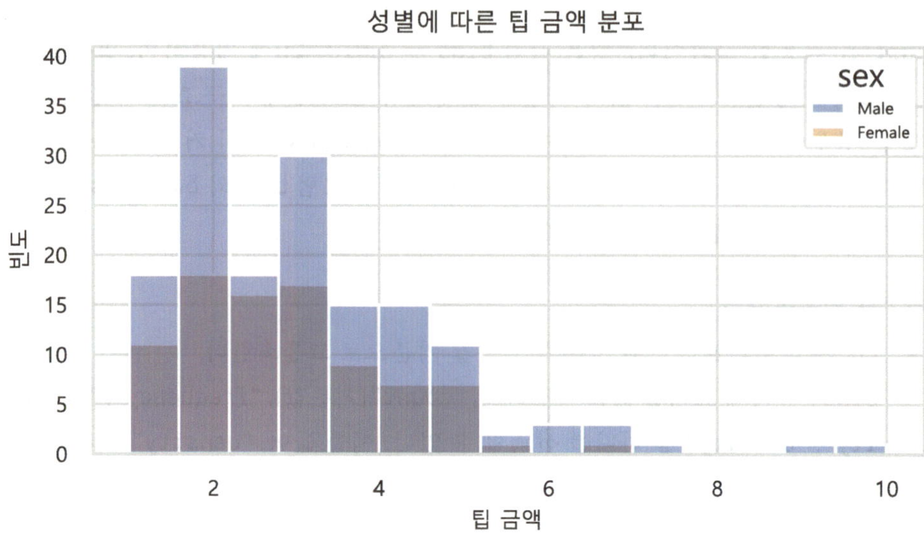

범주별 히스토그램 : 상하 배치

```
male = tips[tips["sex"] == "Male"]
female = tips[tips["sex"] == "Female"]

# 히스토그램 설정
bins = 15
color_male = "blue"
color_female = "red"

counts_m, bins_m = np.histogram(male["tip"], bins=bins)             # 빈도 계산
counts_f, bins_f = np.histogram(female["tip"], bins=bins)
bin_centers = 0.5 * (bins_m[1:] + bins_m[:-1])
bin_width = bins_m[1] - bins_m[0]

# 그래프 생성
plt.figure()

plt.bar(bin_centers, counts_m, width=bin_width,                     # 위쪽 히스토그램
        color=color_male, alpha=0.7, label="Male")

plt.bar(bin_centers, -counts_f, width=bin_width,         # 아래쪽 히스토그램(음수)
        color=color_female, alpha=0.7, label="Female")
```

```
plt.axhline(0, color='gray')
plt.xlabel("팁 금액")
plt.ylabel("빈도")
plt.title("성별에 따른 팁 금액 분포 (위: 남성 / 아래: 여성)")
plt.legend()
plt.tight_layout()
plt.show()
```

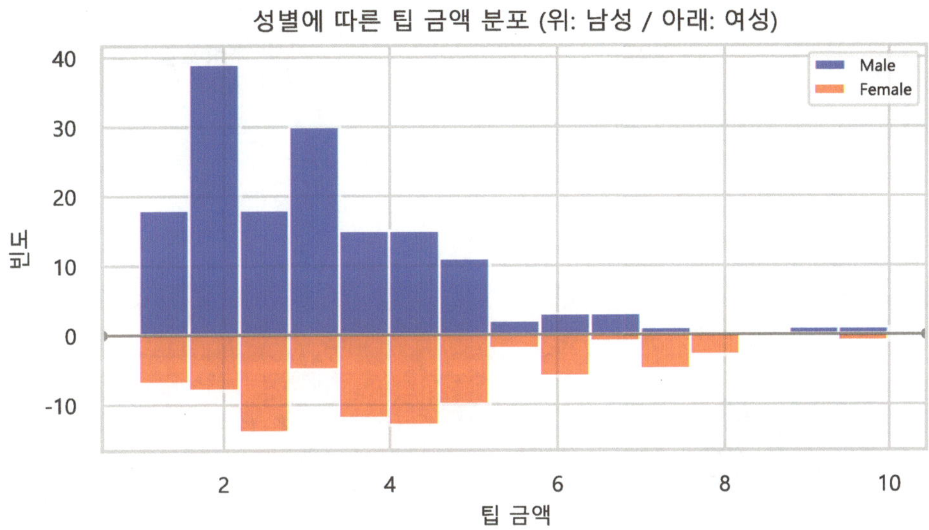

✿ 배열형 히스토그램

- FacetGrid는 범주형 변수의 수준(level)에 따라 플롯을 격자 형태(facet)로 분할하여 반복 시각화를 할 수 있는 seaborn의 figure-level 클래스이다. col, row, hue 인자를 이용하여 다차원적 분할이 가능하다.
- map()은 지정한 plotting 함수(예: plt.hist, sns.scatterplot)를 FacetGrid의 각 서브셋(축)에 반복적으로 적용한다. 입력 데이터는 Series로 전달되므로 pandas가 아닌 함수에 적합하다.
- map_dataframe()은 각 facet에 데이터프레임 단위로 접근하여, sns.histplot, sns.boxplot 등 seaborn 함수처럼 데이터프레임을 인자로 받는 함수와 함께 사용할 수 있다.
- set_axis_labels(), set_titles(), add_legend() 등은 FacetGrid 객체에 후속적으로 라벨, 제목, 범례 등을 추가하기 위한 메서드이다.

```
g = sns.FacetGrid(tips, col="day", col_wrap=2);
g.map_dataframe(sns.histplot, x="tip", bins=10, edgecolor="white");
g.set_axis_labels("팁 금액", "빈도");
g.set_titles(col_template="{col_name} 요일");

plt.tight_layout()
plt.show()
```

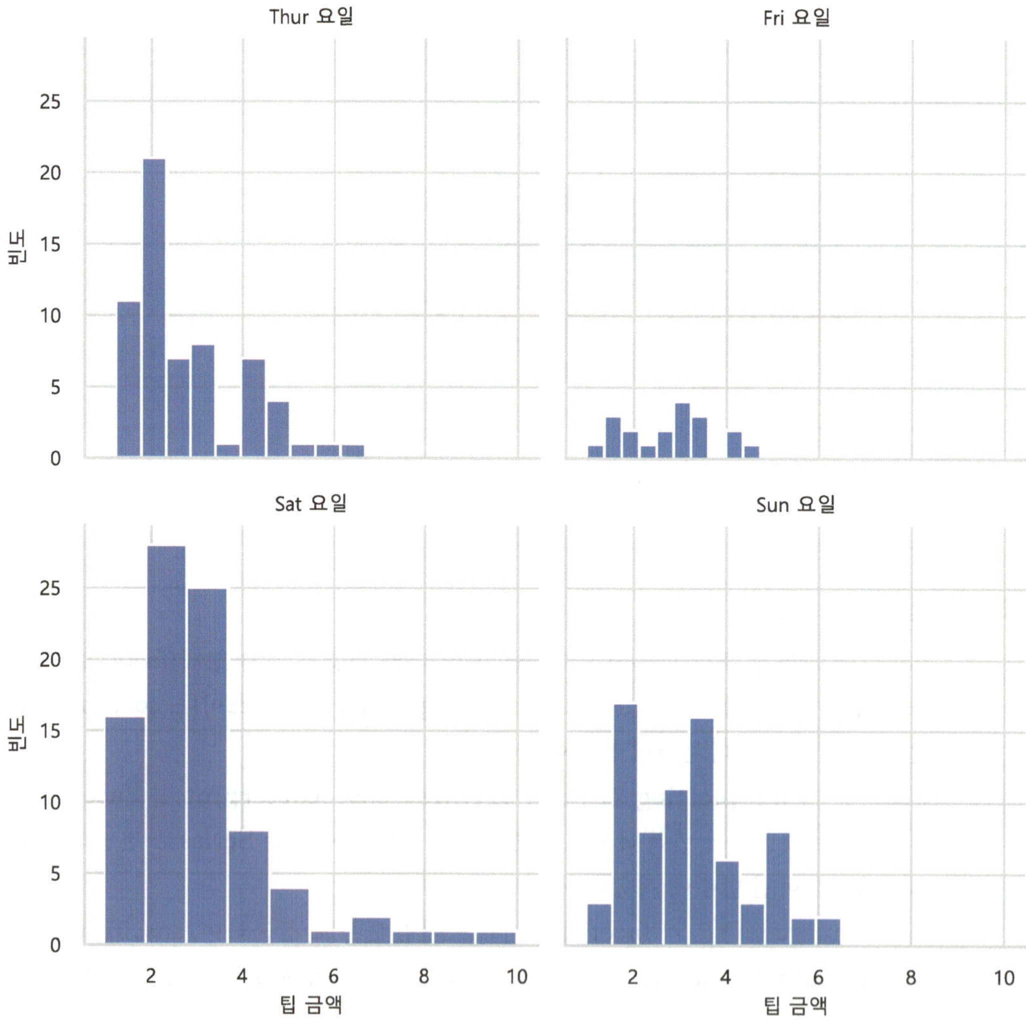

8.3.5 산점도 scatterplot

산점도(scatter plot())는 동시에 측정되는 2개의 연속형 변수들의 값을 2차 평면 (x, y) 상에 도시하는 플롯으로 변수들 간의 관계 파악에 유용하다.

산점도에서 관찰 가능한 정보

- 두 연속형 변수 간의 관계(선형/비선형 여부)
- 변수 간 상관 방향(양의 상관, 음의 상관 등)
- 데이터의 분포 패턴 또는 퍼짐 정도
- 그룹별 군집이나 패턴의 존재 유
- 이상값(outliers) 또는 전체 경향에서 벗어나는 관측값의 진단

기본 산점도

```
plt.figure()
sns.scatterplot(data=tips, x='total_bill', y='tip')                    # 기본 산점도
plt.title('기본 산점도')
plt.xlabel('총 금액')
plt.ylabel('팁 금액')
plt.tight_layout()
plt.show()
```

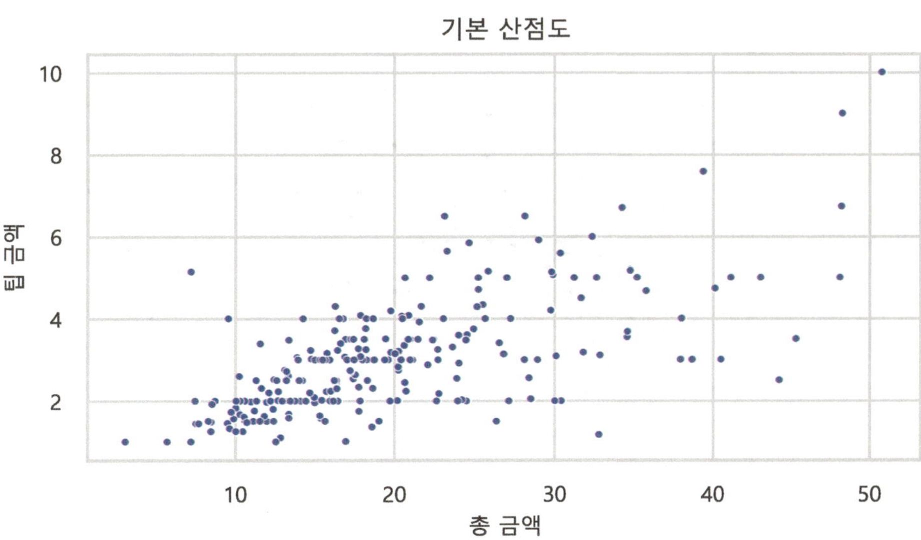

층화 산점도 - 사용자 정의 palette 적용

hue를 적용하는 경우, palette를 지정하여 데이터의 색상을 지정할 수 있다.

- 사용자 정의 palette를 딕셔너리로 지정하여 사용할 수 있다.

```
# 층화/색상 지정 산점도
custom_palette = {'Thur': 'red', 'Fri': 'blue', 'Sat': 'green', 'Sun': 'purple'}
# 층화 산점도
plt.figure()
sns.scatterplot(data=tips, x='total_bill', y='tip',
                hue='day', style='sex',
                palette=custom_palette                      # 사용자 정의 팔레트
                )
plt.title('[day, sex] 층화 산점도')
plt.xlabel('총 금액')
plt.ylabel('팁 금액')
plt.legend(title='[day, sex]')
plt.tight_layout()
plt.show()
```

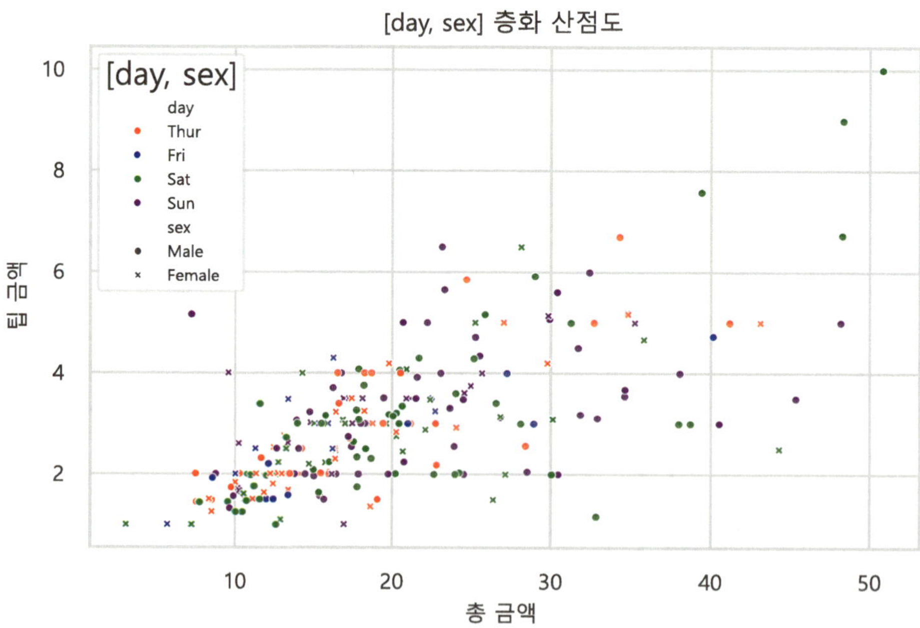

✿ 층화 산점도의 응용[28] - `pallette = 'inferno'` 적용

- s는 점의 크기를 20 ~ 200사이에서 지정할 수 있고, 단일 숫자, 배열 또는 DataFrame의 열을 지정할 수 있다.
- size는 연속형 변수 또는 함수의 결과를 사용하여 점의 크기를 동적으로 조절한다.

```
plt.figure()
sns.scatterplot(
    data=tips,
    x='total_bill',y='tip', hue='day',
    style='sex',                    # 성별에 따라 점 모양 구분
    size='size',                    # 식사 인원 수에 따라 점 크기 구분
    sizes=(20, 200),                 # 최소 20 ~ 최대 200 크기로 스케일 조정
    palette='inferno'               # 색상 팔레트 지정
)
plt.title('[day, sex] 층화 산점도')
plt.xlabel('총 금액')
plt.ylabel('팁 금액')
plt.legend(title='[day, sex]', loc='upper right', fontsize='xx-small')
plt.tight_layout()
plt.show()
```

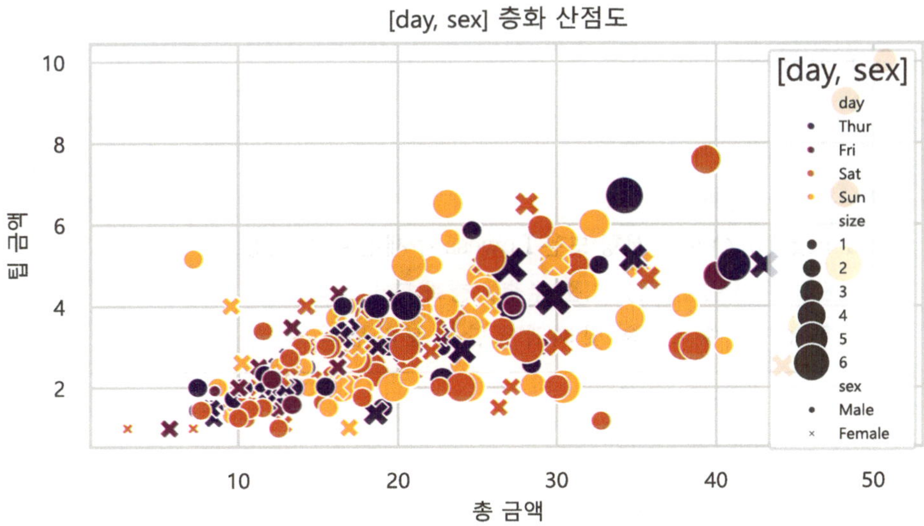

그림 8.7: 성별과 인원수에 따른 층화 산점도의 응용

[28] s는 size의 약자로, 상수 또는 변수 값에 따라 지정이 가능하다.

[그림 8.7]은 총 금액(total_bill)과 팁 금액(tip) 간의 관계를 시각화한 산점도에 다양한 시각화 요소(hue, style, size)를 적용한 결과이다. 점의 색상은 요일(day)을 나타내며, 점의 모양은 성별(sex)을 구분하고, 점의 크기는 식사 인원 수(size)에 비례하여 조절되었다. 이를 통해, 전체적인 패턴과 함께 동일한 총 금액과 팁 금액이라도 요일, 성별, 인원 수에 따라 어떻게 달라지는지를 직관적으로 파악할 수 있다.

산점도는 변수 간 관계나 분포를 직관적으로 이해할 수 있는 유용한 도구이지만, 실제로 측정 단위의 입도(discreteness) 또는 데이터의 수가 많은 경우 여러 개의 데이터가 겹쳐서(overplotting) 나타날 수 있다. 이러한 현상은 시각적 형태/관계 판단을 어렵게 하고, 경우에 따라서는 각 변수의 대략적 범위 이외에는 특별한 정보를 탐색할 수 없다. 이를 위한 해결책이 유일하지는 않지만, 다음의 방법이 도움이 될 수 있다.

고밀도 중첩(overplotting) 데이터의 탐색

- 다음의 방법은 개별, 순차적 또는 여러 방법을 조합하여 적용할 수 있다.
- 각 방법의 유용성은 고려하는 데이터의 특징에 따라 결정된다.

- jitter 효과 적용
  np.random.normal()을 이용해 x 또는 y 좌표에 작은 노이즈를 추가
- 투명도(alpha) 조절
  대부분의 플롯 함수에서 alpha 인자를 이용해 데이터 겹침 완화 가능
- 2차원 히스토그램 - 사각형 bin 사용
  plt.hist2d() 사용
- 2차원 히스토그램 - 육각형 bin 사용
  plt.hexbin() 사용
- 추세선 또는 관계선 추가
  sns.regplot()으로 선형 또는 Lowess 추세선 추가 적용
- 관련된 범주형 변수(들) 기준 추출, 층화 그리고 적합
  다양한 추가 변수로 층화 및 회귀 적합 및 분리 탐색

산점도 과밀 현상의 시각적 보완[29]

```
diamonds = sns.load_dataset('diamonds')
```

[29] diamonds 데이터는 R의 ggplot2 패키지에 포함된 예제 데이터이며, 다이아몬드의 carat, cut, color, clarity, price 등을 포함한 보석 특성 정보를 약 54,000개 포함한다.

diamonds 데이터는 총 53,940개로 구성된 데이터이다. carat과 price를 적용한 기본 산점도는 다음과 같다.

기본 산점도

```
plt.figure()
sns.scatterplot(data=diamonds, x='carat', y='price')                # 기본 산점도
plt.title('diamonds 산점도')
plt.xlabel('carat')
plt.ylabel('price')
plt.tight_layout()
plt.show()
```

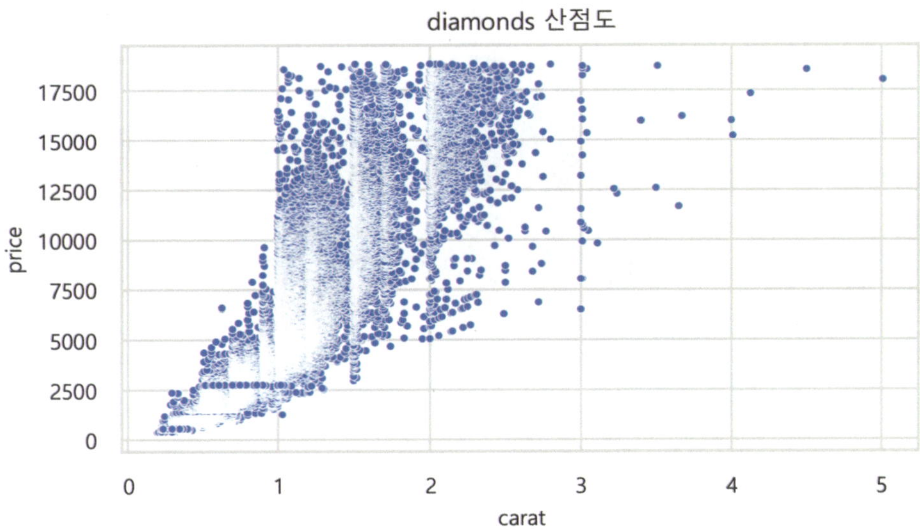

diamonds 데이터의 산점도는 많은 데이터 점들이 중첩되어 전체적인 구조를 한눈에 파악하기 어렵고, 특정 구간에서는 계단처럼 층별 구조가 나타난다. 전반적으로는 carat이 증가할수록 price도 함께 증가함을 확인할 수 있지만, 그 외의 세부적인 패턴이나 변동성은 명확히 드러나지 않는다.

jitter 적용

```
np.random.seed(311)                                    # 노이즈 추가
diamonds['carat_jit'] = ( diamonds['carat'] +
                          np.random.normal(0, 0.01, size=len(diamonds))
```

```
                   )
diamonds['price_jit'] = ( diamonds['price'] +
                    np.random.normal(0, 80, size=len(diamonds))
                   )
plt.figure()                                                # 산점도 시각화
sns.scatterplot(data=diamonds, x='carat_jit', y='price_jit', alpha=0.2, s=10)
plt.xlabel("Carat(jittered)")
plt.ylabel("Price(jittered)")
plt.title("Jitter 효과 적용")
plt.tight_layout()
plt.show()
```

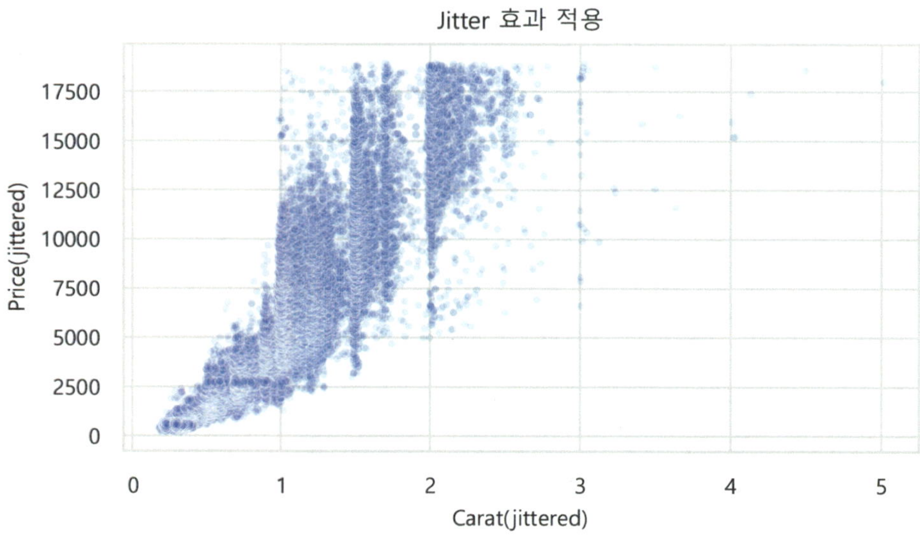

현재의 데이터에서 지터(jitter) 효과는 과밀 현상을 해결하지 못한다. 이는 carat과 price가 모두 연속형 변수이며, 이미 다양한 값으로 측정되어 np.random.normal()을 이용한 작은 노이즈를 추가하더라도 시각적으로 중첩(overplotting)이 크게 해소되지 않는다. 반면, 다음과 같은 경우에는 유용하게 과밀 현상을 해결할 수 있다.

- 이산형 변수가 x축 또는 y축에 포함되어, 점들이 선상에 수직/수평 정렬되는 경우
- 관측값의 분해능이 낮아, 입도의 문제로 중복된 값이 많은 경우
- 특정 구간에 관측값이 집중된 경우

투명도 조절

```
plt.figure()
sns.scatterplot(data=diamonds, x="carat", y="price", alpha=0.1)
plt.title("투명도 조절(alpha=0.1)")
plt.tight_layout()
plt.show()
```

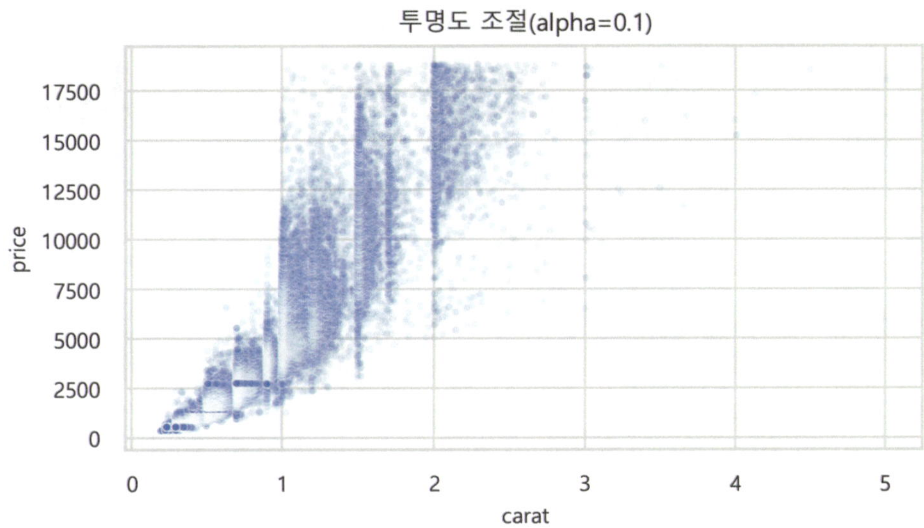

만족할 수준은 아니지만, 데이터의 밀집 구간이 jitter의 경우보다는 조금 더 명확히 표현된다. 일반적으로 연속형 변수 간의 산점도에서 투명도(alpha) 조절은 과밀 중첩(overplotting) 문제를 완화하는 데 상대적으로 효과적이다. 밀집된 구간에서는 점들이 겹쳐서 실제 밀도나 분포 특성을 올바로 파악할 수 없지만, 각 점의 투명도를 낮추면 점들의 겹침 정도에 따라 정의된 색상이 진해지므로 밀도 수준에 따른 시각적 패턴을 확인할 수 있다. 투명도는 일반적으로 0.2 ~ 0.5 범위의 값이 자주 사용된다. 다음은 투명도 조절이 유용한 일반적인 상황이다.

- 대용량 데이터에서 분포 구조를 확인할 수 없는 경우
- 연속형 변수들의 밀집 구간의 구조를 파악하고자 하는 경우
- 서브그룹(hue) 없이 전체 분포 자체의 구조만을 확인하고자 하는 경우
- 추세선 등의 배경 산점도를 보조적으로 시각화하는 경우

2차원 bin 기반 히스토그램(사각형)

```
plt.figure()
sns.histplot(data=diamonds, x="carat", y="price", bins=50, cbar=True)
plt.title("2차원 빈 기반 히트맵 (bins=50)")
plt.tight_layout()
plt.show()
```

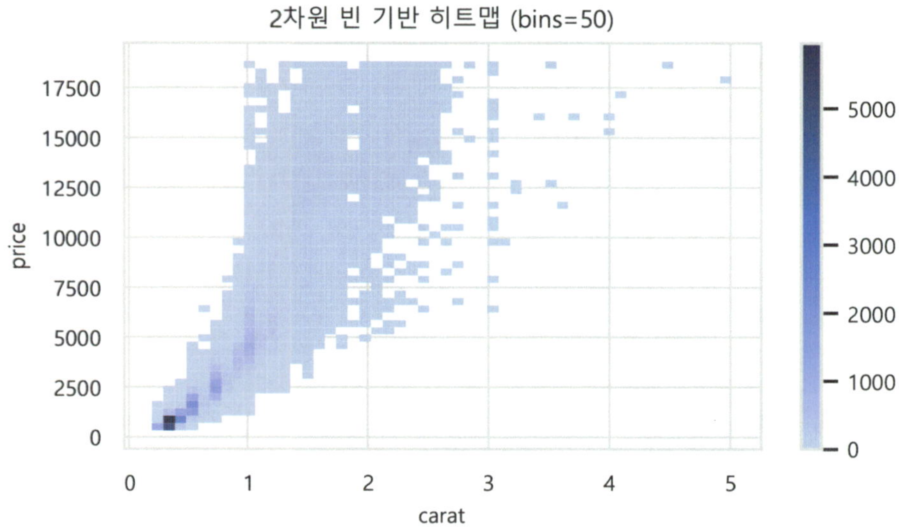

jitter와 투명도 적용의 경우와 비교할 때, 색이 진하게 표현된 과밀 영역을 보다 명확하게 확인할 수 있다. 이는 연속형 변수 간 산점도에서 과밀 중첩(overplotting)을 해결하는 효과적인 시각화 방법 중 하나이다. 이는 $(x, y$의 공간을 격자처럼 나누고, 각 격자(bin)에 포함된 데이터의 수를 계산하여 그 크기 또는 밀도에 따라 서로 다른 색상으로 표현해 준다. 다음은 2차원 빈 히트맵이 유용한 상황이다.

- 대용량 데이터의 중첩을 고려한 전체 구조를 파악하고자 하는 경우
- 데이터 밀도가 높은 특정 구간을 선별 또는 강조하고자 하는 경우
- 일반 산점도 보다 간결한 형태로 표현하고자 하는 경우

2차원 bin 기반 히스토그램(육각형) - cmaps = 'cividis' 적용

- cmap은 색상 맵(color map)을 지정한다. "_r"는색상 맵의 방향을 반전(reverse)하여 적용한다.

- norm은 색상값에 적용할 스케일링 방식을 지정한다. 기본은 선형 스케일이며, mcolors.LogNorm()을 지정하면 로그 스케일이 적용된다. 단, LogNorm()은 양수 데이터에만 적용된다.

```
import matplotlib.colors as mcolors
fig, axes = plt.subplots(1, 2)
hb1 = axes[0].hexbin( diamonds["carat"], diamonds["price"],        # 기본
                     gridsize=50, cmap="cividis_r")
axes[0].set_title("Hexbin (선형 스케일)")
axes[0].set_xlabel("carat")
axes[0].set_ylabel("price")
fig.colorbar(hb1, ax=axes[0], label="counts");

hb2 = axes[1].hexbin(diamonds["carat"], diamonds["price"],         # 로그 스케일
    gridsize=50, cmap="cividis_r",
    norm=mcolors.LogNorm())
axes[1].set_title("Hexbin (로그 스케일)")
axes[1].set_xlabel("carat")
axes[1].set_ylabel("price")
fig.colorbar(hb2, ax=axes[1], label="log(counts)");
plt.tight_layout()
plt.show()
```

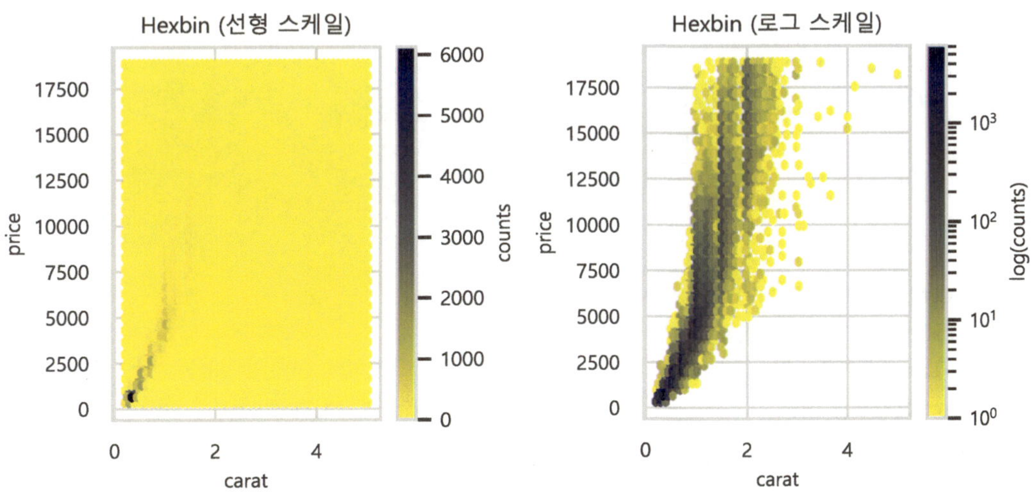

선형 스케일의 경우, 2차원 bin 기반 히스토그램(사각형)과 유사한 정보를 제공한다. 이는 밀도가 높은 구간을 제외하고는 명확하게 시각화하지 못한다. 이를 보완하기 위해 bin의 빈도를 로그 스케일(LogNorm)을 적용해 볼 수 있다. 로그 변환은 상대적으로 밀도가 낮은 영역에서도 그 차이를 표현할 수 있으므로 밀도가 높은 구간 이외에도 전체적인 분포 구조를 파악할 수 있다. hexbin()은 사각형 대신에 (x, y) 공간을 육각형 bin으로 나눈 후, 각 bin에 포함된 데이터의 수를 계산하여 그 크기 또는 밀도에 따라 서로 다른 색상으로 표현해 준다. 사각형 bin보다 시각적으로 더 부드럽고 균형 잡힌 패턴을 제공한다. 다음은 육각형 밀도 시각화가 유용한 상황이다.

- 대용량 데이터의 중첩을 고려한 전체 구조를 연속적인 형태로 파악하고자 하는 경우
- 데이터 밀도가 높은 특정 구간을 선별 또는 강조하고자 하는 경우
- 로그 스케일은 극단적으로 밀집된 구간과 희소한 구간을 동시에 표현하여 전체적인 구조를 강조하고자 하는 경우

LOWESS 기반 추세선 추가

```
plt.figure()
sns.regplot(
    data=diamonds,
    x="carat", y="price",
    scatter=True,
    lowess=True,
    scatter_kws={"color": "C0",                              # 점 스타일
                 "alpha": 0.5,
                 "s": 10
                 },                                          # 추세선 스타일
    line_kws={"color": "red",
              "linewidth": 1,
              "marker": ""
              }

)
plt.title("LOWESS 기반 추세선 시각화")
plt.xlabel("Carat")
plt.ylabel("Price")
plt.grid(True)
plt.tight_layout()
plt.show()
```

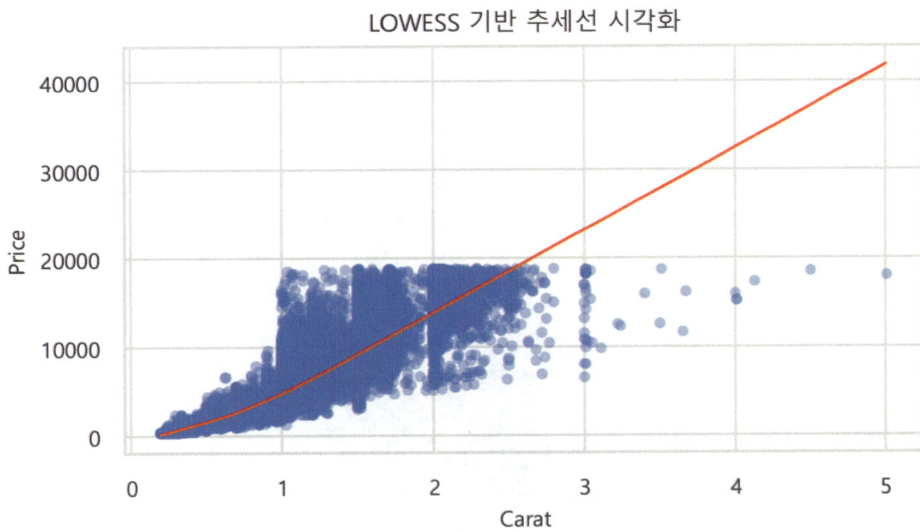

이는 두 연속형 변수 간의 관계를 부드럽게 추정할 수 있는 비모수 회귀 기법인 `LOWESS(Locally Weighted Scatterplot Smoothing)`을 산점도에 추가하여, 전체적인 추세를 파악하고자 할 때 적용된다. 이는 전체 데이터에 대한 하나의 직선/곡선을 적합하는 일반 회귀 적합과 달리 각 데이터 값 근처의 일부 데이터만을 사용하여 국소적인 선형 회귀를 적용하므로 데이터의 국소적인 구조 또는 비선형적 패턴을 효과적으로 탐색할 수 있다. LOWESS 기반 추세선이 유용한 상황은 다음과 같다.

- 두 연속형 변수 간의 대략적인 관계를 시각적으로 탐색하고자 하는 경우
- 국소적 변화 여부를 탐색하고자 하는 경우
- 명시적 모델링 없이 추세선을 확인하고자 하는 경우
- 단순 산점도에서 데이터의 패턴을 파악하기 어려울 때, 시각적 보완이 필요한 경우

관련된 범주형 변수 기준 추출 및 층화

(1) `cut = 'Ideal', color = 'D'`의 데이터 추출

```
diamonds_ID = diamonds[(diamonds['cut'] == "Ideal") & (diamonds['color'] == "D")]

plt.figure()
sns.scatterplot(data=diamonds_ID, x="carat", y="price",  s=50)
plt.title("Ideal=Cut, Color=D: Carat vs Price")
plt.xlabel("Carat")
```

```
plt.ylabel("Price")
plt.tight_layout()
plt.show()
```

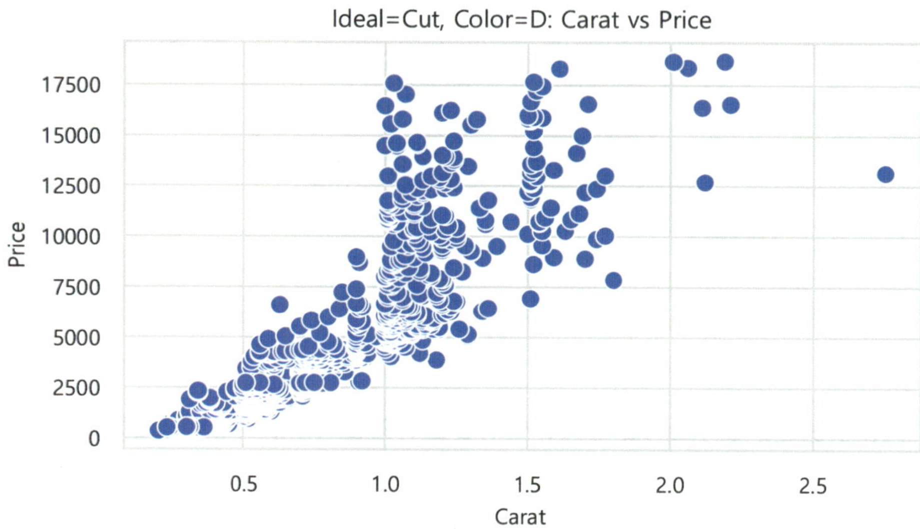

특정 조건(범주별 조합)으로 추출된 데이터의 산점도는 밀집 정도가 심하지 않아 다음과 같은 해석이 가능하다.

- 전반적으로 캐럿(carat)이 증가함에 따라 가격(price)도 비선형적으로 증가하는 경향을 갖는다. 즉, 캐럿이 클수록 가격이 가파르게 상승한다.
- 대부분의 점들은 0.25 ≥ carat ≥ 1.0 범위에 집중되어 있으며, 이 구간의 가격은 대체로 500 7500 사이이다.
- 캐럿이 1.0 이상인 다이아몬드의 개수는 적지만 가격은 급격히 증가하며, 일부는 15,000($)를 초과한다.

(2) clarity로 층화 - palette="bright" 적용[30]

```
plt.figure()
sns.scatterplot(
    data=diamonds_ID,
    x="carat",
    y="price",
    hue="clarity",                                          # 층화 기준
    s=50, alpha=0.5,
    palette="bright"
)
plt.title("Ideal=Cut, Color=D: [Clarity 별] Carat vs Price")
plt.xlabel("Carat")
plt.ylabel("Price")
plt.tight_layout()
plt.legend(title="Clarity", loc="upper left")
plt.show()
```

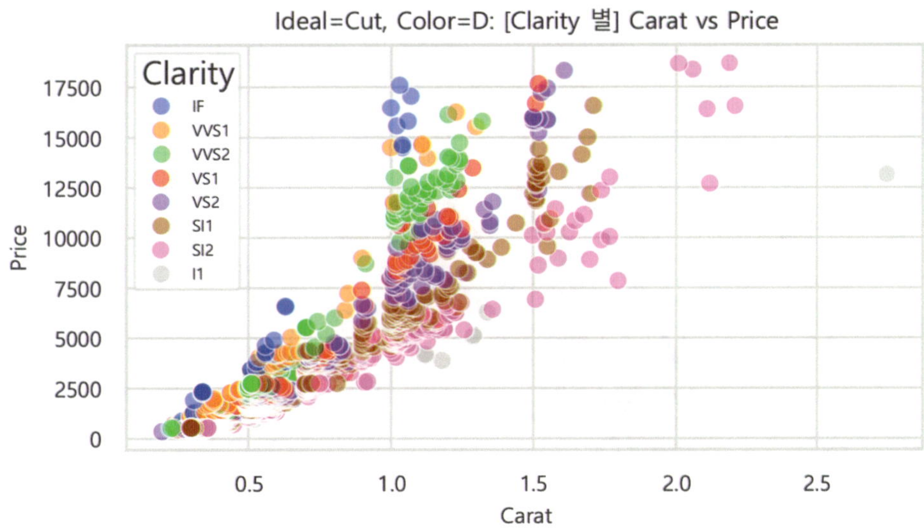

선택된 범주형 변수 clarity에 따라 일정한 군집이 존재하며, 이는 clarity가 산점도의 산포를 설명할 수 있음을 의미하며, 다음과 같은 추가 해석이 가능하다.

---

[30] clarity는 다이아몬드의 품질을 결정짓는 주요 요소 중 하나로, 다이아몬드 내부(inclusion) 또는 외부(blemish)의 결함 정도를 나타내는 등급이다. 최상급 IF를 기준으로 VVS1, VVS2, VS1, VS2, SI1, SI2, I1'의 순서로 등급이 낮아진다.

- clarity의 IF, VVS1, VVS2와 같은 고등급 clarity는 상대적으로 높은 가격대를 형성하고, SI2, I1 등 저등급 clarity는 동일 값을 갖는 캐럿에서도 가격이 낮거나 가격의 산포가 더 크다.
- 캐럿의 크기 약 1.0 ~ 1.2에서 clarity별 가격 차이가 가장 크게 나타난다. 캐럿이 큰 경우에는 수량이 적고, clarity에 따른 영향보다 무게 효과가 더 크다.

(3) clarity별로 회귀 적합 - palette="bright" 적용

```
plt.figure()
sns.lmplot(
    data=diamonds_ID,
    x="carat", y="price", hue="clarity",
    palette="bright",
    scatter_kws={"s": 20, "alpha": 0.4},
    line_kws={"linewidth": 1.0}
);
plt.tight_layout()
plt.show()
```

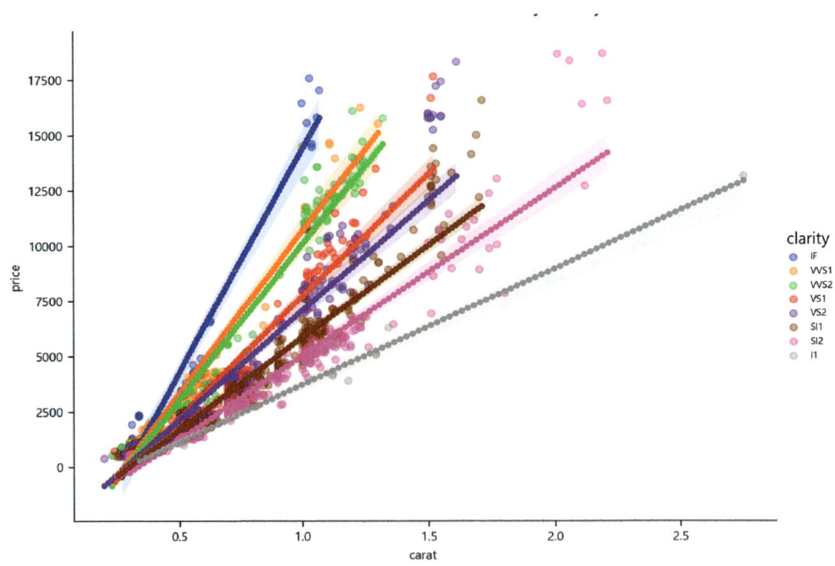

clarity별 선형 적합을 적용한 결과 직선의 추세가 적절하고, 절편은 비슷하지만, 기울기가 서로 명확히 구분된다. 이는 carat의 크기가 증가하면서 clarity별로 가격 증가 폭이 서로 상이함을 의미하고, 다음과 같은 추가 해석이 가능하다.

- IF, VVS1, VVS2 등급의 회귀선은 기울기가 크고 위쪽에 위치한다. 이는 동일한 carat 이라도 가격이 더 빠르게 상승함을 의미하며, carat이 증가할수록 가격의 증가폭도 더 커진다.
- 반면 SI2, I1 등급은 회귀선이 가장 아래에 위치하고, 기울기도 작다. 이는 가격 자체가 낮고, carat이 커지더라도 가격 상승이 완만함을 나타낸다.
- 동일한 carat에서 회귀선들 간의 간격은 clarity 등급에 따른 가격 프리미엄을 시각적으로 보여준다.
- 대부분의 clarity 등급은 선형 추세가 명확하며, 회귀선 주변의 신뢰 구간도 상대적으로 좁은 편이다. 이는 추세선에 의한 평균 가격 추정에 대한 불확실성이 크지 않음을 의미한다.

(4) clarity로 분리하여 탐색

```
g = sns.FacetGrid(diamonds_ID, col="clarity", col_wrap=2)
g.map_dataframe(sns.scatterplot, x="carat", y="price", s=50)
g.set_axis_labels("Carat", "Price")
g.set_titles(col_template="{col_name}")  # clarity 값이 부분 그림의 제목에 표시
plt.subplots_adjust(top=0.9)
g.fig.suptitle("[Clarity 범주별] Ideal=Cut, Color=D: Carat vs Price");
plt.show()
```

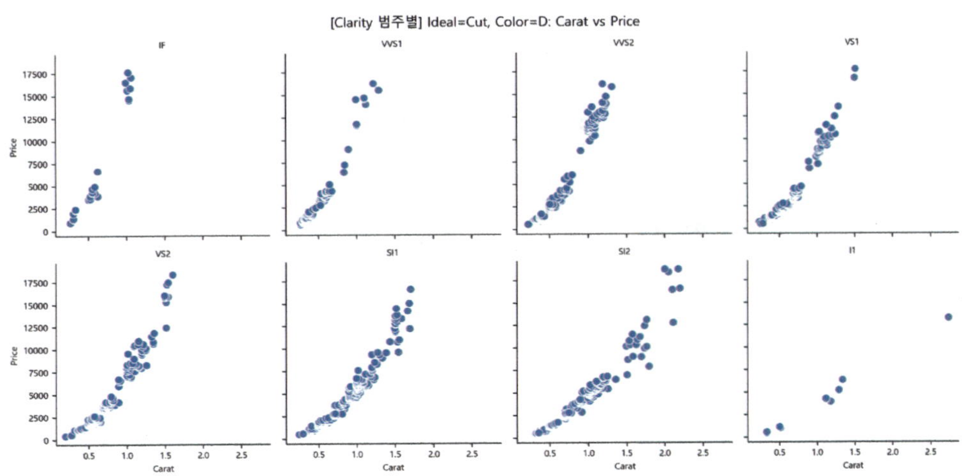

이러한 방법을 통하여 산점도의 고밀 현상을 해석할 수 있다면, 나머지 범주형 변수들에도 순차적으로 적용해 가며, 데이터의 구조와 특징을 탐색할 수 있다.

8.3.6 쌍별 산점도와 결합 분포도 pairplot and jointplot

pairplot()은 주어진 데이터에서 연속형(또는 숫자형) 변수들의 행과 열 기준으로 쌍별 산점도를 제공하는 플롯으로 다변량 데이터 분석을 위한 기초 탐색에 유용하다. 행과 열이 동일한 대각 요소에는 각 변수 별 분포 정보를 제공한다.

쌍별 산점도(pairplot)에서 관찰 가능한 정보

- 3개 이상의 다변량 연속형 변수 간 쌍별 관계를 동시에 시각화하여 산점도 형태, 분포 형태, 상관 방향 등의 비교 및 탐색
- 다차원적 군집 구조, 경향선, 이상값 등을 탐색
- 추가적인 범주형 변수에 따라 그룹 별 비교 및 탐색

기본 쌍별 산점도

diag_kind에서 대각선에 그릴 플롯 종류 - auto, hist, kde를 지정한다.

- diag_kws에서 bw_adjust를 이용하여 평활도를 지정할 수 있다.

```
g1 = sns.pairplot(tips, diag_kind = 'kde', diag_kws={'bw_adjust': 1.5})
g1.fig.suptitle("기본 쌍별 산점도", y=1.02)
plt.show()
```

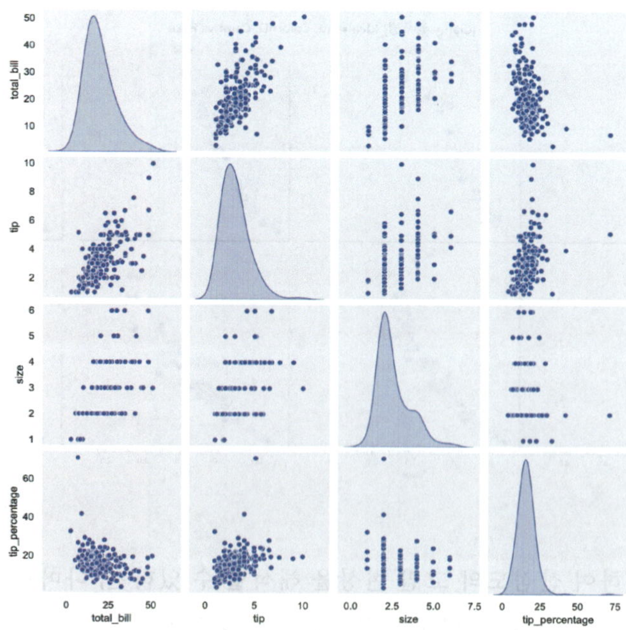

층화 쌍별 산점도 - palette='dark' 적용

```
tips = sns.load_dataset('tips')
g2 = sns.pairplot(tips, diag_kind = 'kde',diag_kws={'bw_adjust': 1.5},
                  hue='sex',                                    # 층화 변수 지정
                  palette='dark'
                 )
g2.fig.suptitle("성별에 따른 변수 간 관계", y=1.02)
plt.show()
```

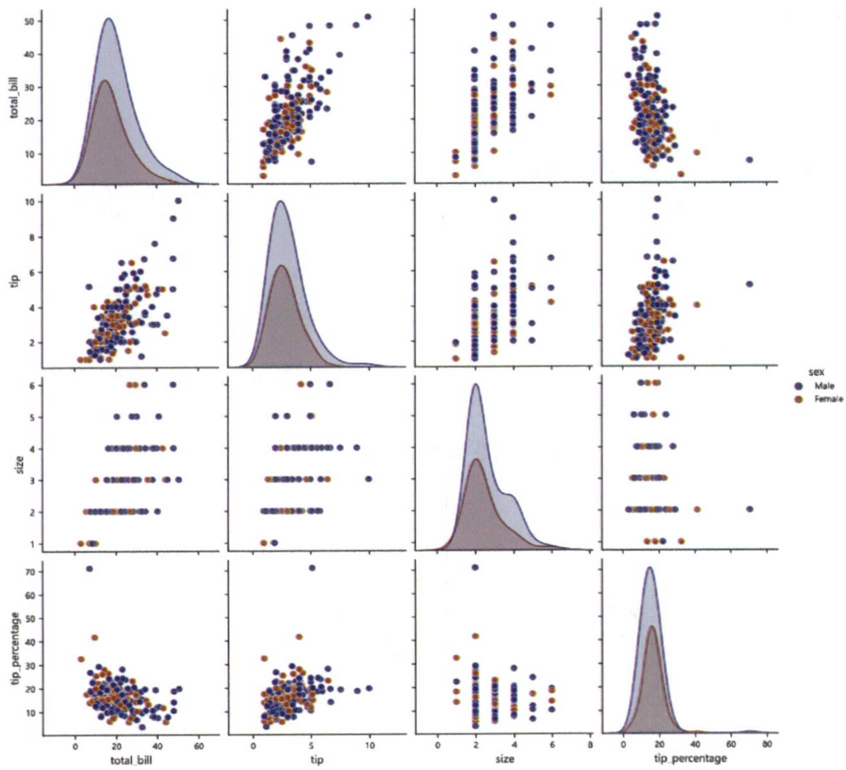

tips에서 고려된 모든 수치형 변수들간의 관계를 sex 변수로 층화한 결과에서는 전반적으로 뚜렷한 군집을 보이지 않지만, 분포의 형태와 변동성은 서로 차이를 보인다. 이에 대한 탐색 결과는 다음과 같다.

- 대각선의 밀도곡선에서 남성(Male)은 대부분 변수에서 여성보다 양의 왜도를 갖는다. 이는 남성이 더 높은 총지불금액, 팁을 제공하는 경향이 있음을 의미한다.

- (total_bill, tip) 산점도에서 양의 상관관계가 명확하며, 특별한 군집은 관찰되지 않으며, 두 성별 모두 비슷한 경향을 보임을 확인할 수 있다.
- (tip, tip_percentage)에서는 특별한 경향성을 확인할 수 없으며, 일부 큰 이상점이 존재함을 확인할 수 있다.
- size 변수는 이산형이므로 특정 경향성을 확인 할 수 없고, 주로 2 ∼ 4에 밀집되어 있다.

전체 변수들을 이용한 탐색 결과에 기반하여 중요 변수만을 선택하여 재적용 할 수 있다.

변수 선택 후 층화 쌍별 산점도 - palette='Set1' 적용

vars은 시각화할 변수 목록을 리스트로 지정할 수 있다.

```
g2 = sns.pairplot(
    tips,
    vars=['total_bill', 'tip'],                         # 시각화할 변수 지정
    diag_kind='kde',
    diag_kws={'bw_adjust': 1.5},
    hue='sex',
    palette='Set1'
)
g2.fig.suptitle("성별에 따른 선택 변수 간 관계", y=1.02)
plt.show()
```

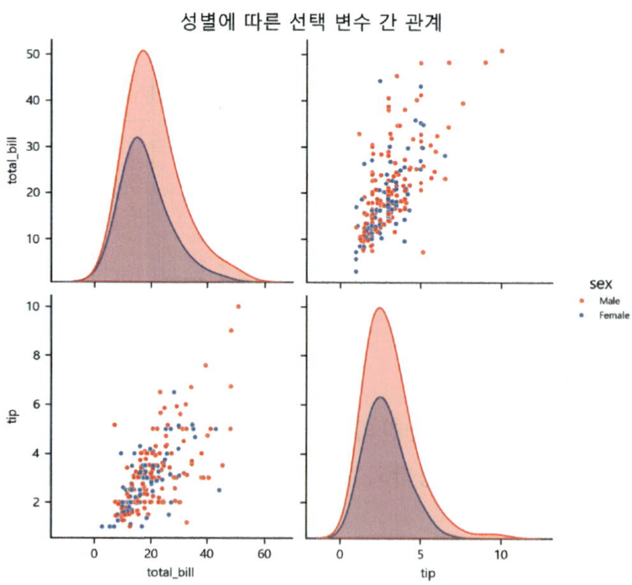

결합 분포도(jointplot())은 두 개의 변수간의 관계와 이에 기여한 개별 변수의 분포를 동시에 탐색할 수 있는 도구이다. 기본적으로 두 변수간의 관계는 scatterplot 그리고 각 개별 변수의 분포는 histplot을 통해 제공한다. 따라서, 이는 기본적으로 세 개의 요소로 구성된다.

- [중앙] 두 변수의 결합 관계를 나타내는 산점도 또는 회귀선 등을 도시
- [상단] 가로 축에 지정된 변수의 단변량 분포의 구조
- [오른쪽] 세로 축에 지정된 변수의 단변량 분포의 구조

결합 분포도(jointplot)에서 관찰 가능한 정보

- 두 변수 간의 선형성, 비선형성 등의 관계
- 두 변수의 관계에서의 집중 영역
- 각 변수의 개별적인 분포 형태 및 산포
- 범주형 변수로 그룹화한 경우 범주 간의 비교
- 두 변수의 동시 영역에서 이상값(outlier) 또는 군집(cluster) 여부

기본 결합 분포도

```
sns.jointplot(data=tips, x='total_bill', y='tip', kind='scatter')
```

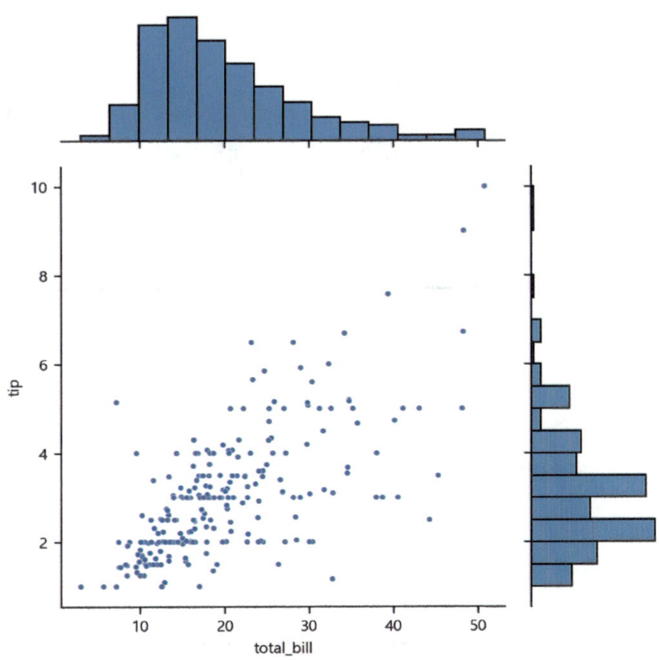

결합 분포도의 응용

kind 옵션을 활용하면 관계를 다양하게 표현할 수 있다.

- scatter, kde, hist, hex, reg, resid 등을 지정할 수 있다.([그림 8.8] 참조)
- 개별 변수 분포는 기본적으로 kde, hist 또는 이들의 조합으로 자동 설정된다.
- hue 옵션은 kde, hist, resid와 같은 일부 옵션에만 지정 가능하다.

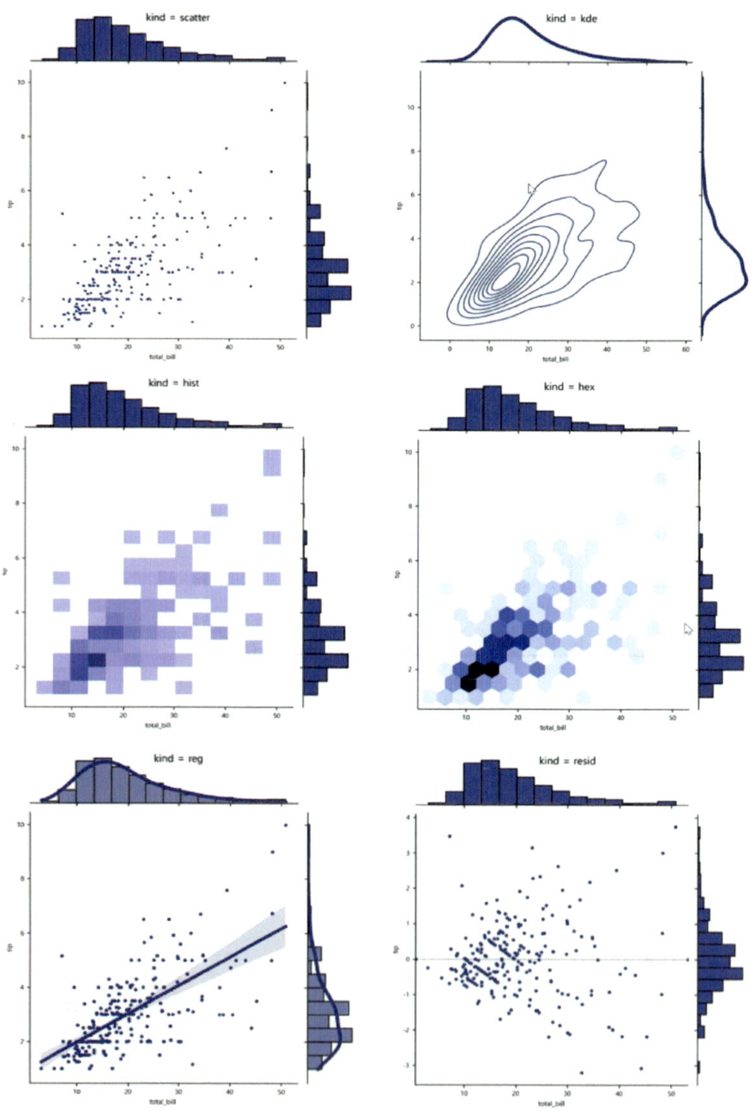

그림 8.8: jointplot의 kind의 옵션 결과(예)

✿ 범주형 변수에 의한 층화

```
g = sns.jointplot(
    data=tips,
    x='total_bill', y='tip',
    hue='day',                              # 그룹 색상 지정
    kind='scatter',                         # 산점도
    palette='Set2'                         # 색상 팔레트 지정 (선택)
)
plt.show()
```

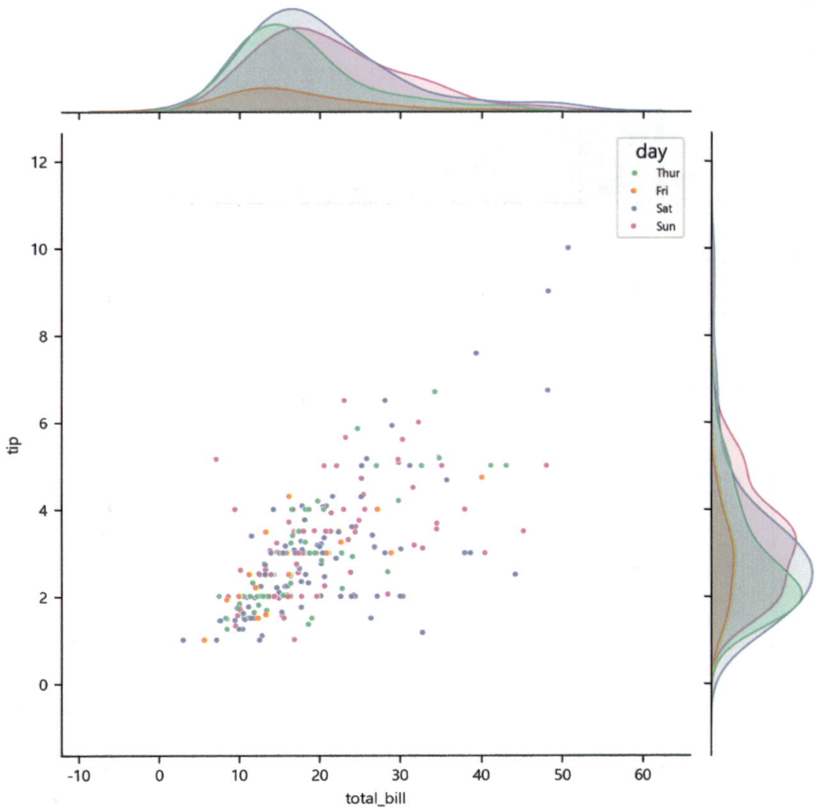

범주형 변수에 따른 구분은 hue를 통해 지정할 수 있다. 만일 사전에 작성된 다양한 산점도를 결합분포도에 반영하고 싶다면, 다음과 같이 joint_plot()을 이용하여 중앙의 관계 산점도를 대체할 수 있다.

층화 주변 분포도의 응용

```
g = sns.jointplot(data=tips, x='total_bill', y='tip', kind='scatter')
g.plot_joint(sns.scatterplot,
             hue=tips['day'],
             style=tips['time'],
             size=tips['size'], sizes=(20, 200),
             alpha=0.7
             )
plt.show()
```

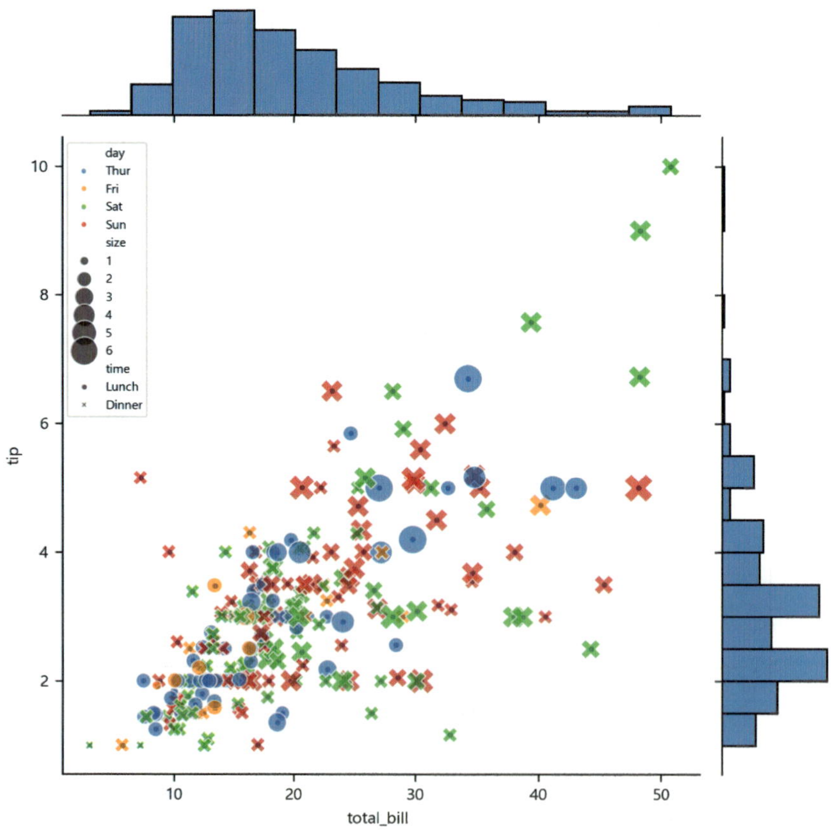

8.3.7 히트맵 heatmap

히트맵(heatmap())은 서로 다른 두 개의 범주형 변수의 조합마다 대응되는 값 또는 요약값을 색상으로 시각화한 격자(tile) 형태의 플롯이다. 이는 시각적 직관성과 범주 간 비교 용이하게 하는 도구이며, 다음의 데이터 구조에 적용된다.

- 제 1 범주형 변수: x축에 위치하며, 가로 방향 범주를 정의
- 제 2 범주형 변수: y축에 위치하며, 세로 방향 범주를 정의
- 수치형 변수: 각 범주 조합에 대응되는 값으로, 색상 강도로 표현됨

히트맵에서 관찰 가능한 정보

- 범주 조합간의 값/요약값의 비교 및 우선 순위 파악
- 순서형 범주의 경우, 특정 행 또는 열 방향으로의 경향성 탐색
- 데이터의 불균형, 대칭성, 이상값 등의 탐색
- 수치 정보를 색상 위에 표기하여 정량적 정보 통합 탐색

기본 히트맵 - cmap="viridis" 적용

heatmap() 함수는 다음의 인자를 통해 표현된다.

- 일반적으로 pivot_table이나 2차원 배열 또는 데이터프레임에 적용된다.
- annot=True는 각 셀에 수치 값을 표시하며, fmt 인자를 통해 표시 형식을 지정할 수 있다. (예: fmt=".1f"는 소수점 한 자리로 표시)
- cmap은 색상맵을 지정한다.

```
pivot_table = tips.pivot_table(values='tip',          # 집계 대상
                               index='day',           # 행 기준
                               columns='time',        # 열 기준
                               aggfunc='mean'         # 집계 함수
                              )

plt.figure()
sns.heatmap(pivot_table,              # 2차원 형태의 데이터프레임 입력
            annot=True,               # 셀 안에 수치 값 표시
            fmt=".2f",                # 소수점 둘째 자리까지
            cmap="viridis_r"          # viridis의 역순
            )
plt.title('[day, time] 평균 팁 금액')
```

```
plt.tight_layout()
plt.show()
```

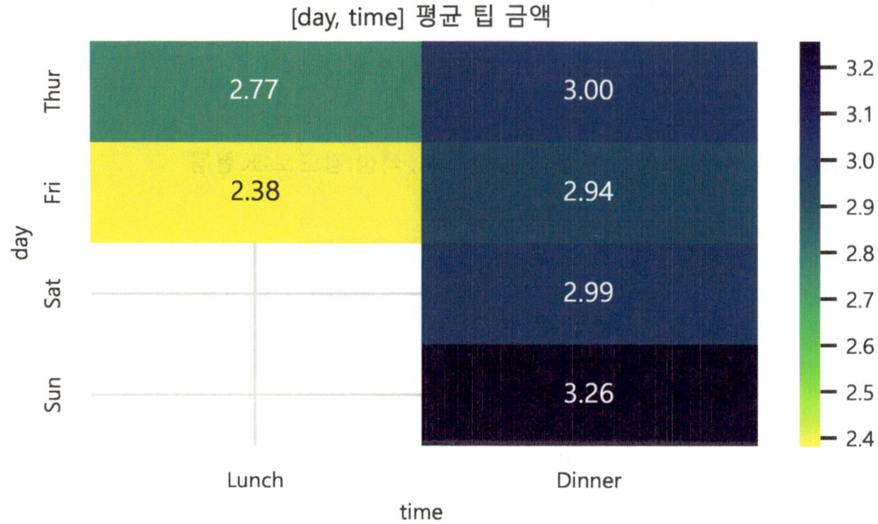

✿ 히트맵의 응용 - 상관 행렬의 표현 - cmap='coolwarm' 적용

- 연속형 변수들 간의 상관 계수를 사전에 계산하여 적용할 수 있다.
- vmin과 vmax를 이용하여 색상 표현 범위를 지정할 수 있다.

```
corr = tips[['total_bill', 'tip', 'size']].corr()              # 상관관계 계산
plt.figure()
sns.heatmap(corr, annot=True, cmap='coolwarm', vmin=-1, vmax=1)
plt.title('[Tips] 상관 계수 히트맵')
plt.tight_layout()
plt.show()
```

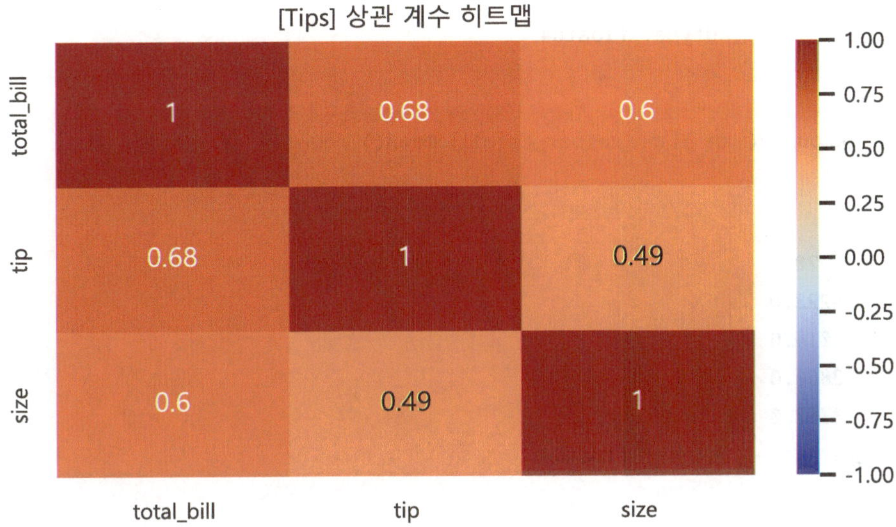

연산에 의한 통계량 적용[31]

diamonds 데이터에서 cut과 color에 따라 carat당 평균 가격을 비교

- carat 당 평균 가격 $= \frac{1}{n}\sum_{i=1}^{n}\left(\frac{\text{price}_i}{\text{carat}_i}\right), \quad i = 1, 2, \ldots, n$
- carat 당 가격의 중앙값 $= \text{median}\left(\frac{\text{price}_1}{\text{carat}_1}, \ldots, \frac{\text{price}_n}{\text{carat}_n}\right)$
- $\text{IQR} = Q_3 - Q_1$ 여기서 Q_1, Q_3는 $\left(\frac{\text{price}_i}{\text{carat}_i}\right)$의 제 1, 3 사분위수

```
diamonds = sns.load_dataset("diamonds")

                                                    # caret 당 가격 계산
diamonds['price_per_carat'] = diamonds['price'] / diamonds['carat']

diamonds['price_per_carat'].describe()              # 데이터 검토
```

```
count    53940.000000
mean      4008.394796
std       2012.665747
min       1051.162791
25%       2477.944444
50%       3495.198031
75%       4949.599702
```

[31] 다이아몬드 color는 최고 등급이 D이며 E, F, G, H, I, J 순으로 낮은 등급으로 분류된다.

```
max        17828.846154
Name: price_per_carat, dtype: float64
```

```
diamonds.groupby('cut')['price_per_carat'].mean().round(0) # 숫자 단순화
```

```
cut
Ideal        3920.0
Premium      4223.0
Very Good    4014.0
Good         3860.0
Fair         3767.0
Name: price_per_carat, dtype: float64
```

```
pivot_ppc = diamonds.pivot_table(
    values='price_per_carat',
    index='cut',
    columns='color',
    aggfunc='mean'                               # 연산 함수 지정
)
                                                 # 히트맵 작성
plt.figure()
sns.heatmap(
    pivot_ppc,                  # 2차원 데이터프레임
    annot=True,                 # 각 셀 안에 숫자 표시
    fmt=".0f",                  # 숫자의 표기 형식
    annot_kws={"size": 8},      # 셀 내 숫자 폰트 크기
    cmap="Blues",               # 색상 맵 지정
    linewidths=0.5              # 셀 경계선의 두께
)
plt.title("[Cut, Color]에 따른 Carat당 평균 가격")
plt.ylabel("Cut")
plt.xlabel("Color")
plt.tight_layout()
plt.show()
```

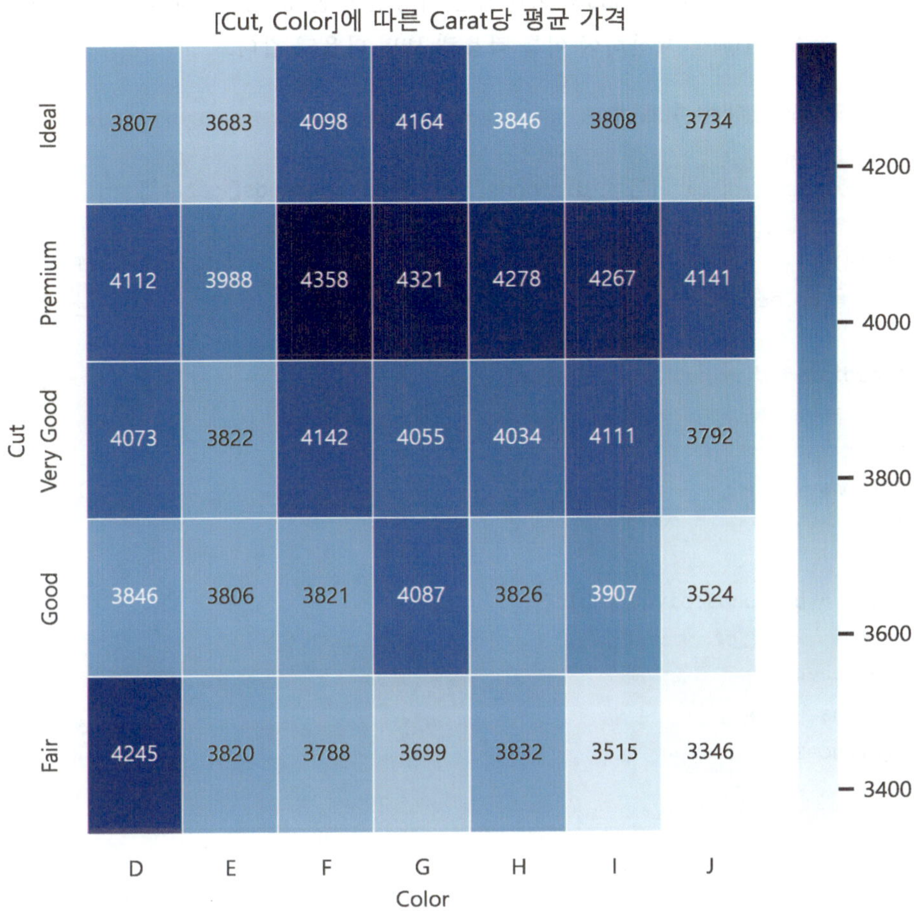

히트맵에 표시된 정보로 부터 다음과 같은 내용을 탐색할 수 있다.

- `Premium` 컷은 대부분의 색상에서 carat당 가격이 가장 높다.
- `Fair` 컷은 전반적으로 가장 낮은 가격을 보이며, 특히 `Color J`에서 최저 가격이다.
- `Color F, G, H` 구간은 다양한 컷에서 상대적으로 높은 가격을 형성한다.
- `Color D`는 최고 등급이지만, 가격이 항상 가장 높지는 않다.
- Cut과 Color의 조합에 따라 carat당 평균 가격이 달라지며, **단일 변수만으로는 설명되지 않는다.**

다양한 시각화 탐색에서 diamonds 데이터에는 이상점이 존재하였다. 따라서, 평균 보다 이상점에 둔감한 중앙값과 IQR을 계산하여 이를 적용해 보면 다음과 같다.

중앙값과 IQR에 대한 히트맵

```
diamonds['price_per_carat'] = diamonds['price'] / diamonds['carat']

def iqr(x):                                          # 사용자 정의 IQR 함수
    return np.percentile(x, 75) - np.percentile(x, 25)

pivot_median = diamonds.pivot_table(                 # 조합 별 중앙값 계산
    values='price_per_carat',
    index='cut',
    columns='color',
    aggfunc='median'
)
pivot_iqr = diamonds.pivot_table(                    # 조합 별 IQR 계산
    values='price_per_carat',
    index='cut',
    columns='color',
    aggfunc=iqr
)

fig, axes = plt.subplots(2, 1)
# 중앙값 히트맵
sns.heatmap(pivot_median, annot=True,
            fmt=".0f",annot_kws={"size": 8},
            cmap="YlGnBu", ax=axes[0]
            )
axes[0].set_title("Carat당 가격의 중앙값(Median)")
# IQR 히트맵
sns.heatmap(pivot_iqr, annot=True,
            fmt=".0f", annot_kws={"size": 8},
            cmap="YlOrBr", ax=axes[1]
            )
axes[1].set_title("Carat당 가격의 IQR(사분위 범위)")
plt.tight_layout()
plt.show()
```

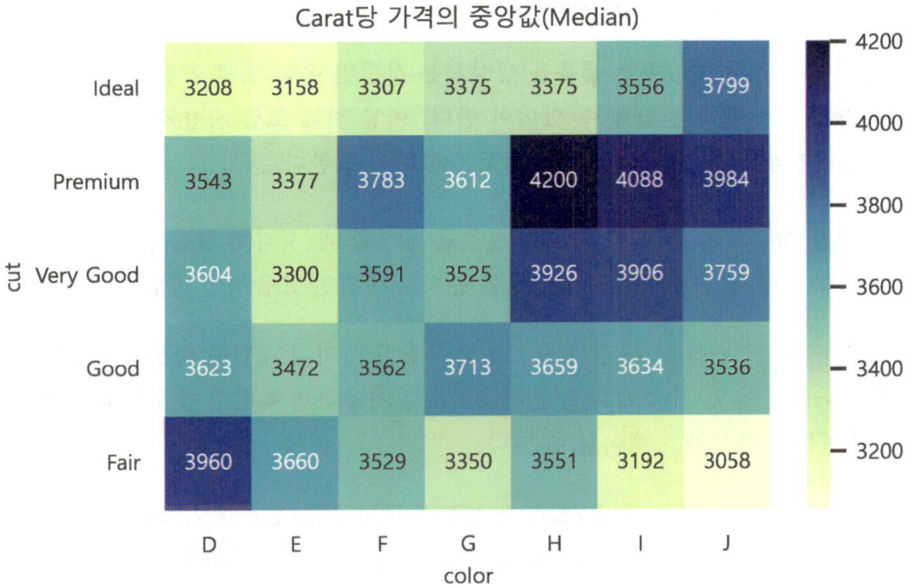

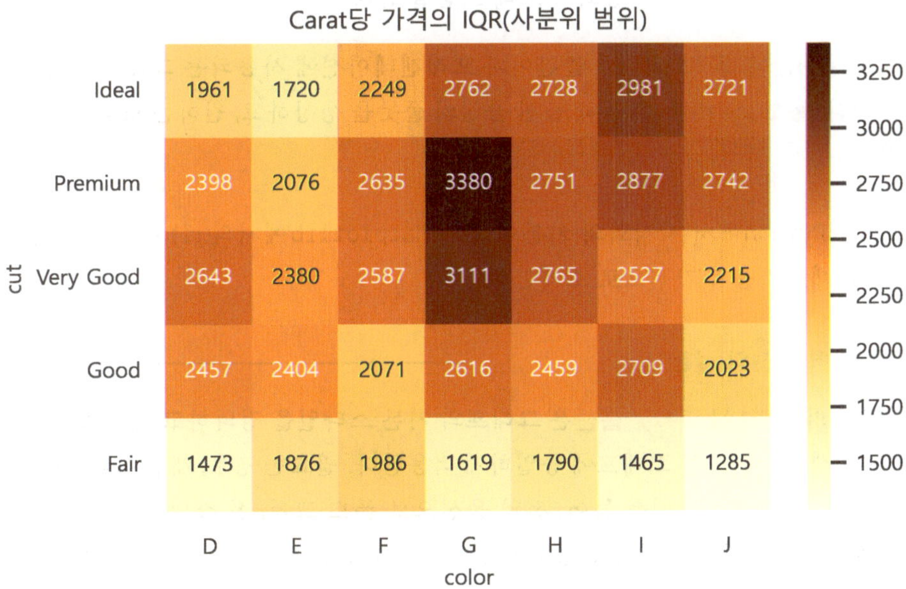

여기서, 중앙값이 높고 IQR도 큰 조합은 높은 가격과 가격 변동성이 큰 다이아몬드이고(예: Premium-H, Very Good-G), 중앙값이 낮고 IQR도 작은 조합은 안정적으로 낮은 가격이 유지되는 다이아몬드이다(예: Fair-J, Ideal-E). 만일 중앙값이 높고 IQR이 작은 조합은 높은 가격이 유지되는 다이어몬드라고 할 수 있다(예: Fair-D).

□

8.4 [참고] 시각화를 위한 고급 설정

데이터 분석 과정에서 시각화는 플롯을 생성하는 것뿐만 아니라, 복잡한 데이터 패턴과 데이터로 부터의 통찰을 명확히 전달할 수 있어야 한다. 이를 위해 고급 사용자들은 다양한 시각적 요구를 충족시키기 위해 다음을 위한 고급 설정을 고려해야 한다.

1) 일관된 시각화 스타일 유지: 여러 개의 플롯을 생성할 때, 시각적 일관성은 비교를 용이하게 한다. 전역 옵션 설정은 이러한 일관성을 유지하기 위한 효율적인 방법을 제공한다.

2) 복잡한 시각화 요구 충족: 단순환 플롯으로 복잡한 데이터 패턴을 충분히 표현하기에는 여러 가지 어려움이 있다. 객체 지향 인터페이스를 사용하면 복잡한 플롯과 다중 서브플롯을 보다 유연하게 생성하고 제어할 수 있다.

3) 재사용 가능한 코드 작성: 함수/클래스 설정과 객체 지향 인터페이스를 사용하면, 복잡한 시각화 작업을 재사용 가능한 코드로 작성할 수 있다. 이는 유지보수와 확장성을 높여주며, 반복적인 시각화 작업을 자동화하는 데 도움을 준다.

4) 고품질의 출판용 플롯의 생성: 출판이나 프레젠테이션에 사용되는 그래프는 높은 품질을 요구한다. 플롯 스타일링을 통해 출판 품질의 플롯을 생성하고, 원하는 형식으로 저장할 수 있다.

이 장에서는 Python에서 시각화의 기본이 되는 Matplotlib에서의 (1) 전역 옵션 설정과 (2) 플롯 생성 인터페이스을 추가적으로 소개한다.

플롯 전역 옵션의 설정

Matplotlib의 전역(global) 옵션은 그래프의 기본 스타일을 정의하고, 별도로 옵션을 재정의하지 않는 한 생성되는 모든 그래프에 동일하게 적용된다. 필요한 경우, 개별 그래프에서 설정을 재정의하여 실행할 수 있다. 예를 들어, 전역 옵션으로 폰트 크기, 선 스타일, 색상 등을 설정한 후, 특정 그래프에서 이러한 설정을 변경하여 원하는 스타일을 적용할 수 있다. Matplotlib에서 일반적으로 사용되는 전역 옵션은 다음과 같다.

자주 사용되는 전역 옵션과 지정 값

- `plt.rc()`는 그래프 스타일과 작동 방법에 대한 전역 옵션을 설정한다[32].
  - `plt.rcParams.update()`에 딕셔너리 형태로 여러 설정을 한번에 정의할 수 있다.

[32] rc()는 resource configuration의 약자이다.

표 8.10: matplotlib 시각화 스타일 옵션

옵션	설명	지정 값
figure.figsize	기본 크기 (inch)	(width, height)
figure.dpi	해상도 (dots per inch)	Integer
axes.labelsize	축 레이블의 글꼴 크기	Font size
axes.titlesize	축 제목의 글꼴 크기	Font size
axes.linewidth	축의 선 두께	Float
xtick.labelsize	x축 눈금의 글꼴 크기	Font size
ytick.labelsize	y축 눈금의 글꼴 크기	Font size
xtick.direction	x축 눈금의 방향	in, out, inout
ytick.direction	y축 눈금의 방향	in, out, inout
lines.linewidth	선의 기본 두께	Float
lines.linestyle	선의 기본 스타일	-, --, - .
lines.marker	마커의 기본 스타일	o, s, v 등
font.family	기본 글꼴 패밀리	Malgun Gothic 등
font.size	기본 글꼴 크기	Font size
legend.fontsize	범례의 글꼴 크기	Font size
legend.loc	범례의 위치	best, upper right 등

```
# 전역 옵션 설정(예)
plt.rcParams.update({
    'figure.figsize': (6, 4),
    'figure.dpi': 300,
    'axes.titlesize': 12,
    'axes.labelsize': 10,
    'xtick.labelsize': 8,
    'ytick.labelsize': 8,
    'lines.linewidth': 1,
    'lines.linestyle': '-',
    'lines.marker': 'o',
    'font.size': 10,
    'legend.fontsize': 8,
    'legend.loc': 'best',
```

```
    'axes.unicode_minus': False         # 유니코드 음수 설정
})
```

Matplotlib의 전역 옵션은 설정 후 파일로 저장할 수 있으며, 필요할 때 불러와 재사용하는 것도 가능하다. 이를 활용하면 목적에 따라 여러 개의 설정 파일을 만들어 놓고, 용도에 맞게 불러서 적용함으로써 보다 일관된 그래픽 작업을 효율적으로 수행할 수 있다. 이에 대한 자세한 내용은 다음을 참조하기 바란다.

- Matplotlib 공식 문서 — Customizing matplotlib with style sheets and rcParams https://matplotlib.org/stable/users/explain/customizing.html (https://matplotlib.org/stable/users/explain/customizing.html)

참고 문헌

Anaconda, Inc. 2024. "Anaconda Software Distribution." https://www.anaconda.com/.

Burn, D. A. 1993. *Designing Effective Statistical Graphs.*

Friendly, M. 2008. *A Brief History of Data Visualization.* Springer.

Friendly, Michael. 2022. "Remembrances of Things EDA." *Journal of the Data Visualization Society Nightingale.* https://nightingaledvs.com/remembrances-of-things-eda/.

Friendly, M., and D. Meyer. 2015. *Discrete Data Analysis with r: Visualization and Modeling Techniques for Categorical and Count Data.* CRC Press.

Hoaglin, D. C., F. Mosteller, and J. W. Tukey. 1983. *Understanding Robust and Exploratory Data Anlysis.* Probability and Mathematical Statistics. Wiley–series.

———. 2011. *Exploring Data Tables, Trends, and Shapes.* John Wiley; Sons.

Jerison, Harry J. 1973. *Evolution of the Brain and Intelligence.* New York: Academic Press.

Mallows, C. L., and J. W. Tukey. 1982. "An Overview of Techniques of Data Analysis, Emphasizing Its Exploratory Aspects." *Some Recent Advances in Statistics* 33: 111–72.

Mosteller, F., and J. W. Tukey. 1977. *Data Analysis and Regression.* Behavioral Science: Quantitative Methods. Addison–Wesley.

Pearson, K. 1895. "Contributions to the Mathematical Theory of Evolution. II. Skew Variation in Homogeneous Material." *Philosophical Transactions of the Royal Society A: Mathematical, Physical and Engineering Sciences* 186: 343–414.

Project Jupyter. 2025. "JupyterLab: The Next-Generation Web-Based User Interface for Project Jupyter." https://jupyter.org/.

Rossum, Guido van, and Jelke de Boer. 1991. “Interactively Testing Remote Servers Using the Python Programming Language.” *CWI Quarterly* 4 (4): 283–303.

Rossum, Guido van, and Jr. Fred L. Drake. 2009. *Python 3 Reference Manual.* USA: Python Software Foundation.

Tufte, Edward R. 1990. *Envisioning Information.* Cheshire, Connecticut: Graphics Press.

Velleman, P., and D. Hoaglin. 2004. *The ABC's of EDA: Applications. Basics.* Duxbury Press.

Wheelwright, S., S. Makridakis, and R. J. Hyndman. 1998. *Forecasting: Methods and Applications.* Third. Wiley.

고승곤. 2014. 원리와 실무 중심의 통계적 사고 방법. 교우사.

———. 2020. 프로젝트 기반의 통계적 문제 해결. 교우사.

허명회. 2012. *R*을 활용한 탐색적 자료분석[개정판]. 자유아카데미.

A Python의 소개

`Python`은 1980년대 후반 네덜란드의 `Guido van Rossum`이 개발하였고, 1969년 부터 1974년까지 방영된 영국 코미디 드라마인 “Monty Python’s Flying Circus”의 제목으로 부터 그 이름이 유래되었다[1]. 이러한 언어명의 유래는 개발자가 프로그래밍을 재미있고 접근 가능하게 만들고자 했던 철학을 반영하는 것이라고 한다(Rossum and Boer 1991)[2]. 현재는 비영리 단체인 파이션 소프트웨어 재단(<http://www.python.org>)이 `Python`언어와 그 인터프리터의 개발을 지원하고 있으며, 관련 문서와 자료를 무료로 배포하고 있다(Rossum and Fred L. Drake 2009)[3].

파이썬(Python)[4]

- 무료(free)로 배포된다.
- 범용 그리고 고급 언어이며, 인터프리터 방식으로 작동한다.
- 웹 개발, 자동화, 인공 지능 등의 광범위한 영역의 다양한 소프트웨어 개발 작업에서 유용한 언어이다.
- 다양한 라이브러리(`libraries`)를 통한 확장력있는 프레임워크를 제공한다.
- 최근 가장 빨리 성장하고 있는 프로그래밍 도구 중의 하나이다.

`Python`은 그 유연성과 확장성 덕분에 소프트웨어 개발의 다양한 영역에서 중요한 도구로 자리 잡고 있으며, 활용 분야는 지속적으로 증가하는 추세이다.

[1] “Monty Python’s Flying Circus”을 “Monty Python” 또는 “Python”으로 줄여서 불렀다고 한다.

[2] Guido van Rossum and Jelke de Boer. Interactively Testing Remote Servers Using the Python Programming Language. CWI Quarterly, vol. 4, no. 4 (December 1991), pp. 283–303. Amsterdam.

[3] Van Rossum, G., & Drake, F. L., Jr. (2009). Python 3 reference manual. Python Software Foundation.

[4] R의 경우, 통계 분석, 데이터 시각화, 머신 러닝 등 데이터 과학과 관련된 분야에서 장점이 많은 관계로 데이터 과학을 위한 도메인 특화 언어로 분류하는 경우도 있다.

Python의 장점은 다음과 같다.

1) 크로스 플랫폼(cross platform) 언어이며 독립적인 실행 환경을 제공한다. 윈도우즈(Windows), 리눅스(Linux), 맥(Mac)OS의 다양한 운영 체제를 지원하므로 개발자가 운영 체제에 구애받지 않고 원하는 어플리케이션을 개발할 수 있으며, 하나의 운영 체제에서 작성된 프로그램을 다른 운영 체제에서 수정없이 실행할 수 있다.

2) 객체 지향적(object-oriented) 언어이다. 이러한 접근 방식은 프로그램의 모듈(module)화를 가능하게 하고, 코드 재활용과 유지 보수의 용이성을 향상시킨다.

3) 분석과 개발을 위한 추가 패키지(package)를 제공한다. PyPI(Python Package Index)를 통해 각각 수천 개의 추가 패키지를 제공한다. 이를 이용하여, 데이터 분석, 시각화, 머신러닝 등의 다양한 목적의 작업을 쉽고 빠르게 구현할 수 있다.

4) 전세계적으로 활성화된 고유의 개방된 커뮤니티가 존재한다. 이는 다양하고 유용한 방법으로 개발 문제 해결, 새로운 패키지 개발, 교육 자료 제공 등을 지원한다.

5) 사용이 편리한 통합 개발 환경과 도구가 존재한다. Jupyter Notebook, PyCharm, RStudio 등은 **Python**개발자들이 코드를 작성, 테스트 및 디버깅하는데 유용한 다양한 통합 개발 환경을 제공한다.

A.1 파이썬의 설치 Installing Python

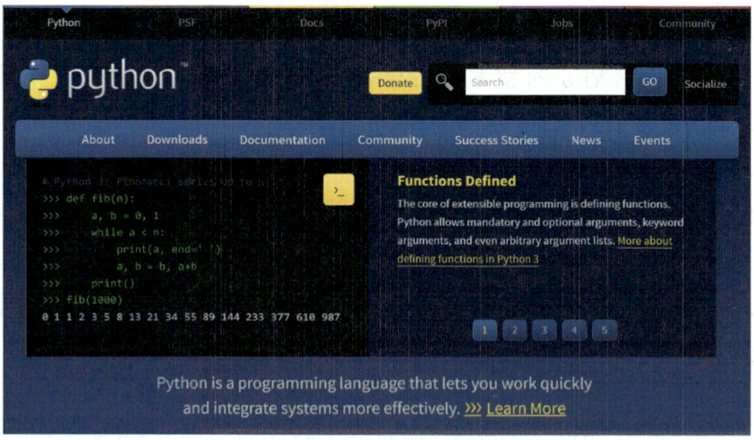

<https://www.python.org/>

일반적으로 **Python**언어를 설치하고 실행 환경을 구성하는 방법에는 (1) Python 공식 배포판과 (2) Anaconda 통합 플랫폼 사용이 있다. 초보자의 경우에는 Python 공식 배포판을 권장한다.

A.1.1 파이썬 공식 배포판 Official Python Distribution

Python공식 배포판을 사용하면 데이터 분석이나 경량 개발 환경에 필요한 구성 요소만 선택적으로 설치할 수 있다. 이 방법은 필요한 요소를 하나씩 이해하며 확장할 수 있고, 동시에 시스템 자원을 효율적으로 활용할 수 있다는 장점이 있다. 단, pip를 이용해 필요한 패키지를 선택하여 사용자가 직접 설치해야 한다[5]. 여기서 pip란 Python패키지 관리 도구로서, 원하는 패키지를 설치하거나 제거할 때 사용된다. 이 명령은 반드시 명령 프롬프트(cmd 콘솔)에서 실행해야 한다[6].

Python설치

- https://www.python.org/downloads/ 에서 원하는 버전의 Python설치 파일 다운로드
- 설치 시 Add Python to PATH 옵션을 반드시 체크
- 가상환경 생성: 최초 1회만 생성

```
python3 -m venv myenv(이름 변경 가능)
```

- 가상환경 생성 결과

```
myenv/
├── Include/
├── Lib/
├── Scripts/
│   ├── activate.bat      ← Windows CMD용
│   ├── Activate.ps1      ← PowerShell용
│   ├── activate          ← Bash용 (Git Bash 또는 WSL)
│   ├── python.exe
│   └── pip.exe
└── pyvenv.cfg
```

Python에서 여러 프로젝트를 동시에 진행할 때, 각 프로젝트마다 필요한 패키지 또는 그 버전이 다르게 정의될 수 있다. 이러한 상황에서 가상환경(virtual environment)은 각 프로젝트만의 독립된 Python 실행 환경을 제공하여 프로젝트 진행을 용이하게 한다.

---

[5] pip는 Pip Installs Packages 또는 Pip Installs Python의 재귀적 약자이다.

[6] 명령 프롬프트(Command Prompt, cmd)는 Windows 운영체제에서 명령어를 입력하여 프로그램 실행, 파일 관리, 시스템 설정 등을 수행할 수 있는 텍스트 기반 인터페이스이다. 일반적으로 [시작 메뉴] → ["cmd" 입력] → [Enter] 순으로 실행하면 열리는 검은 창을 의미하며, exit을 입력하면 종료된다. 예를 들어, dir은 현재 폴더 목록을 보여주고, cd folder_name은 폴더 이동을 실행한다.

- 가상환경 활성화
  - 사용하고자 하는 각 터미널 세션마다 직접 활성화
    [Windows] myenv\Scripts\activate.bat
    [Mac/Linux] source myenv/bin/activate

Python을 처음 사용하는 초보자라도 가상환경 사용을 추천한다. 가상 환경을 사용할 때의 장점은 다음과 같다.

- 프로젝트 간 패키지 충돌 방지
  - 프로젝트 A는 pandas 1.5.3, B는 pandas 2.2.0 필요
  - 전역 설치(global install) 시 버전 충돌 발생 가능
  - 가상환경은 개별 독립 실행 환경을 제공

- 시스템 Python보호
  - 운영체제 또는 다른 소프트웨어가 사용하는 Python과 충돌할 수 있음
  - 관리자 권한 설치를 적용하는 경우, 시스템 손상 위험
  - 가상환경은 사용자 디렉토리 안에서만 유효하게 동작

- 환경 복제 및 배포 용이
  - 설치된 패키지 목록을 requirements.txt로 저장 가능
    [기본 저장] pip freeze > requirements.txt
    [폴더 지정] pip freeze > D:\Projects\MyApp\requirements.txt

  - 협업 또는 다른 컴퓨터에서도 동일한 환경을 쉽게 복제 가능
    [화일 찾기] where requirements.txt
    [환경 복제] pip install -r requirements.txt

A.1.2 Anaconda 통합 플랫폼

Anaconda는 데이터 과학과 머신러닝을 위한 통합 플랫폼(Integrated Platform)이다. 이는 기본적으로 Python중심 이지만, R언어 역시 지원한다. 이를 설치하면, 다음 요소들을 기본으로 제공한다(Anaconda, Inc. 2024)[7].

- Python기본 설치
- 다양한 패키지(예: numpy, pandas, matplotlib 등)의 사전 설치

[7] Anaconda, Inc. Anaconda Software Distribution. Version 2024.06. Available at: https://www.anaconda.com/ (accessed 10 Aug 2025).

- Jupyter Notebook/Lab 등 실행 도구 기본 제공
- conda라고 부르는 독립적인 환경 관리자 포함

즉, Anaconda를 설치하면 **Python**, conda, 그리고 수백 개의 과학/수학 관련 패키지를 한 번에 사용할 수 있다. Anaconda는 다음의 순서로 설치한다.

1. 공식 홈페이지 방문:
   https://www.anaconda.com/products/distribution
2. 운영체제에 맞는 설치 파일 다운로드(예: Windows 64-bit)
3. 설치 프로그램 실행 → Just Me 또는 All Users 선택
4. 설치 옵션 확인
   - Add Anaconda to PATH: 권장되지 않음
   - Register Anaconda as default Python: 권장
5. 설치 후 Anaconda Prompt 또는 Navigator 실행

Anaconda의 모든 구성 요소가 필요하지 않다면, 필수 기능만 포함한 축소판(minimal version)인 Miniconda를 같은 방식으로 설치할 수 있다. 이는 conda + Python만 제공하며, 나머지 패키지는 사용자가 필요에 따라 설치한다.

Python공식 배포판 그리고 Anaconda 와 비교하면 [표 A.1]과 같다.

표 A.1: Python설치 방법의 비교

항목	Python공식 배포판	Anaconda	Miniconda
설치 구성	Python 단독	Python + conda + 수많은 패키지	Python + conda
패키지 관리	pip	conda 중심 (pip도 가능)	conda 중심 (pip도 가능)
가상환경 지원	venv로 별도 설정	내장 (conda env)	내장 (conda env)
설치 패키지 수	없음 (사용자 설치)	200개 이상	최소
IDE 포함 여부	포함하지 않음	Jupyter, Spyder 포함	포함하지 않음
설치 용량	약 30MB	약 3GB	약 50MB
설치 용도	개발자 중심, 순수 Python	초보자, 교육, 분석 실무	경량 환경, 유연한 설정

A.1.3 추가 패키지의 설치

Python의 패키지 설치 도구는 공식 Python 배포판에서는 pip을 사용하고, Anaconda나 Miniconda 기반에서는 conda를 사용한다. 각각의 특징은 다음과 같다.

- pip: Python공식 패키지 관리 도구
  - 표준 Python환경 또는 venv, poetry 기반 가상환경에서 사용
  - PyPI(Python Package Index)를 통해 순수 Python패키지 설치
  - 다음과 같이 패키지를 설치할 수 있다.

```
pip install numpy
pip install pandas matplotlib(여러 개 동시 설치 가능)
```

- conda: Anaconda 계열의 패키지 및 환경 관리 도구
  - Anaconda, Miniconda 환경에서 사용
  - 과학 계산용 바이너리(C/C++ 포함)를 사전 빌드 형태로 제공
  - 다음과 같이 패키지를 설치할 수 있다.

```
conda install numpy
conda install pandas matplotlib
```

Anaconda 환경에서는 conda를 우선 사용하고, 필요한 경우에만 pip를 병행하는 것이 좋다. 데이터 과학을 위한 대표적인 Python 패키지를 기능별로 정리하면 [표 A.2]와 같다.

표 A.2: 데이터 과학을 위한 대표적인 Python 패키지

분야	패키지	설명
데이터 연산	numpy	다차원 배열 및 수치 연산의 핵심
	pandas	표 형태의 데이터 처리(DataFrame)
	scipy	과학/통계 계산 및 최적화 도구
시각화	matplotlib	기본적인 2D 시각화 도구
	seaborn	통계 기반 고급 시각화
	plotly	대화형 웹 기반 시각화 도구
통계/모델링	statsmodels	회귀, 시계열 등 통계 모형 제공
	scikit-learn	머신러닝 모델과 전처리 도구 포함
수치/기호 연산	sympy	기호 수학 연산
	mpmath	고정밀 수치 계산 지원
데이터 입출력	openpyxl	엑셀 파일 등 데이터 입출력

A.1.4 파이썬 개발 환경 Python Development Environment

데이터 과학 실습에서 Python 코드를 실행하고 결과를 즉시 확인할 수 있는 인터랙티브 실행 환경은 필수적이다. Python 실행을 위한 IDE의 경우, [표 A.3]과 같이 다양한 도구를 사용할 수 있다. Python를 활용하는 목적에 따라 적합한 도구를 선택하여 사용하면 된다[8,9].

표 A.3: Python 실행 환경

도구	주 사용 대상	특징 및 장점
JupyterLab	데이터 과학자, 교육자, 연구자	- 코드, 문서, 시각화 통합 - 셀 단위 실행 - .ipynb 기반 분석 중심 환경
Google Colab	학생, 클라우드 사용자	- 웹 기반 노트북 환경 - 설치 없이 사용 가능 - GPU 무료 제공, 협업 편리
RStudio	데이터 분석가, R/Python 연계 사용자	- R에 최적화된 통합 환경 - Python 콘솔/변수 연동 지원 - 문서화, 시각화에 강점
VS Code	일반 개발자, 분석가	- 다기능 통합 에디터 - Jupyter 확장 지원 - Git, 터미널, LSP 연계 우수
PyCharm	Python 전문 개발자	- 대규모 프로젝트에 적합 - 정적 분석, 리팩토링 우수 - 테스트 및 디버깅 통합
Spyder	공학자, 일반 과학자	- MATLAB 유사 환경 - 변수 탐색기 내장 - 과학 계산에 최적화

일반 데이터 분석을 위해서는 JupyterLab을 주로 사용한다. 이는 코드 작성, 실행, 그리고 결과 확인을 한 화면에서 동시에 실행할 수 있어 편리하고, 텍스트, 표, 그래프를 함께 표시할 수 있어 분석 과정을 직관적으로 진행할 수 있다. 또한, 웹브라우저 기반이라 설치 후 바로 사용할 수 있다. 또한 Pandas, Matplotlib 등 주요 데이터 분석 라이브러리와 잘 연동되어 초보자도 쉽게 활용할 수 있다.

[8] IDE(Integrated Development Environment, 통합 개발 환경)는 코드 편집기, 컴파일러 또는 인터프리터, 디버거, 프로젝트 관리 도구 등을 하나로 통합한 소프트웨어 환경을 말한다.

[9] 기존의 RStudio사용자라면, RStudio에서 Python 콘솔을 정의하고 환경을 설정하면, 대부분의 Python 코드가 문제 없이 실행된다. 특히, reticulate 패키지를 활용하면 R과 Python 간의 변수 공유, 상호 호출 등이 가능하다. 따라서 RStudio는 Python 중심 환경은 아니지만, R사용자가 Python을 병행하여 사용하고자 하는 경우, 충분한 수준의 실행 환경을 제공한다.

JupyterLab 설치 및 실행

<cmd> 창에서 다음 명령을 순서대로 실행하면 JupyterLab을 설치 및 실행할 수 있다.

```
pip install jupyterlab
jupyter lab
```

첫 번째 명령어는 pip를 이용해 JupyterLab 패키지를 설치하는 과정이고, 두 번째 명령어는 설치된 JupyterLab을 실행하고, 웹브라우저에서 JupyterLab 인터페이스를 자동으로 생성한다. 따라서, 생성된 브라우저 탭에서 새 노트북을 만들고, **Python** 코드를 작성하고 실행하면 된다.

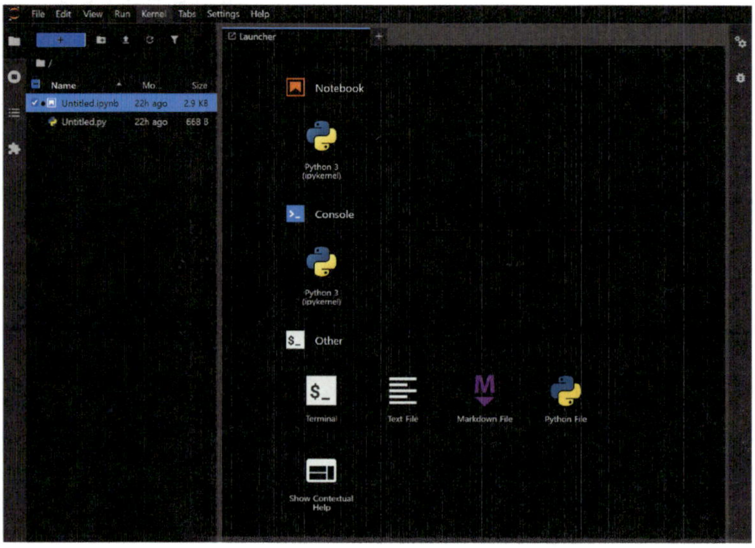

JupyterLab의 초기 화면

Jupyter 환경은 Jupyter Notebook과 JupyterLab을 제공한다. 이들의 특징은 [표 A.4]와 같다(Project Jupyter 2025)[10,11]. [표 A.5]는 JupyterLab과 JupyterNotebook에서 공통적으로 사용되는 기본 단축키 목록이다. 이는 Help > Keyboard Shortcuts 메뉴 또는 Command Palette(Ctrl + Shift + C)를 통해 확인 및 수정할 수 있으며, JupyterLab의 경우, Settings > Advanced Settings Editor에서 단축키를 변경할 수 있다. JupyterLab을 명령 프롬프트(cmd)에서 실행하면 **Python** 또는 JupyterLab이 설치된 폴더 또는 사용자 디렉토리 기준의 기본 경로에서 시작된다.

[10] Jupyter Notebook은 원래 IPython Notebook이다. 이는 IPython 팀이 개발한 것으로 IPython의 확장 형태이다. JupyterLab은 Notebook의 차세대 인터페이스로, 2018년 2월 20일에 첫 번째 버전이 공식 출시되었다.

[11] Project Jupyter. JupyterLab: The Next-Generation Web-Based User Interface for Project Jupyter. Version 4.2.5. Available at: https://jupyter.org/ (accessed 10 Aug 2025).

표 A.4: Jupyter Notebook과 JupyterLab 비교

항목	Jupyter Notebook	JupyterLab
인터페이스	단일 문서 중심	IDE 스타일 인터페이스
탭 구조 및 창 배치	없음 (문서 단위 실행)	탭 구조 + 분할 창 지원
파일 및 디렉터리 관리	기본 수준	파일 탐색기 및 터미널 포함
확장 기능 및 설정	제한적	다양한 확장 가능
프로젝트 작업	단순 분석 작업에 적합	복수 문서 및 통합 작업에 적합
추천 대상	초보자, 기초 교육 목적	중급 이상 사용자, 실무 분석

표 A.5: JupyterLab 주요 단축키

명령	단축키
코드 셀 실행 및 아래로 이동	Shift + Enter
코드 셀 실행 및 다음 셀 생성	Alt + Enter
현재 셀만 실행	Ctrl + Enter
편집 모드와 명령 모드 상호 전환	Esc(명령 모드), Enter(편집 모드)
셀 추가 (아래)	B
셀 추가 (위)	A
셀 삭제	두번 연속 D, D
셀 복사 / 붙여넣기 / 잘라내기	C / V / X
Markdown 셀로 변경	M
Code 셀로 변경	Y
셀 실행 후 Markdown 렌더링	Shift + Enter
현재 셀 병합	Shift + M
모든 셀 실행	Ctrl + Shift + Enter 또는 메뉴 실행
자동 완성	편집 모드에서 Tab
도움말 툴팁 보기	커서 위치에서 Shift + Tab

9

```
print('Python은 다양한 분야에서 널리 사용되는 오픈 소스 프로그래밍 언어입니다.')
```

```
Python은 다양한 분야에서 널리 사용되는 오픈 소스 프로그래밍 언어입니다.
```

국문 찾아보기

영문 찾아보기

Python 찾아보기

고 승곤

(현) 가천대학교 응용통계학과 교수
(미) Iowa State University, 통계학 박사

(주요 저서)

새 일반통계학, 교우사, 1998, 2003
마케팅 조사방법론, 율곡출판사, 2000
엑스 이노베이션, 엘빅미디어, 2011
액션 리더, 엘빅미디어, 2012
통계적 사고 방법, 교우사, 2014
통계적 문제 해결, 교우사, 2020
<R과 통계적 방법을 활용한>
탐색적 데이터 분석, 교우사, 2023
R을 활용한 통계 분석, 교우사, 2024
R을 활용한 회귀 분석, 교우사, 2024
Python EDA: 탐색적 데이터 분석, 교우사, 2025
<생성형 AI 기반 데이터 분석을 위한>
파이썬 기초와 응용, 교우사, 2025

파이썬을 활용한 탐색적 데이터 분석 **Python EDA**

초판발행 2025년 6월 5일

지은이 고승곤
펴낸이 오판근
펴낸곳 (주) 교우
주 소 서울시 동대문구 약령시로 8 교우빌딩 2층 (주)교우
전 화 02-925-2861 / **팩 스** 070-7966-8610, **편집부** 02-925-2825
홈페이지&북스토어 www.kyowoo.co.kr / 이메일 kyowoo@kyowoo.co.kr

등 록 1994년 3월 24일 제1994-000013호
ISBN 979-11-251-0466-7 (93310)

Published by Kyowoo Co., Ltd. Printed in Korea

(주) 교우는 보다 혁신적이고 참신한 도서를 다양하게 기획하고 있습니다.
책으로 펴내고자 하는 아이디어나 원고는 메일로 보내주세요.
(주) 교우는 전과정을 책임지고 최선을 다하겠습니다.

값 32,000원

교우미디어는 (주) 교우의 Imprint 사입니다.
수학정원·과학정원은 (주) 교우의 새로운 브랜드명입니다.

잘못된 책은 구입하신 서점에서 교환해 드립니다.